企业会计准则注释第 2 辑：
收入

程小可　编著

中国财经出版传媒集团

经济科学出版社
Economic Science Press

图书在版编目（CIP）数据

企业会计准则注释. 第 2 辑，收入/程小可编著. —
北京：经济科学出版社，2021. 9
ISBN 978 - 7 - 5218 - 2842 - 9

Ⅰ. ①企…　Ⅱ. ①程…　Ⅲ. ①企业会计 - 会计准则 -
中国　Ⅳ. ①F279. 23

中国版本图书馆 CIP 数据核字（2021）第 180529 号

责任编辑：黄双蓉
责任校对：王苗苗
责任印制：王世伟

企业会计准则注释第 2 辑：收入

程小可　编著
经济科学出版社出版、发行　新华书店经销
社址：北京市海淀区阜成路甲 28 号　邮编：100142
总编部电话：010 - 88191217　发行部电话：010 - 88191522
网址：www. esp. com. cn
电子邮箱：esp@ esp. com. cn
天猫网店：经济科学出版社旗舰店
网址：http://jjkxcbs. tmall. com
北京季蜂印刷有限公司印装
787 × 1092　16 开　14. 75 印张　310000 字
2021 年 12 月第 1 版　2021 年 12 月第 1 次印刷
ISBN 978 - 7 - 5218 - 2842 - 9　定价：58. 00 元
（图书出现印装问题，本社负责调换。电话：010 - 88191510）
（版权所有　侵权必究　打击盗版　举报热线：010 - 88191661
QQ：2242791300　营销中心电话：010 - 88191537
电子邮箱：dbts@ esp. com. cn）

作者简介

程小可，男，1975 年出生，中国人民大学会计学博士，清华大学工商管理博士后，北京交通大学经济管理学院教授、博士生导师，中国注册会计师非执业会员，研究领域为会计准则、公司财务与资本市场等，2019 年入选财政部"会计名家培养工程"。

学术研究方面：累计在《会计研究》《管理世界》《南开管理评论》《中国软科学》《科学学研究》《中国会计评论》《审计研究》《管理科学》《财贸经济》《财经研究》《经济学动态》及 *International Review of Economics & Finance* 等 CSSCI 及 SSCI 刊物上发表学术论文共计 80 余篇（其中，国家自然科学基金委管理学部 A 类重要期刊 20 余篇）。累计出版独立著作 4 部，合作著作 1 部，译著 3 部，国家级规划教材 1 部。累计主持国家自然科学基金 5 项，教育部人文社会科学规划项目 1 项；累计主持国家电网公司等中央企业委托咨询项目 10 余项。曾获杨纪琬优秀学位论文奖、中国人民大学优秀博士论文、中国会计学会优秀论文一等奖和二等奖等学术奖项。

人才培养方面：坚持"以学生为本"的培养理念，累计指导博士研究生 15 名、硕士研究生 120 余名，为广大企事业单位培养了高素质会计人才。其中，已毕业博士生受聘于对外经济贸易大学国际商学院、西南财经大学会计学院、北京科技大学经济管理学院等高等学府，已毕业硕士研究生受聘于全国人大机关服务中心、中国人寿、中国移动、腾讯、五矿集团、航天科工、国家电网公司、中国出口信用保险公司、四大会计师事务所等知名企事业单位。教学效果显著，深受学生好评，曾获"北京市高等教育教学成果奖一等奖""北京交通大学教学成果特等奖""北京交通大学教学名师""北京交通大学我最敬爱的老师""北京交通大学课堂教学教风标兵"等教学奖项。

社会服务方面：注重理论与实践相结合及科研成果的转化工作，在企业会计准则等方面具有较深的理论研究与实务经验。培训知名企事业单位百余家，服务对象涵盖国务院机关事务管理局、国家电网公司、中国石油、中国移动、五矿集团、中国远洋、中铝国际等知名企事业单位。累计开展会计准则专题的公开课堂和内部培训数百场，授课风格轻松幽默，学员满意度极高，为中央企业及上市公司等单位培训了财务骨干万余人次。担任国家电网公司外部财务咨询专家逾 10 年，并以总教练身份指导国家电网公司代表队夺得第三届全国会计知识大赛二等奖、国资委"中央企业职工财会职业技能大赛"一等奖等奖项，产生了积极的社会影响。

出 版 说 明

一、背景

在全球资本要素加速融合、经济贸易联系日趋紧密的背景下，会计准则的国际趋同已为大势所趋、潮流所向，其对于降低财务报告编制成本、提高财务信息透明度、提升资源配置效率具有重要意义。特别是2008年全球金融危机后，各主要国家监管者深刻意识到高质量的财务报告对于提升金融市场透明度、维护全球经济和金融体系稳定的重要意义，而制定全球统一的高质量会计准则体系是确保财务报告高质量的关键之举。鉴此，国际会计准则理事会（IASB）认真分析总结全球金融危机所暴露出的会计制度问题，重点对公允价值计量、收入、金融工具、保险合同、财务报表列报、合并财务报表、租赁等会计准则进行重大改革，加快推进国际财务报告准则（IFRS）的修订完善。先后修订完善了《国际财务报告准则第13号——公允价值计量》（IFRS13）、《国际财务报告准则第10号——合并财务报表》（IFRS10）、《国际财务报告准则第9号——金融工具》（IFRS9）、《国际财务报告准则第15号——客户合同收入》（IFRS15）、《国际财务报告准则第16号——租赁》（IFRS16）、《国际财务报告准则第17号——保险合同》（IFRS17）等准则，并于2018年3月发布了修订后的《财务报告概念框架》。相关准则及概念框架对会计从业人员准确理解和运用会计准则提供了行之有效的操作性指引，形成较大助力。

我国企业会计准则已于2006年实现了与国际财务报告准则的趋同。2008年全球金融危机后，为响应二十国集团（G20）峰会和金融稳定理事会（FSB）关于建立全球统一、高质量会计准则的倡议，推进我国企业会计准则与国际财务报告准则的持续趋同，财政部在对当时国际形势和主要国家会计准则国际趋同情况进行分析研究的基础上，起草并发布了《中国企业会计准则与国际财务报告准则持续趋同路线图》。持续趋同路线图在回顾总结自2006年以来我国企业会计准则国际趋同相关工作经验的基础之上，提出了我国企业会计准则与国际财务报告准则持续趋同的战略方向、实施策略及相关时间安排，全面建立了与国际财务报告准则的持续趋同机制。

根据持续趋同路线图部署，为进一步提高会计信息质量，满足我国经济发展的内在需要，2014 年以来财政部加快企业会计准则的改革步伐，先后修订完善了《企业会计准则第 39 号——公允价值计量》《企业会计准则第 30 号——财务报表列报》《企业会计准则第 33 号——合并财务报表》《企业会计准则第 2 号——长期股权投资》《企业会计准则第 22 号——金融工具确认和计量》《企业会计准则第 23 号——金融资产转移》《企业会计准则第 24 号——套期会计》《企业会计准则第 37 号——金融工具列报》《企业会计准则第 14 号——收入》《企业会计准则第 21 号——租赁》等 18 项具体准则（详见图 1），保持了我国企业会计准则与国际财务报告准则的持续趋同。

图1　中国企业会计准则与国际财务报告准则趋同路线

二、出版计划

为帮助广大实务工作者和会计准则研究者更加系统和全面地掌握新发布和新修订的企业会计准则，编者计划出版《企业会计准则注释》丛书，对企业会计准则内容进行详细的注释与案例解读。

2019 年至 2020 年已出版《企业会计准则注释第 1 辑：金融工具》，市场反响较好。同时，编者已结合线下出版物，创建并运营"准则注"微信公众号（见书尾），通过设立"品味准则""闲话案例""趣读财报""政策速递""准则汇编"等栏目（待定），为我国企业会计准则的贯彻应用和 IFRS 的研究建立线上与线下互动的学习与交流平台，截至 2019 年底，公众号已完成第一季的推送计划，预计将启动第二季推送计划。2020 年编者计划出版《企业会计准则注释第 2 辑：收入》与《会计"大爆炸"》（"准则注"微信公众号推文精选专辑）。

三、本书内容

本书主要对 2017 年财政部发布的收入准则进行了注释和案例解读，内容包括如下两个部分：第一部分为收入准则注释；第二部分为综合性案例。

四、本书体例安排

本书"收入准则注释"部分采用逐条目"夹注"的撰写体例,在进行注释的过程中兼顾理论和实践,致力于使广大实务工作者和准则研究人员能够"知其然,更知其所以然"。本书中对条目的解读包括【注释】和【案例】两部分,其中【注释】部分包括"条目解读""准则由来""准则联系""知识拓展""实施指引""编者语""案例解读"七个维度,深入讲解准则的原理与应用。本书"综合性案例"部分将收入准则的重点知识进行了案例化展现,将收入准则主要内容进行综合性运用,能够提供更加完整的实务操作指导。

"收入准则注释"部分体例安排如下(除"条目解读"外,其他各维度的注释均有加粗标题):

(1)**条目解读**:该部分包含对准则条文的深入解读,并对重点与难点条目展开详细分析。

> 第二十六条 企业为履行合同发生的成本不属于其他企业会计准则规范范围且同时满足下列条件的,应当作为合同履约成本确认为一项资产①:
> (一)该成本与一份当前或预期取得的合同直接相关,包括直接人工、直接材料、制造费用(或类似费用)、明确由客户承担的成本以及仅因该合同而发生的其他成本②。
> (二)该成本增加了企业未来用于履行履约义务的资源。
> (三)该成本预期能够收回。③④

【注释】

　①**准则由来**:根据 IFRS15,只有能够形成用于在未来履行履约义务的资源、且预计可收回的成本才符合确认为资产的条件。这便确保了只有符合资产定义的成本才能确认为资产,从而使得企业不得仅为了利润平滑而递延成本。为了明确确认和准确计量履行合同的成本所形成的资产,IASB 和 FASB 规定,只有与合同直接相关的成本才应纳入相关资产的成本。

　②与合同直接相关的成本包括直接人工(例如,支付给直接为客户提供所承诺服务的人员的工资、奖金等)、直接材料(例如,为履行合同耗用的原材料、辅助材料、构配件、零件、半成品的成本和周转材料的摊销及租赁费用等)、制造费用(或类似费用,例如,组织和管理相关生产、施工、服务等活动发生的费用,包括管理人员的职工薪酬、劳动保护费、固定资产折旧费及修理费、物料消耗、取暖费、水电费、办公费、差旅费、财产保险费、工程保修费、排污费、临时设施摊销费等)、明确由客户承担的成本,以及仅因该合同而发生的其他成本(例如,支付给分包商的成本、机械使用费、设计和技术援助费用、施工现场二次搬运费、生产工具和用具使用费、检验试验费、工程定位复测费、工程点交费用、场地清理费等)。

(2)**准则由来**:该部分以 IFRS 相关内容为指导,致力于梳理准则条文的发展和演化历程,重现准则条文制定过程中出现过的分歧与讨论、博弈与权衡,详细解释准则制定的内在逻辑。

第一条 为了规范收入的确认、计量和相关信息的披露，根据《企业会计准则基本准则》，制定本准则①②。

【注释】

①**准则由来：**国际会计准则理事会（以下简称"IASB"）和美国财务会计准则委员会（以下简称"FASB"）于 2002 年 6 月启动了收入准则修订的联合项目。经过两次征求意见稿，2014 年 5 月 28 日，FASB 和 IASB 联合发布了修订完成的收入准则。具体而言，FASB 发布了《主题 606——源于客户合同的收入》（以下简称《主题 606》），IASB 发布了《国际财务报告准则第 15 号——客户合同收入》（以下简称"IFRS15"）。这两项文件的发布是 FASB 和 IASB 共同努力的结果，其通过制定统一的收入确认标准，达到了改进财务信息质量的目标。IFRS15 自 2018 年 1 月 1 日起生效，该准则取代了原《国际会计准则第 11 号——建筑合同》（以下简称"IAS11"）和《国际会计准则第 18 号——收入》（以下简称"IAS18"），为确认客户合同收入提供了一个更完善的综合框架。

我国财政部曾于 2006 年 2 月发布了《企业会计准则第 14 号——收入》（以下简称"原收入准则"）和《企业会计准则第 15 号——建造合同》（以下简称"建造合同准则"）。其中，原收入准则用来规范企业销售商品、提供劳务和让渡资产使用权取得的收入，建造合同准则用来规范企业建造合同取得的收入；销售商品收入主要以风险和报酬转移为基础进行确认；提供劳务收入和建造合同收入主要采用完工百分比法确认。然而，随着市场经济的日益发展和交易事项的日趋复杂，实务中收入确认和计量面临着越来越多的问题。

（3）**准则联系：**该部分将加强对准则联系的系统阐述，突出准则逻辑设计的精妙之处，力求梳理出一个清晰、完整的准则架构，使读者可迅速准确地把握准则的整体框架。

第三十一条 在确定与合同成本有关的资产的减值损失时，企业应当首先，对按照其他相关企业会计准则确认的、与合同有关的其他资产确定减值损失；然后，按照本准则第三十条规定确定与合同成本有关的资产的减值损失①。

企业按照《企业会计准则第 8 号——资产减值》测试相关资产组的减值情况时，应当将按照前款规定确定与合同成本有关的资产减值后的新账面价值计入相关资产组的账面价值。②

【注释】

①**准则联系：**在确定与合同成本有关的资产的减值损失时，企业应当首先，对按照《企业会计准则第 1 号——存货》等相关企业会计准则确认的、与合同有关的其他资产确定减值损失；然后，按照本准则第三十条的要求确定与合同成本有关的资产的减值损失。

（4）**知识拓展：**企业会计准则条文中往往存在一些跨界的词汇或者知识点（例如法律、金融等领域），这些知识点可能会构成实质上的学习障碍。为解决上述问题，本丛书将对其中一些交叉知识点进行扩展性讲解。

第十六条 合同中存在可变对价的①，企业应当按照期望值或最可能发生金额确定可变对价的最佳估计数②，但包含可变对价的交易价格，应当不超过在相关不确定性消除时累计已确认收入极可能不会发生重大转回的金额。企业在评估累计已确认收入是否极可能不会发生重大转回时，应当同时考虑收入转回的可能性及其比重③。

每一资产负债表日，企业应当重新估计应计入交易价格的可变对价金额。可变对价金额发生变动的，按照本准则第二十四条和第二十五条规定进行会计处理④。

【注释】

③对可变对价估计的限制。

＊＊＊

因此，鉴于现行要求中相关术语的使用情况，IASB 和 FASB 决定最为适当的置信度应为"极可能"（highly probable，对于 IFRS 而言）和"很可能"（probable，对于 GAAP 而言）。

知识拓展：术语"很可能"已在美国实务中广为使用和理解，并且在 GAAP 中被界定为"可能会发生的一个或多个未来事件"（《主题 540》）；而术语"很可能"在 IFRS 中被界定为"多半会发生"（《国际财务报告准则第 5 号——持有待售的非流动资产和终止经营》及《国际会计准则第 37 号——准备、或有负债和或有资产》）。因此，为使 IFRS 与 GAAP 的规定含义相同，IASB 和 FASB 决定在 IFRS 中使用术语"极可能"，而在 GAAP 中则使用术语"很可能"。这与 IASB 在制定《国际财务报告准则第 5 号——持有待售的非流动资产和终止经营》时所采用的方法一致（其中 IASB 使用术语"极可能"以实现与 GAAP 中"很可能"相同的含义）。

（5）**实施指引**：该部分扎根于经济和社会实践，与我国会计实务需求深度衔接，结合相关会计准则的变动，对会计确认、计量、列报和披露等实务问题进行解读，并力求将丛书打造成为广大会计实务工作者案头必备的会计准则辞典。

第二十九条 按照本准则第二十六条和第二十八条规定确认的资产（以下简称"与合同成本有关的资产"），应当采用与该资产相关的商品收入确认相同的基础进行摊销，计入当期损益①②③④。

【注释】

①实施指引：根据本准则第二十六条和第二十八条分别确认的与合同履约成本和合同取得成本有关的企业资产，准则规定企业应采用与该资产相关的商品收入确认相同的基础（即，在履约义务履行的时点或按照履约义务的履约进度）进行摊销，计入当期损益。如果该资产与一份预期将要取得的合同（如续约后的合同）相关，在确定相关摊销期限和方式时，应当考虑该预期合同的影响。例如，对于合同取得成本而言，如果合同续约时，企业可以免除续约合同的佣金，这表明取得原合同时支付的佣金与未来预期取得的合同相关，该佣金应在原合同和续约合同的总期限内进行摊销。反之，如果合同续约时，企业仍需要支付与取得原合同相当的佣金，则该佣金只能在原合同期限内摊销。

企业为合同续约仍需支付的佣金是否与原合同相当，需要根据具体情况进行判断。例如，如果两份合同的佣金按照各自合同金额的相同比例计算，通常表明这两份合同的佣金水平是相当的，但是，实务中，与取得原合同相比，现有合同续约的难度可能较低，因此，即使合同续约时应支付的佣金低于取得原合同的佣金，也可能表明这两份合同的佣金水平是相当的。

（6）**编者语**：通过此部分内容，展现编者在丛书编撰过程中的深度思考，对 IFRS 及中国企业会计准则中的疑难问题、逻辑结构，以及可供商榷之处发表评论和建议，有助于 IFRS 和中国企业会计准则体系的修订与完善，提高中国企业会计准则与 IFRS 趋同进程中的话语权。

第二条 收入，是指企业在日常活动①中形成的、会导致所有者权益增加的、与所有者投入资本无关的经济利益的总流入②。

【注释】

①日常活动，是指企业为完成其经营目标所从事的经常性活动，以及与主营业务相关的其他活动。例如，工业企业制造并销售产品、企业销售并流通商品、咨询公司提供咨询服务、软件公司为客户开发软件、安装公司提供安装服务、建筑企业提供建造服务等，均属于企业的日常活动。日常活动所形成的经济利益的流入应当确认为收入。非日常活动形成的经济利益流入不应当确认为收入，例如，罚没收入虽然被称为营业外收入，但是其实质上是直接计入所有者权益的利得，而不是收入。

②编者语：IFRS15 于 2014 年发布，初始发布时对收入的定义与本条类似。2017 年修订的 IFRS15 将收入的定义修改为企业在正常经营活动中产生的收益，而非本条所述的经济利益的总流入。IASB 指出，个别财务报表使用者可能会将原收入准则中定义的"经济利益的总流入"误解为"企业应将客户购买商品或服务支付的预付款确认为收入"，因此 IASB 决定将其修改为"收益"。

IASB 于 2018 年 3 月发布了《财务报告概念框架》（Conceptual Framework for Financial Reporting），将收入定义为"除企业权益要求持有者投入外，在相应会计期间导致权益增加的资产增加或负债减少的经济利益流入"。显然，IASB 对收入的定义体现了准则制定的"资产负债表观"。2019 年最新修订的 IFRS15 对收入的定义也进行了相应修改，保持了与《财务报告概念框架》的内在一致性。

（7）**案例解读：**该部分将基于中国情境，编撰对会计准则理解和实务应用有重要参考作用的丰富案例。丛书在案例编撰过程强调实用性要求，与我国会计实务需求深度衔接，将理论与实践密切结合，对相关交易事项的会计确认、计量、列报和披露等问题进行解读，为会计实务工作者提供清晰的操作指南。

【例 28B】企业如何确定该重大融资成分的金额及重大融资成分的摊销——延期付款

巨力机械为一家从事大型机器设备制造和销售的公司。20×0 年 4 月，巨力机械向客户大能工业销售一台大型机器设备，合同价款为 66.55 万元（不包含税费），约定该款项在交货后 3 年内支付。大能工业在合同开始时便获得该设备的控制权。合同规定客户可以在 60 天内退回产品。由于这是最新研发出的设备，因此没有有关该设备及相似产品的退货历史经验或其他可获得的市场证据。已知该设备的现销价格为 50 万元，成本为 40 万元。

根据以上信息，巨力机械不应在将设备转移给时确认收入，而应当于无条件退货期满后，即 60 天后确认设备销售收入。这是由于退货权的存在，且巨力机械缺乏相关的历史证据，这表明巨力机械无法确定已累计确认收入金额是否极可能不会发生重大转回。

除此之外，在本案例中，合同价款 66.55 万元与现金售价 50 万元之间存在差额，表明该合同包含重大融资成分，隐含利率为 10%。若巨力机械认为该利率与在合同开始时与大能工业进行单独的融资交易所使用的利率一致，那么折现率即为 10%。

假定不考虑相关税费，巨力机械会计分录如下：

（1）在合同开始，向大能工业转移设备时：

借：发出商品		400 000	
贷：库存商品			400 000

（2）60 天退货期满后，按折现后合同价确认收入：

借：应收账款		500 000	
贷：主营业务收入			500 000
借：主营业务成本		400 000	
贷：发出商品			400 000

（3）在付款期限内，按实际利率 10% 分期确认利息收入：

借：应收账款		165 500	
贷：财务费用——利息收入			165 500

（4）大能工业实际支付款项时：

借：银行存款		665 500	
贷：应收账款			665 500

前　言

　　2008 年全球金融危机将会计准则推向了风口浪尖，建立全球统一、高质量的会计准则体系成为后金融危机时代全球共识。在二十国集团（G20）峰会和金融稳定理事会（FSB）大力倡议和推动下，国际会计准则理事会（IASB）推行系列重要改革举措，着力提高会计信息质量。国际会计准则理事会先后修订完善了《国际财务报告准则第 13 号——公允价值计量》（IFRS13）、《国际财务报告准则第 10 号——合并财务报表》（IFRS10）、《国际财务报告准则第 9 号——金融工具》（IFRS9）、《国际财务报告准则第 15 号——客户合同收入》（IFRS15）、《国际财务报告准则第 16 号——租赁》（IFRS16）、《国际财务报告准则第 17 号——保险合同》（IFRS17）等准则，并进一步修订完善了《财务报告概念框架》，为会计从业人员准确理解和运用会计准则提供了操作性指引。

　　我国企业会计准则已于 2006 年实现了与国际财务报告准则的趋同。为积极响应二十国集团峰会和金融稳定理事会倡议，在充分总结 2006 年以来会计准则国际趋同相关工作经验基础上，同时结合我国资本市场自身特征及实际情况，财政部起草发布了《中国企业会计准则与国际财务报告准则持续趋同路线图》，积极推进我国企业会计准则与国际财务报告准则的持续趋同。以此为框架性指引，财政部自 2014 年以来先后发布或修订了《企业会计准则第 39 号——公允价值计量》《企业会计准则第 30 号——财务报表列报》《企业会计准则第 33 号——合并财务报表》《企业会计准则第 2 号——长期股权投资》《企业会计准则第 22 号——金融工具确认和计量》《企业会计准则第 23 号——金融资产转移》《企业会计准则第 24 号——套期会计》《企业会计准则第 37 号——金融工具列报》《企业会计准则第 14 号——收入》《企业会计准则第 21 号——租赁》《企业会计准则第 7 号——非货币性资产交换》《企业会计准则第 12 号——债务重组》等具体准则。

　　作为一名会计领域学术科研人员，我对会计准则实务亦充满着浓厚的兴趣，先后为政府机关、事业单位、中央企业、高校等机构提供了大量会计准则相关培训及咨询服务。在此过程中，我深刻感受到保持与国际财务报告准则持续趋同对提高会计信息可比性、提升资源配置效率的重要意义，但同时也切身体会到当前会计从业人员在会计准则趋同背景下，理解和运用会计准则所遭遇的种种"水土不服"。**一是部分会计准则条款沿袭国际财务报告准则表达方式，晦涩难懂，从**

业人员较难准确把握会计准则的重点与要点。**二是**从业人员缺乏对会计准则制定内在逻辑的准确认知，对会计准则只是机械式的理解和应用，往往知其然而不知其所以然。**三是**从业人员对不同会计准则间内在联系的整体把握能力不足，会计知识体系碎片化、零散化，尚未形成清晰、完整的会计准则框架体系。**四是**从业人员学习会计准则后，对于相关业务会计确认、计量、列报和披露等实务问题的处理仍然存疑，理论与实践出现"脱节"。

随着国际及国内会计准则的不断完善及趋同，上述问题日益凸显。为切实解决会计从业人员在理解和运用会计准则过程中面临的问题，使广大实务工作者和会计准则研究人员能够对会计准则不仅知其然，更知其所以然，我全面总结梳理了多年来会计准则实务培训及咨询的相关经验和教学心得，并正式着手就以上问题撰写《企业会计准则注释》系列丛书。本丛书旨在通过重点注释会计准则条款、详细剖析会计准则制定背后的内在逻辑、细致阐述各会计准则内在联系，以及精心编撰基于中国情境的实务案例等方式，为会计准则制定部门继续完善相关会计准则体系提供建设性意见，为会计实务工作者提供案头必备的实用辞典，为会计科研人员提供必要的参考资料。

2019 年，我们出版了《企业会计准则注释第 1 辑：金融工具》，市场反响较好。应广大读者要求，我们现对财政部 2017 年修订印发的《企业会计准则第 14 号——收入》进行注释和解析，特编撰《企业会计准则注释第 2 辑——收入》并付诸出版。

协助我完成本书编撰的成员有：孙乾、纪阳、武迪、沈昊旻、周子晨、郭庆、于海鹏、孔雪婷、刘叶茜、李静婷、武永丽、马嘉祺、沈孝天、张子溪、蒋航天、杨玉晶等。在本书编撰和修改的过程中，以下同仁和我的研究生提供了宝贵的建议：高升好、曹海东、李经彩、张立民、郑庆华、戴琼、夏鹏、王彦超、辛清泉、黄磊、蒋顺才、孙蔓莉、胡国柳、佟岩、卢闯、孙健、曹丰、黄磊、姚立杰、张姗姗、刘向强、李昕宇、白凤至、欧阳才越、童丽静、钟凯、郑立东、杨程程、李浩举、姜永盛、李昊洋、杨鸣京、宛晴、韩琳、王语、宫宇、高宗诗、王浲睿、彭俊超等。此外，我的老师中国人民大学商学院王化成教授、清华大学经管学院陈晓教授、福州大学管理学院潘琰教授等对我编撰本书给予了持续支持与鼓励，对此表示由衷的感谢，希望本书不辜负老师们的厚望。

受编者的能力所限，本书定存在纰漏之处，敬请批评指正，文责由编者自负。

谨以为序。

程小可
于北京远洋万和城
2019 年 7 月 22 日

目　　录

第一部分　收入准则注释

第一章 总 则

第一条 为了规范收入的确认、计量和相关信息的披露，根据《企业会计准则基本准则》，制定本准则①②。

【注释】

①准则由来：国际会计准则理事会（以下简称"IASB"）和美国财务会计准则委员会（以下简称"FASB"）于 2002 年 6 月启动了收入准则修订的联合项目。经过两次征求意见稿，2014 年 5 月 28 日，FASB 和 IASB 联合发布了修订完成的收入准则。具体而言，FASB 发布了《主题 606——源于客户合同的收入》（以下简称《主题 606》），IASB 发布了《国际财务报告准则第 15 号——客户合同收入》（以下简称"IFRS15"）。这两项文件的发布是 FASB 和 IASB 共同努力的结果，其通过制定统一的收入确认标准，达到了改进财务信息质量的目标。IFRS15 自 2018 年 1 月 1 日起生效，该准则取代了原《国际会计准则第 11 号——建筑合同》（以下简称"IAS11"）和《国际会计准则第 18 号——收入》（以下简称"IAS18"），为确认客户合同收入提供了一个更完善的综合框架。

我国财政部曾于 2006 年 2 月发布了《企业会计准则第 14 号——收入》（以下简称"原收入准则"）和《企业会计准则第 15 号——建造合同》（以下简称"建造合同准则"）。其中，原收入准则用来规范企业销售商品、提供劳务和让渡资产使用权取得的收入，建造合同准则用来规范企业建造合同取得的收入；销售商品收入主要以风险和报酬转移为基础进行确认；提供劳务收入和建造合同收入主要采用完工百分比法确认。然而，随着市场经济的日益发展和交易事项的日趋复杂，实务中收入确认和计量面临着越来越多的问题。

为切实解决现行准则实施中存在的具体问题，进一步规范我国收入确认、计量和相关信息披露，保持我国企业会计准则与国际财务报告准则的持续趋同，我国财政部于 2017 年 7 月 5 日发布了修订后的《企业会计准则第 14 号——收入》（以下简称"新收入准则"或"本准则"），其内容与 IFRS15 相一致。新收入准则取代了原收入准则和建造合同准则，不再区分销售商品、提供劳务和建造合同等具体交易形式，而是将这些交易均纳入统一的收入确认模型（即"五步法"模型），并且对很多具体的交易和安排提供了更加明确的指引。

②本准则主要规范了收入的确认、计量和相关信息的披露要求。根据本准

则，企业确认收入的方式应当反映其向客户转让商品或提供服务（以下简称"转让商品"）的模式，收入的金额应当反映企业因转让这些商品或提供这些服务而预期有权收取的对价金额，从而如实反映企业的生产经营成果，核算企业实现的损益。企业应用本准则的目的，应当是向财务报表使用者提供相关的有用信息，如与客户之间的合同产生的收入及现金流量的性质、金额、时间分布和不确定性等。除非特别说明，本准则中所称商品，既包括商品，也包括服务。

根据本准则，收入确认和计量大致分为五步：第一步，识别与客户订立的合同；第二步，识别合同中的单项履约义务；第三步，确定交易价格；第四步，将交易价格分摊至各单项履约义务；第五步，履行各单项履约义务时确认收入。我们将其称为收入确认和计量的"五步法"模型。其中，第一步、第二步和第五步主要与收入的确认有关，第三步和第四步主要与收入的计量有关。

第二条 收入，是指企业在日常活动①中形成的、会导致所有者权益增加的、与所有者投入资本无关的经济利益的总流入②。

【注释】

①日常活动，是指企业为完成其经营目标所从事的经常性活动，以及与主营业务相关的其他活动。例如，工业企业制造并销售产品、企业销售并流通商品、咨询公司提供咨询服务、软件公司为客户开发软件、安装公司提供安装服务、建筑企业提供建造服务等，均属于企业的日常活动。日常活动所形成的经济利益的流入应当确认为收入。非日常活动形成的经济利益流入不应当确认为收入，例如，罚没收入虽然被称为营业外收入，但是其实质上是直接计入所有者权益的利得，而不是收入。

②编者语：IFRS15 于 2014 年发布，初始发布时对收入的定义与本条类似。2017 年修订的 IFRS15 将收入的定义修改为企业在正常经营活动中产生的收益，而非本条所述的经济利益的总流入。IASB 指出，个别财务报表使用者可能会将原收入准则中定义的"经济利益的总流入"误解为"企业应将客户就商品或服务支付的预付款确认为收入"，因此 IASB 决定将其修改为"收益"。

IASB 于 2018 年 3 月发布了《财务报告概念框架》（Conceptual Framework for Financial Reporting），将收入定义为"除企业权益要求权持有者投入外，在相应会计期间导致权益增加的资产增加或负债减少的经济利益流入"。显然，IASB 对收入的定义体现了准则制定的"资产负债表观"。2019 年最新修订的 IFRS15 对收入的定义也进行了相应修改，保持了与《财务报告概念框架》的内在一致性。

第三条 本准则适用于所有与客户之间的合同，但下列各项除外：

（一）由《企业会计准则第 2 号——长期股权投资》《企业会计准则第 22 号——金融工具确认和计量》《企业会计准则第 23 号——金融资产转移》《企业

会计准则第 24 号——套期会计》《企业会计准则第 33 号——合并财务报表》《企业会计准则第 40 号——合营安排》规范的金融工具及其他合同权利和义务，分别适用《企业会计准则第 2 号——长期股权投资》《企业会计准则第 22 号——金融工具确认和计量》《企业会计准则第 23 号——金融资产转移》《企业会计准则第 24 号——套期会计》《企业会计准则第 33 号——合并财务报表》《企业会计准则第 40 号——合营安排》①②。

（二）由《企业会计准则第 21 号——租赁》规范的租赁合同，适用《企业会计准则第 21 号——租赁》③。

（三）由保险合同相关会计准则规范的保险合同，适用保险合同相关会计准则④。

本准则所称客户，是指与企业订立合同以向该企业购买其日常活动产出的商品或服务（以下简称"商品"）并支付对价的一方⑤。本准则所称合同，是指双方或多方之间订立有法律约束力的权利义务的协议⑥。合同有书面形式、口头形式以及其他形式⑦。

【注释】

①准则联系：企业进行债权投资收取的利息、进行股权投资取得的现金股利等，适用《企业会计准则第 22 号——金融工具确认和计量》。企业对于不构成金融工具实际利率组成部分的各项费用，应当按照本准则进行会计处理。由本准则规范的属于金融工具的合同权利和义务，适用本准则，但在确认和计量相关合同权利的减值损失和利得时，应当按照《企业会计准则第 22 号——金融工具确认和计量》规定进行会计处理的，适用该准则有关减值的规定。

②准则联系：为与新收入准则等一系列新修订准则的规定保持一致，财政部于 2019 年 5 月 9 日印发了修订后的《企业会计准则第 7 号——非货币性资产交换》，规定企业以存货换取客户的存货、固定资产、无形资产等，按照新收入准则的规定进行会计处理；其他非货币性资产交换，适用《企业会计准则第 7 号——非货币性资产交换》。

③准则联系：企业对外出租资产收取的租金适用《企业会计准则第 21 号——租赁》。出租人授予的知识产权许可，适用本准则。另外，承租人和出租人应当按照本准则的规定，评估确定售后租回交易中的资产转让是否属于销售。

④准则联系：企业由保险合同取得的保费收入，不执行本准则，应参照《企业会计准则第 25 号——原保险合同》与《企业会计准则第 26 号——再保险合同》的规定进行会计处理。对于保险合同相关会计准则，财政部已于 2018 年 12 月 21 日发布了《企业会计准则第 × 号——保险合同（修订）（征求意见稿）》。IASB 也于 2019 年 6 月发布了对《国际财务报告准则第 17 号——保险合同》修订的征求意见稿（以下简称"征求意见稿"），向全球公开征求意见。2019 年 7 月 19 日，财政部发布了《关于就国际会计准则理事会发布的新保险准则征求意

见稿公开征求意见的函》。

⑤如果企业合同方与企业订立合同的目的是共同参与一项活动（如合作开发一项资产），合同方和企业一起分担（或分享）该活动产生的风险（或收益），而不是获取企业日常活动产出的商品，则该合同方不是企业的客户，企业与其签订的相关合同也不属于本准则规范范围。

⑥当企业与客户之间的合同部分属于本准则规范范围，而其他部分属于上述其他会计准则规范范围时，如果上述其他会计准则明确规定了如何对合同中的一个或多个组成部分进行区分或初始计量，企业首先应当按照相应规定进行处理，并将按照上述其他准则进行初始计量的合同组成部分的金额排除在本准则规定的交易价格之外；否则，企业应当按照本准则对合同中的一个或多个组成部分进行区分和初始计量。

准则联系：IFRS15 将合同定义为双方或多方之间订立的、法律上可执行的权利和义务的协议；而《国际会计准则第 32 号——金融工具：列报》（以下简称"IAS32"）将合同定义为双方或多方之间具有明确经济后果的协议。IFRS15 中合同的定义以美国合同的普通法律定义为基础，而 IAS32 中合同的定义暗示合同可包含在法律上不可执行的协议，因此 IAS32 中对合同定义的范围比 IFRS15 更广。

⑦合同也存在其他形式，如隐含于商业惯例或企业以往的习惯做法中等。

第二章　确　认

第四条　企业应当在履行了合同中的履约义务[①]，即在客户取得相关商品控制权时确认收入。

取得相关商品控制权是指能够主导该商品的使用并从中获得几乎全部的经济利益[②③]。

【注释】

①**准则联系**：根据本准则第九条，履约义务是指合同中企业向客户转让可明确区分商品的承诺。履约义务既包括合同中明确的承诺，也包括由于企业已公开宣布的政策、特定声明或以往的习惯做法等导致合同订立时客户合理预期企业将履行的承诺。企业为履行合同而应开展的初始活动，通常不构成履约义务，除非该活动向客户转让了承诺的商品。有关履约义务的解释详见本准则第九条【注释】。

②取得相关商品控制权也包括有能力阻止其他方主导该商品的使用并从中获得经济利益（即排他性）。企业在判断商品的控制权是否发生转移时，应当从客户的角度进行分析，即判断客户是否取得了相关商品的控制权，以及何时取得该控制权。取得商品控制权同时包括下列三项要素：

一是，现时能力。企业只有在客户拥有现时权利（而非潜在权利），能够主导该商品的使用并从中获得几乎全部经济利益时，才能确认收入。如果客户只能在未来的某一期间主导该商品的使用并从中获益，则表明其尚未取得该商品的控制权。例如，企业与客户签订合同为其生产产品，虽然合同约定该客户最终将能够主导该产品的使用，并获得几乎全部的经济利益，但是，只有在客户真正获得这些权利时（根据合同约定，可能是在生产过程中也可能在更晚的时点），企业才能确认收入，在此之前，企业不应当确认收入。

二是，主导该商品的使用。客户有能力主导该商品的使用，是指客户在其活动中有权使用该商品或者能够允许或阻止其他方使用该商品。

三是，能够获得几乎全部的经济利益。客户必须拥有获得商品几乎全部经济利益的能力才能被视为获得了对该商品的控制。商品的经济利益，是指该商品的潜在现金流量，既包括现金流入的增加，也包括现金流出的减少。客户可以通过使用、消耗、出售、处置、交换、抵押或持有等多种方式直接或间接地获得商品的经济利益。

③**准则联系**：本准则所称控制与《企业会计准则第 33 号——合并财务报表》所称控制不同，《企业会计准则第 33 号——合并财务报表》所称的控制，是指投资方拥有对被投资方的权力，通过参与被投资方的相关活动而享有可变回报，并且有能力运用对被投资方的权力影响其回报金额。

第五条 当企业与客户之间的合同同时满足下列条件时，企业应当在客户取得相关商品控制权时确认收入：

（一）合同各方已批准该合同并承诺将履行各自义务[①]；

（二）该合同明确了合同各方与所转让商品或提供劳务（以下简称"转让商品"）相关的权利和义务[②]；

（三）该合同有明确的与所转让商品相关的支付条款；

（四）该合同具有商业实质，即履行该合同将改变企业未来现金流量的风险、时间分布或金额[③]；

（五）企业因向客户转让商品而有权取得的对价很可能收回[④]。

在合同开始日即满足前款条件的合同，企业在后续期间[⑤]无须对其进行重新评估，除非有迹象表明相关事实和情况发生重大变化[⑥]。合同开始日通常是指合同生效日[⑦]。

【注释】

①**准则由来**：如果合同各方未批准合同，则该合同是否可执行是不确定的，因此 IASB 将合同成立的条件纳入标准。某些意见反馈者质疑口头或根据商业惯例的隐含合同（尤其是在企业难以对合同的批准进行验证的情况下）是否能满足这一标准。IASB 指出，合同形式本身不能确定合同各方是否已批准合同，企业在评估合同各方是否受合同条款和条件约束时，应当综合考虑所有相关事实和情况。因此，在某些情况下，口头或隐含合同的各方可能已同意履行各自义务，而在其他情况下则必须编制书面合同以确定合同各方已批准合同。

此外，IASB 指出，合同各方应依照合同履行各自义务，但合同各方并非必须履行其各自的所有合同权利和义务才能满足本条标准，因为要求合同各方履行所有权利和义务可能会导致某些已实质上履行的合同收入无法确认。例如，某合同包含客户每月向企业购买最低数量商品的要求，但客户的过往惯例表明其每月并非总是达到最低购买数量要求，并且企业也未强制执行购买最低数量的要求；因此，如果有证据表明企业和客户已实质上履行合同，则仍可以满足本条标准。

②**准则由来**：IASB 指出，如果企业不能识别各方与拟转让商品或服务相关的权利和义务，则无法评估商品或服务的转让，因此 IASB 决定将本条件纳入标准。

合同约定的权利和义务是否具有法律约束力，需要根据企业所处的法律环境和实务操作进行判断。不同的企业可能采取不同的方式和流程与客户订立合同，同一企业在与客户订立合同时，对于不同类别的客户及不同性质的商品也可能采取不同的方式和流程。企业在判断其与客户之间的合同是否具有法律约束力，以及这些具有法律约束力的权利和义务在何时设立时，应当考虑上述因素的影响。合同各方均有权单方面终止完全未执行的合同且无须对合同其他方作出补偿时，在应用本准则的情况下，该合同应当被视为不存在。其中，完全未执行的合同，是指企业尚未向客户转让任何合同中承诺的商品，也尚未收取且尚未有权收取已承诺商品的任何对价的合同。

③准则联系：关于商业实质，企业应按照《企业会计准则第7号——非货币性资产交换》的有关规定进行判断。《企业会计准则第7号——非货币性资产交换》第七条规定，满足下列条件之一的非货币性资产交换具有商业实质：1）换入资产的未来现金流量在风险、时间分布或金额方面与换出资产显著不同；2）使用换入资产所产生的预计未来现金流量现值与继续使用换出资产不同，且其差额与换入资产和换出资产的公允价值相比是重大的。

④企业在评估其因向客户转让商品而有权取得的对价是否很可能收回时，仅应考虑客户到期时支付对价的能力和意图（即客户的信用风险）。当对价是可变对价时，由于企业可能会向客户提供价格折让，其有权收取的对价金额可能会低于合同标价。企业存在向客户提供价格折让的可能时，应当在估计交易价格时进行考虑。判断企业因向客户转让商品而有权取得的对价是否很可能收回的具体示例参见【例1】。

实务中，企业在对合同组合中的每一份合同进行评估时，均认为其合同对价很可能收回。但是，根据历史经验，企业预计可能无法收回该合同组合中的全部对价，此时，企业应当认为这些合同满足"因向客户转让商品而有权取得的对价很可能收回"这一条件，并以此为基础估计交易价格。同时，企业应当考虑这些合同下确认的合同资产或应收款项是否存在减值情况。

⑤合同存续期间的确定。合同存续期间是指合同各方拥有现时可执行的具有法律约束力权利和义务的期间。实务中，有些合同可能有固定的期间，有些合同则可能没有（如无固定期间且合同各方可随时要求终止或变更的合同、定期自动续约的合同等）。企业应当确定合同存续期间，并在该期间内按照本准则规定对合同进行会计处理。

在确定合同存续期间时，无论该合同是否有明确约定的合同期间，该合同的存续期间都不会超过已经提供的商品所涵盖的期间；当合同约定任何一方在某一特定期间之后才可以随时无代价地终止合同时，该合同的存续期间不会超过该特定期间；当合同约定任何一方均可以提前终止合同，但要求终止合同的一方需要向另一方支付重大的违约金时，合同存续期间很可能与合同约定的期间一致，这是因为该重大的违约金实质上使得合同双方在合同约定的整个期间内均具有法律约束力的权利和义务；当只有客户拥有无条件终止合同的权利时，客户的该项权利会被视为客户拥有的一项续约选择权，重大的续约选择权应当作为单项履约义务进行会计处理。确定合同存续期的具体示例参见【例2】。

⑥IASB 指出，在有迹象表明相关事实和情况发生重大变化的情况下，重新评估本条所述的这些标准十分重要，因为有关变化可能清楚地表明剩余的合同权利和义务不再可执行，其中的"剩余"一词表明，有关标准仅适用于尚未转让的权利和义务，换言之，企业不应在重新评估中包括（因而不应当转回）任何已确认的应收款项、收入或合同资产。

例如，企业与客户签订一份合同，在合同开始日，企业认为该合同满足本条规定的五项条件，但是，在后续期间，客户的信用风险显著升高，企业需要评估其在未来向客户转让剩余商品而有权取得的对价是否很可能收回，如果不能满足很可能收回的条件，则该合同自此开始不再满足本条规定的相关条件，应当停止确认收入，并且只有当后续合同条件再度满足或者当企业不再负有向客户转让商品的剩余义务且已向客户收取的对价无需退回时，才能将已收取的对价确认为收入，但是，不应当调整在此之前已经确认的收入。对合同进行持续评估的具体示例参见【例3】。

⑦即：合同开始赋予合同各方具有法律约束力权利和义务的日期。

【例1】判断企业因向客户转让商品而有权取得的对价是否很可能收回

（1）碧园开发公司与利保公司签订合同，向其销售一栋写字楼，合同价款为150 万元。该写字楼的成本为80 万元，利保公司在合同开始日即取得了该写字楼的控制权。根据合同约定，利保公司在合同开始日支付了10% 的保证金15 万元，并就剩余90% 的价款与碧园公司签订了不附追索权的长期融资协议，如果利保公司违约，碧园公司可重新拥有该写字楼，即使收回的写字楼不能涵盖所欠款项的总额，碧园公司也不能向利保公司索取进一步的赔偿。

利保公司计划在该写字楼内开设一家餐馆，并以该餐馆的收益偿还碧园公司的欠款。但是，在该写字楼所在的地区，餐饮行业面临激烈的竞争，且利保公司缺乏餐饮行业的经营经验。

分析：本例中，利保公司计划以该餐馆产生的收益偿还碧园公司的欠款，除此之外并无其他的经济来源，利保公司也未对该笔欠款设定任何担保。如果利保公司违约，则碧园公司可重新拥有该写字楼，但是，根据合同约定，即使收回的写字楼不能涵盖所欠款项的总额，碧园公司也不能向利保公司索取进一步的赔偿。因此，碧园公司对利保公司还款的能力和意图存在疑虑，认为该合同不满足合同价款很可能收回的条件。碧园公司应当将收到的 15 万元确认为一项负债。

（2）汉造公司向 M 国某互联网公司销售一批手机，合同标价为 200 万元。在此之前，汉造公司从未向该互联网公司所在国家 M 国的其他客户进行过销售，该互联网公司所在国家 M 国正在经历严重的经济困难。汉造公司预计不能从该互联网公司收回全部的对价金额，而是仅能收回 150 万元。尽管如此，汉造公司预计该互联网公司所在国家 M 国的经济情况将在未来两三年内好转，且汉造公司与该互联网公司之间建立的良好关系将有助于其在该国家拓展其他潜在客户。

分析：本例中，根据该互联网公司所在国家 M 国的经济情况以及汉造公司的销售战略，汉造公司认为其将向该互联网公司提供价格折让，汉造公司能够接受该互联网公司支付低于合同对价的金额，即 150 万元，且估计很可能收回该对价。汉造公司认为，该合同满足"有权取得的对价很可能收回"的条件；该公司按照本准则的规定确定交易价格时，应当考虑其向该互联网公司提供的价格折让的影响。因此，汉造公司确定的交易价格不是合同标价 200 万元，而是 150 万元。

【例 2】合同存续期的确定

森罗物业公司与千至地产公司签订合同，每月为千至地产公司提供一次保洁服务，合同期限为 5 年。

情形 1：5 年内，合同各方均有权在每月末无理由要求终止合同，只需提前 5 个工作日通知对方，无须向对方支付任何违约金。

情形 2：5 年内，千至地产公司有权在每月末要求提前终止合同，且无须向森罗物业公司支付任何违约金。

情形 3：5 年内，千至地产公司有权在每月末要求提前终止合同，但是千至地产公司如果在合同开始日之后的 12 个月内要求终止合同，必须向森罗物业公司支付一定金额的违约金。

分析：本例中，对于情形 1，尽管合同约定的服务期为 5 年，但是在已提供服务的期间之外，该合同对于合同双方均未产生具有法律约束力的权利和义务，因此该合同应被视为逐月订立的合同。对于情形 2，该合同应视为逐月订立的合同，同时，千至地产公司拥有续约选择权，森罗物业公司应当判断提供给千至地产公司的该续约选择权是否构成重大权利，从而应作为单项履约义务进行会计处理。对于情形 3，森罗物业公司需要判断合同约定的违约金是否足够重大，以至于使该合同在合同开始日之后的 12 个月内对于合同双方都产生了具有法律约束力的权利和义务，如果是，则该合同的存续期间为 12 个月；否则，与情形 2 相同，该合同应视为逐月订立的合同。

【例 3】合同的持续评估

汉造公司与华震公司签订合同，将一项专利技术授权给华震公司使用，并按其使用情况收取特许权使用费。汉造公司评估认为，该合同在合同开始日满足本准则第五条规定的五项条件。该专利技术在合同开始日即授权给华震公司使用。在合同开始日后的第一年内，华震公司每季度向汉造公司提供该专利技术的使用情况报告，并在约定的期间内支付特许权使用费。在合同开始日后的第二年内，华震公司继续使用该专利技术，但是，华震公司的财务状况下滑，融资能力下降，可用资金不足，因此，华震公司仅按合同支付了当年第一季度的特许权使用费，而后三个季度仅按象征性金额付款。在合同开始日后的第三年内，华震公司继续使用汉造公司的专利技术。但是，汉造公司得知，华震公司已经完全丧失了融资能力，且流失了大部分客户，因此，华震公司的付款能力进一步恶化，信用风险显著升高。

分析：本例中，该合同在合同开始日满足本准则第五条规定的五项条件，因此，汉造公司在华震公司使用该专利技术的行为发生时，按照约定的特许权使用费确认收入。合同开始后的第二年，由于华震公司的信用风险升高，汉造公司在确认收入的同时，按照《企业会计准则第 22 号——金融工具确认和计量》的要求对华震公司的应收款项进行减值测试。合同开始日后的第三年，由于华震公司的财务状况恶化，信用风险显著升高，汉造公司对该合同进行了重新评估，认为不再满足"企业因向客户转让商品而有权取得的对价很可能收回"这一条件，因此，汉造公司不再确认特许权使用费收入，同时，按照《企业会计准则第 22 号——金融工具确认和计量》对现有应收款项是否发生减值继续进行评估。

第六条 在合同开始日不符合本准则第五条规定的合同，企业应当对其进行持续评估，并在其满足本准则第五条规定时按照该条的规定进行会计处理①②。

对于不符合本准则第五条规定的合同，企业只有在不再负有向客户转让商品的剩余义务，且已向客户收取的对价无须退回时，才能将已收取的对价确认为收入③；否则，应当将已收取的对价作为负债进行会计处理④。没有商业实质的非货币性资产交换，不确认收入⑤。

【注释】

①准则由来：IASB 和 FASB 决定对该类合同进行持续评估，以回应某些反馈者提出的在合同未满足准则规定时企业应当如何对其权利和义务进行会计处理的问题。IASB 和 FASB 明确规定，在合同开始日未满足与本准则第五条类似的 IFRS15 相关条款的情况下，仅当"不再负有向客户转让商品的剩余义务，且已向客户收取的对价无须退回"时，或者企业经重新评估后认为合同后续符合这些标准的情况下，企业才应将所取得的对价确认为收入。其目的在于排除并非有效以及未体现真正交易的合同。

②如果企业在合同开始日之前已经向客户转移了部分商品，当该合同在后续期间满足本准则第五条规定的五项条件时，企业应当将在此之前已经转移的商品所分摊的交易价格确认为收入。

③企业向客户收取无须退回的对价的，应当在已经将该部分对价所对应的商品的控制权转移给客户，同时已经停止向客户转让额外的商品，也不再负有此类义务时；或者，相关合同已经终止时，将该部分对价确认为收入。

④该负债代表了企业在未来向客户转让商品（服务）或者返还已取得对价的义务，应当按照客户所支付的对价金额计量。

⑤从事相同业务经营的企业之间，为便于向客户或潜在客户销售而进行的非

货币性资产交换（例如，两家建材公司为满足各自不同地点的客户需求而互相交换建材），不应当确认收入。

　　第七条　企业与同一客户（或该客户的关联方）①同时订立或在相近时间②内先后订立的两份或多份合同，在满足下列条件之一时，应当合并为一份合同进行会计处理③④：

　　（一）该两份或多份合同基于同一商业目的而订立并构成一揽子交易⑤。

　　（二）该两份或多份合同中的一份合同的对价金额取决于其他合同的定价或履行情况。

　　（三）该两份或多份合同中所承诺的商品（或每份合同中所承诺的部分商品）构成本准则第九条规定的单项履约义务⑥。

【注释】

　　①**同一客户**：IFRS 指出，仅当两项或多项合同均与同一客户订立时，才可将这些合同合并。但是，在某些情况下，如果企业与相互关联的各方单独订立的合同之间存在相互依赖，则企业也应当将这些合同予以合并。在上述情况下，合并与关联各方订立的合同能够更恰当地反映收入确认的金额和时间。

　　②**同一时间**：IFRS 指出，在同一时间或相近时间订立合同，是合并合同的必要条件。

　　③本准则规范的是"企业与客户之间的单个合同"的会计处理。但是，为便于实务操作，当企业能够合理预计，将本准则规定应用于具有类似特征的合同（或履约义务）组合或应用于该组合中的每一个合同（或履约义务），不会对企业的财务报表产生显著不同的影响时，企业可以在合同组合层面应用本准则。此时，企业应当采用能够反映该合同组合规模和构成的估计和假设。

　　④**准则由来**：IASB 和 FASB 决定在 IFRS15 中纳入企业何时应当合并两项或多项合同并将其作为单个合同进行会计处理的要求。这是因为在某些情况下，将某些收入业务合同视为分别处理两项或多项合同，还是作为一项合同进行会计处理，可能会对收入的金额和时间产生不同的影响。

　　⑤**准则由来**：IASB 和 FASB 考虑过是否应当明确规定，为实现单一商业目的而作为一揽子合同议定的所有合同均须予以合并，无论这些合同是否在同一时间或相近时间与同一客户订立。但是，IASB 和 FASB 最终决定不作出上述规定，其原因主要是考虑到企业将太多合同合并有可能无法如实地反映自身的履约情况。此外，IASB 和 FASB 决定，企业应当运用会计判断来确定某项合同是否"在同一时间或相近时间"订立。但需要注意的是，合同各方对各项合同作出承诺之间的间隔时间越长，影响协商的经济环境就越可能发生变化。

　　⑥**准则由来**：IFRS 中指出，本准则（三）的标准，是为了避免企业根据其设计合同结构的方式而有效规避有关识别履约义务的要求。因此，如果符合本准

则（一）或（二）的标准，合同中对价之间的关系（即价格的相互依赖）会使得：如果此类合同未予合并，则分摊至每项合同中履约义务的对价金额可能无法如实地反映向客户转让商品或服务的价值。

第八条 企业应当区分下列三种情形对合同变更分别进行会计处理：

（一）合同变更增加了可明确区分的商品及合同价款，且新增合同价款反映了新增商品单独售价的，应当将该合同变更部分作为一份单独的合同进行会计处理①②。

（二）合同变更不属于本条（一）规定的情形，且在合同变更日已转让的商品或已提供的服务（以下简称"已转让的商品"）与未转让的商品或未提供的服务（以下简称"未转让的商品"）之间可明确区分的，应当视为原合同终止，同时，将原合同未履约部分与合同变更部分合并为新合同进行会计处理③④。

（三）合同变更不属于本条（一）规定的情形，且在合同变更日已转让的商品与未转让的商品之间不可明确区分的，应当将该合同变更部分作为原合同的组成部分进行会计处理，由此产生的对已确认收入的影响，应当在合同变更日调整当期收入⑤⑥。

本准则所称合同变更，是指经合同各方批准对原合同范围或价格作出的变更⑦⑧。

【注释】

①**准则由来**：IASB 和 FASB 规定，如果额外承诺的商品或服务可明确区分且其定价反映此类商品或服务的单独售价，则合同的修订应采用未来适用法进行会计处理。在这种情况下，企业就额外的商品或服务订立单独的合同，与企业修订现有合同相比，两者之间不存在任何经济差异。

②此类合同变更不影响原合同的会计处理。判断新增合同价款是否反映了新增商品的单独售价时，应当考虑为反映该特定合同的具体情况而对新增商品价格所做的适当调整。例如，在合同变更时，企业由于无须发生为发展新客户等相关的销售费用，可能会向客户提供一定的折扣，从而适当调整新增商品的单独售价（如第二件半价），该调整不影响新增商品单独售价的判断。合同变更部分作为单独合同的示例参见【例4】。

③**准则由来**：IASB 和 FASB 规定，如果拟在合同修订后提供的商品或服务与之前已提供的商品或服务可明确区分，则合同的修订应采用未来适用法进行会计处理。无论额外承诺的商品或服务的定价是否反映其单独售价，均须遵循上述规定。这是因为如果在累计追加调整的基础上对此类修订进行会计处理可能较为复杂，且不一定能够如实地反映此类修订的经济实质。该方法可防止对之前已履行的履约义务进行会计处理，进而避免就已履行的履约义务对收入做出调整。

④未转让的商品既包括原合同中尚未转让的商品，也包括合同变更新增的商品。新合同的交易价格应当为下列两项金额之和：一是原合同交易价格中尚未确认为收入的部分（包括已从客户收取的金额）；二是合同变更中客户已承诺的对

价金额。合同变更作为原合同终止及新合同订立的示例参见【例5】。

⑤准则由来：IASB和FASB规定，如果剩余商品或服务不可明确区分且构成部分履行的单一履约义务的一部分，则企业应在累计追加调整的基础上确认该项修订的影响。同时，企业应更新交易价格并对履约义务的履约进度进行重新计量。

⑥企业在合同变更日应重新计算履约进度，并调整当期收入和相应成本等。合同变更部分作为原合同的组成部分的示例参见【例6】。

⑦合同变更既可能形成新的具有法律约束力的权利和义务，也可能是变更了合同各方现有的具有法律约束力的权利和义务。与合同初始订立时相同，合同各方可能以书面形式、口头形式或其他形式（如隐含于企业以往的习惯做法中）批准合同变更。

某些情况下，合同各方对于合同范围或价格的变更还存在争议，或者合同各方已批准合同范围的变更但尚未确定相应的价格变动，企业应当考虑包括合同条款及其他证据在内的所有相关事实和情况，以确定该变更是否形成了新的有法律约束力的权利和义务，或者是否变更了现有的有法律约束力的权利和义务。合同各方已批准合同范围变更但尚未确定相应价格变动的，企业应当按本准则有关可变对价的规定对合同变更所导致的交易价格变动进行估计。判断合同变更的具体示例参见【例7】。

⑧判断合同变更的会计处理的步骤如图1-1所示。如果在合同变更日未转让的商品为上述第（二）和第（三）种情形的组合，企业应当分别按照上述第（二）或第（三）种情形的方式对相应的合同变更后尚未转让（或部分未转让）的商品进行会计处理。

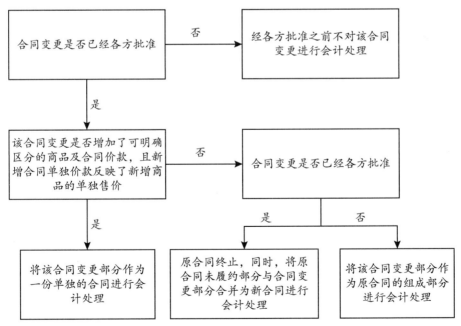

图1-1

【例 4】合同变更部分作为单独合同

汉造公司承诺向五星公司销售 200 件产品，每件产品售价 150 元。该批产品彼此之间可明确区分，且将于未来 3 个月内陆续转让给五星公司。汉造公司将其中的 100 件产品转让给五星公司后，双方对合同进行了变更，汉造公司承诺向五星公司额外销售 50 件相同的产品，这 50 件产品与原合同中的产品可明确区分，其售价为每件 145 元（假定该价格反映了合同变更时该产品的单独售价）。上述价格均不包含增值税。

分析：本例中，由于新增的 50 件产品是可明确区分的，且新增的合同价款反映了新增产品的单独售价，因此，该合同变更实际上构成了一份单独的、在未来销售 50 件产品的新合同，该新合同并不影响对原合同的会计处理。汉造公司应当对原合同中的 200 件产品按每件产品 150 元确认收入，对新合同中的 50 件产品按每件产品 145 元确认收入。

【例 5】合同变更作为原合同终止及新合同订立

（1）沿用【例 4】，汉造公司新增销售的 50 件产品售价为每件 140 元（假定该价格不能反映合同变更时该产品的单独售价）。同时，由于客户发现汉造公司已转让的 100 件产品存在瑕疵，要求汉造公司对已转让的产品提供每件 20 元的销售折让以弥补损失。经协商，双方同意将价格折让在销售新增的 50 件产品的合同价款中进行抵减，金额为 2 000 元。上述价格均不包含增值税。

分析：本例中，由于 2 000 元的折让金额与已经转让的 100 件产品有关，因此应当将其作为已销售的 100 件产品的销售价格的抵减，在该折让发生时冲减当期销售收入。对于合同变更新增的 50 件产品，由于其售价不能反映该产品在合同变更时的单独售价，因此，该合同变更不能作为单独合同进行会计处理。由于尚未转让给客户的产品（包括原合同中尚未交付的 100 件产品以及新增的 50 件产品）与已转让的产品是可明确区分的，因此，汉造公司应当将该合同变更作为原合同终止，同时，将原合同的未履约部分与合同变更合并为新合同进行会计处理。该新合同中，剩余产品为 150 件，其对价为 22 000 元，即原合同下尚未确认收入的客户已承诺对价 15 000 元（150×100）与合同变更部分的对价 7 000 元（140×50）之和，新合同中的 150 件产品每件产品应确认的收入为 146.67 元（22 000÷150）。

（2）汉造公司与五星公司签订合同，每周为五星公司的办公楼提供保洁服务，合同期限为 3 年，五星公司每年向汉造公司支付服务费 20 万元（假定该价格反映了合同开始日该项服务的单独售价）。在第 2 年末，合同双方对合同进行了变更，将第 3 年的服务费调整为 15 万元（假定该价格反映了合同变更日该项服务的单独售价），同时以 25 万元的价格将合同期限延长 2 年（假定该价格不反映合同变更日该 2 年服务的单独售价），即每年的服务费为 12.5 万元，于每年年初支付。上述价格均不包含增值税。

分析：本例中，在合同开始日，汉造公司认为其每周为五星公司提供的保洁服务是可明确区分的，但由于汉造公司向五星公司转让的是一系列实质相同且转让模式相同的、可明确区分的服务，因此，根据本准则第九条，应当将其作为单项履约义务。在合同开始的前2年，即合同变更之前，汉造公司每年确认收入20万元。在合同变更日，由于新增的2年保洁服务的价格不能反映该项服务在合同变更时的单独售价，因此，该合同变更不能作为单独的合同进行会计处理；由于在剩余合同期间需提供的服务与已提供的服务是可明确区分的，汉造公司应当将该合同变更作为原合同终止，同时，将原合同中未履约的部分与合同变更合并为一份新合同进行会计处理。该新合同的合同期限为3年，对价为40万元，即原合同下尚未确认收入的对价15万元与新增的2年服务相应的对价25万元之和，新合同中汉造公司每年确认的收入为13.33万元（40÷3）。

【例6】合同变更部分作为原合同的组成部分

20×1年1月20日，碧园建筑公司和千至公司签订了一项总金额为2 000万元的固定造价合同，在千至公司自有土地上建造一幢办公楼，预计合同总成本为1 500万元。假定该建造服务属于在某一时段内履行的履约义务，并根据累计发生的合同成本占合同预计总成本的比例确定履约进度。

截至20×1年末，碧园公司累计已发生成本1 200万元，履约进度为80%（1 200÷1 500）。因此，碧园公司在20×1年确认收入1 600万元（2 000×80%）。

20×2年初，合同双方同意更改该办公楼屋顶的设计，合同价格和预计总成本因此而分别增加500万元和300万元。

在本例中，由于合同变更后拟提供的剩余服务与在合同变更日或之前已提供的服务不可明确区分（即该合同仍为单项履约义务），因此，碧园公司应当将合同变更作为原合同的组成部分进行会计处理。合同变更后的交易价格为2 500万元（2 000＋500），碧园公司重新估计的履约进度为66.6%［1 200÷（1 500＋300）］，碧园公司在合同变更日应再确认收入65万元（66.6%×2 500－1 600）。

【例7】合同变更的判断

碧园公司与千至公司签订合同，在千至公司厂区内为其修建一座大型综合性仓库。根据合同约定，千至公司应当在合同开始日起15天内允许碧园公司进场施工，导致碧园公司未能及时开始施工的任何事件（包括不可抗力的影响），碧园公司均能够获得补偿，补偿金额相当于碧园公司因工程延误而直接发生的实际成本。由于当地连降暴雨对施工场地造成了破坏，碧园公司直到合同开始日后30天才开始进场施工，碧园公司根据合同约定向千至公司提出了索赔申请，但是，直到会计期末，千至公司尚未同意对碧园公司进行补偿。

分析：本例中，碧园公司对于提出索赔申请的法律依据进行了评估，虽然千至公司直到会计期末尚未同意该索赔申请，但是，由于该申请是依据合同约定而提出，是一项有法律约束力的权利。因此，碧园公司将该索赔作为合同变更进行会计处理，由于该项变更没有导致向客户提供额外的商品，因此，该合同变更没有变更合同范围，只是变更了合同价格，碧园公司在估计交易价格时应当考虑这一合同变更的影响，并遵循将可变对价计入交易价格的限制要求。

第九条[①]　合同开始日，企业应当对合同进行评估，识别该合同所包含的各单项履约义务，并确定各单项履约义务是在某一时段内履行，还是在某一时点履行[②]，然后，在履行了各单项履约义务时分别确认收入。

履约义务[③]，是指合同中企业向客户转让可明确区分商品的承诺[④]。履约义务既包括合同中明确的承诺，也包括由于企业已公开宣布的政策、特定声明或以往的习惯做法等导致合同订立时客户合理预期企业将履行的承诺[⑤]。企业为履行合同而应开展的初始活动，通常不构成履约义务，除非该活动向客户转让了承诺的商品[⑥]。

企业向客户转让一系列实质相同且转让模式相同的、可明确区分商品的承诺，也应当作为单项履约义务[⑦⑧]。

转让模式相同，是指每一项可明确区分商品均满足本准则第十一条规定的、在某一时段内履行履约义务的条件，且采用相同方法确定其履约进度。

【注释】

①本准则第九条至第十一条为"五步法"模型中的第二步，即"识别合同中的单项履约义务"。

②准则联系：各单项履约义务是"在某一时段履行"还是"在某一时点履行"的判断条件详见本准则第十一条，对"在某一时段履行"的履约义务确认收入的方法详见本准则第十二条，对"在某一时点履行"的履约义务确认收入的方法详见本准则第十三条。

③根据本条目对履约义务的描述，下列情况下，企业应当将向客户转让商品的承诺作为单项履约义务：一是企业向客户转让可明确区分商品（或者商品的组合）的承诺。二是企业向客户转让一系列实质相同且转让模式相同的、可明确区分商品的承诺。

④准则由来：为了让企业在识别履约义务时能够采用切合实际的方式，在应用于IFRS15范围内的各类行业与交易时，IASB和FASB制定了一项以相关的方式识别单独承诺的商品的原则，这一原则即为"可明确区分商品"，其中，"可明确区分"表明事物是不同的、单独的或不相似的。这一原则使得收入确认模式能够如实反映商品向客户的转让。可明确区分商品必须同时满足本准则第十条的条件。

⑤企业承诺向客户转让的商品通常会在合同中明确约定，然而在某些特殊情

况下，虽然合同中没有明确约定，但是企业已公开宣布的政策、特定声明或以往的习惯做法等可能隐含了企业将向客户转让额外商品的承诺。这些隐含的承诺不一定具有法律约束力，但是如果在合同订立时，客户根据这些隐含的承诺能够对企业将向其转让某项商品形成合理的预期，则企业在识别合同中所包含的单项履约义务时，应当考虑此类隐含的承诺。

例如，斯特拉向客户销售新能源汽车，虽然合同没有约定，但是，斯特拉在其宣传广告中宣称，对于购买新能源汽车的客户，企业将为客户提供免费的充电桩，并为客户所在住所的车位提供充电桩的免费安装服务，如果该广告使客户对于企业提供的商品及安装服务形成合理预期，企业应当考虑该项商品及服务是否分别构成单项履约义务；又如，斯特拉向客户销售新能源汽车，根据斯特拉以往的习惯做法，企业会定期更新客户的车载地图数据库，如果该习惯做法使得客户对于企业提供的更新车载地图数据库服务形成合理预期，则企业应当考虑该项服务是否构成单项履约义务。这里的客户既包括直接购买斯特拉商品的客户，也包括向客户购买斯特拉商品的第三方，即"客户的客户"，也就是说，企业需要评估其对于客户的客户所做的承诺是否构成单项履约义务，并进行相应的会计处理。评估企业对于客户的客户所做的承诺是否构成单项履约义务的示例参见【例8】。

⑥企业为履行合同而应开展的初始活动，通常不构成履约义务，除非该活动向客户转让了承诺的商品。实务中，企业可能会为订立合同而开展一些行政管理性质的准备工作，这些准备工作并未向客户转让任何承诺的商品，因此，不构成单项履约义务。

例如，长岛高尔夫球俱乐部为注册会员建立档案，该活动并未向会员转让承诺的商品，因此不构成单项履约义务。

⑦当企业向客户连续转让某项承诺的商品时，如每天提供类似劳务的长期劳务合同等，如果这些商品属于实质相同且转让模式相同的一系列商品，企业应当将这一系列商品作为单项履约义务。企业在判断所转让的一系列商品是否实质相同时，应当考虑合同中承诺的性质，当企业承诺的是提供确定数量的商品时，需要考虑这些商品本身是否实质相同。

例如，森罗物业公司与客户签订2年的合同，每月向客户提供办公楼玻璃外墙清洁服务，共计24次，由于企业提供服务的次数是确定的，在判断每月的服务是否实质相同时，应当考虑每次提供的具体服务是否相同，由于同一家企业的玻璃外墙面积及每一次服务的质量要求是相同的，企业每月提供的该项服务很可能符合"实质相同"的条件；当森罗物业承诺的是在某一期间内随时向客户提供某项服务时，需要考虑企业在该期间内的各个时间段（如每天或每小时）的承诺是否相同，而并非具体的服务行为本身。

例如，森罗物业向客户提供6个月的保洁服务，具体包括清洁家具、清理地板、修剪草坪等，但没有具体的服务次数或时间的要求，尽管企业每天提供的具体服务不一定相同，但是企业每天对于客户的承诺都是相同的，即按照约定的保洁标准，随时准备根据需要为其提供相关服务，因此，企业每天提供的该保洁服务符合"实质相同"的条件。

⑧准则由来：IASB 和 FASB 明确规定，如果企业向客户转让一系列可明确区分商品的承诺符合转让模式相同的标准，则该转让一系列可明确区分商品的承诺是一项单项履约义务。该方法可以简化收入模型的应用，并提高履约义务识别的一致性。此外，对于一项重复性服务合同（例如保洁服务、供电合同等），采用这种简化处理方式更能体现成本效益原则，因为这种简化处理降低了应用收入确认模型的成本。同样地，当企业承诺的是在某一期间内随时向客户提供某项服务时，如果企业将这一类商品合并为一项单项履约义务的结果与将这些商品分别作为单项履约义务的结果相同，企业也可以进行简化处理。

【例8】评估企业对于客户的客户所做的承诺是否构成单项履约义务

新能源汽车制造公司斯特拉与其经销商机国汽车公司签订合同，将其生产的某型号新能源汽车销售给机国汽车公司，机国汽车公司再将该汽车销售给最终用户。机国汽车公司是斯特拉公司的客户。

情形一：合同约定，从机国汽车公司购买斯特拉公司汽车的最终用户可以享受斯特拉公司提供的该型号汽车正常质量保证范围之外的免费维修服务。斯特拉公司委托机国汽车公司代为提供该维修服务，并且按照约定的价格向机国汽车公司支付相关费用；如果最终用户没有使用该维修服务，则斯特拉公司无须向机国汽车公司付款。

情形二：合同开始日，双方并未约定斯特拉公司将提供任何该汽车正常质量保证范围之外的维修服务，斯特拉公司通常也不提供此类服务。斯特拉公司向机国汽车公司交付汽车时，汽车的控制权转移给机国汽车公司，该合同完成。在机国汽车公司将汽车销售给最终用户之前，斯特拉公司主动提出免费为向机国汽车公司购买该型号汽车的最终用户提供该汽车正常质量保证范围之外的维修服务。

本例中，对于情形一，斯特拉公司在该合同下的承诺包括销售新能源汽车及提供维修服务两项履约义务；对于情形二，斯特拉公司与机国汽车公司签订的合同在合同开始日并未包含提供维修服务的承诺，斯特拉公司也未通过其他明确或隐含的方式承诺向机国汽车公司或最终用户提供该项服务，因此，斯特拉公司在该合同下的承诺只有销售新能源汽车一项履约义务，斯特拉公司因承诺提供维修服务产生的相关义务应当按照《企业会计准则第13号——或有事项》进行会计处理。

第十条 企业向客户承诺的商品①同时满足下列条件的，应当作为可明确区分商品②：

（一）客户能够从该商品本身或从该商品与其他易于获得资源一起使用中受益③④。

（二）企业向客户转让该商品的承诺与合同中其他承诺可单独区分⑤⑥。

下列情形通常表明企业向客户转让该商品的承诺与合同中其他承诺不可单独区分⑦：

1. 企业需提供重大的服务以将该商品与合同中承诺的其他商品整合成合同约定的组合产出转让给客户⑧。

2. 该商品将对合同中承诺的其他商品予以重大修改或定制⑨。

3. 该商品与合同中承诺的其他商品具有高度关联性⑩。

【注释】

①实务中，企业向客户承诺的商品可能包括企业为销售而生产的产品、为转售而购进的商品或使用某商品的权利（如机票等）、向客户提供的各种服务、随时准备向客户提供商品或提供随时可供客户使用的服务（如随时准备为客户提供软件更新服务等）、安排他人向客户提供商品、授权使用许可、可购买额外商品的选择权等。其中，企业随时准备向客户提供商品是指企业保证客户在其需要时能够随时取得相关商品，而不一定是所提供的每一件具体商品或每一次具体服务本身。例如，高尔夫球俱乐部随时可供会员打高尔夫球，其提供的是随时准备在会员需要时向其提供服务的承诺，而并非每一次具体的服务。

②可明确区分商品的情形如下（下述内容并未涵盖所有情况）：

1）本准则第九条所述的一系列实质相同且转让模式相同的、可明确区分的商品，如每周或每天为客户提供的保洁服务等。

2）本准则第三十三条所述的作为单项履约义务的质量保证，例如服务类质量保证。

3）本准则第三十五条所述的附有客户额外购买选择权的销售，并且这一选择权向客户提供了一项重大权利。企业向客户授予的额外购买选择权的形式包括销售激励、客户奖励积分、未来购买商品的折扣券以及合同续约选择权等。

4）本准则第三十六条所述的构成单项履约义务的知识产权许可。

5）售后代管商品安排中的代管服务和售后商品。

③客户能够从该商品本身或从该商品与其他易于获得资源一起使用中受益，即该商品本身能够明确区分。当客户能够使用、消耗或以高于残值的价格出售商品，或者以能够产生经济利益的其他方式持有商品时，表明客户能够从该商品本身获益。对于某些商品而言，客户可以从该商品本身获益，而对于另一些商品而言，客户可能需要将其与其他易于获得的资源一起使用才能从中获益。其他易于获得的资源，是指企业（或其他企业）单独销售的商品，或者客户已经从企业获得的资源（包括企业按照合同将会转让给客户的商品），以及从其他交易或事项中获得的资源。表明客户能够从某项商品本身或者将其与其他易于获得的资源一起使用获益的因素有很多，例如，企业通常会单独销售该商品等。

需要特别指出的是，在评估某项商品是否能够明确区分时，应当基于该商品自身的特征，而与客户可能使用该商品的方式无关。因此，企业无须考虑合同中可能存在的阻止客户从其他来源取得相关资源的限制性条款。

④准则由来：根据IFRS15，单独进行会计处理的商品必须具备某些特定的特征。如果企业对无法使客户获益的商品单独进行会计处理，可能会形成对财务报表使用者无关的信息。例如，如果企业向客户出售一台机器，但是机器仅能在该企业实施安装之后才能使客户受益，则该机器不可明确区分。因此，IASB和FASB将本准则（一）中所述的内容作为可明确区分商品的条件之一，以协助企业应用该标准并评估商品本身或连同其他资源一起使用时能否使客户受益。

⑤企业向客户转让该商品的承诺与合同中其他承诺可单独区分，即转让该商品的承诺在合同中是可明确区分的。企业确定了商品本身能够明确区分后，还应当在合同层面继续评估转让该商品的承诺与合同中其他承诺彼此之间是否可明确区分。这一评估的目的在于确定承诺的性质，即根据合同约定，企业承诺转让的究竟是每一单项商品，还是由这些商品组成的一个或多个组合产出。很多情况下，组合产出的价值应当高于或者显著不同于各单项商品的价值总和。

⑥准则由来：根据IFRS15，许多建造类合同和生产类合同均涉及向客户转让大量能够明确区分的商品（例如，各类建造物料、人力和项目管理服务）。但是，将所有这些个别商品均识别为单项履约义务并不切实可行，这样做既不能如实地描述企业向客户作出承诺的性质，又无法有效地反映企业的履约情况。这一方式会导致企业在提供建造或生产流程所需的物料及其他投入时确认和计量收入，而不是在企业建造或生产客户合同所约定的一个或多个项目的履约过程中确认和计量收入。因此，IASB和FASB规定，在识别商品是否可明确区分时，企业不应仅考虑个别商品的特征，还应考虑转让商品的承诺是否能够单独识别。是否存在"单独风险"被视为基于合同进行考虑时商品是否可明确区分的评估基础。在该评估中，如果企业为履行向客户转让一揽子商品中的某一项已承诺商品的义务而承担的风险与转让该一揽子商品中其他已承诺商品的相关风险是不可分割的，则该一揽子商品中的个别商品不可明确区分。在确定企业转让商品的承诺是否可单独区分开来时，需要运用判断并考虑所有事实和情况，因此IASB和FASB决定根据纳入本条目不可区分商品的三种情形作出判断。

⑦在确定企业转让商品的承诺是否可单独区分时，需要运用判断并综合考虑所有事实和情况。不可明确区分商品的情形如下（下述内容并未涵盖所有情况）：

1）满足本条目不可区分商品的三种情形。

2）本准则第三十三条所述的不能单独作为单项履约义务的质量保证，例如保证类质量保证。

3）本准则第三十六条所述的不能单独构成单项履约义务的知识产权许可。

下列情形通常表明企业向客户转让商品的承诺与合同中的其他承诺不可单独区分：

一是，企业需提供重大的服务以将该商品与合同中承诺的其他商品进行整合，形成合同约定的某个或某些组合产出转让给客户。换言之，企业以该商品作为投入，生产或向客户交付其所要求的组合产出。因此，企业应当评估其在合同中承诺的每一单项商品本身就是合同约定的各项产出，还是仅为一个或多个组合产出的投入。

二是，该商品将对合同中承诺的其他商品予以重大修改或定制。如果某项商品将对合同中的其他商品做出重大修改或定制，实质上每一项商品将被整合在一起（即作为投入）以生产合同约定的组合产出。

例如，星瑞软件开发公司向客户国梁集团提供其开发的一款现有软件，并提供安装服务。虽然该软件无须更新或技术支持也可直接使用，但是国梁集团在安装过程中为了使软件适应企业自身的IT运行环境，需要星瑞公司在该软件现有基础上对其进行定制化的重大修改，为该软件增加重要的新功能，以使其能够与集团现有的信息系统相兼容。如不进行该定制服务，国梁集团将无法正常使用该软件以满足其需求。在这种情况下，转让软件的承诺与提供定制化重大修改的承诺在合同层面是不可明确区分的。

三是，该商品与合同中承诺的其他商品具有高度关联性。也就是说，合同中承诺的每一单项商品均受到合同中其他商品的重大影响。合同中包含多项商品时，如果企业无法通过单独交付其中的某一单项商品而履行其合同承诺，可能表明合同中的这些商品会受到彼此的重大影响。

例如，手机屏幕生产企业五星公司承诺为手机销售公司中讯设计一种新型手机的新外屏并负责生产100个屏幕样品，五星公司在生产和测试样品的过程中需要对产品的设计进行不断的修正，导致已生产的样品均可能需要进行不同程度的返工。当五星公司预计由于设计的不断修正，大部分或全部拟生产的样品均可能需要进行一些返工时，在不对生产造成重大影响的情况下，由于提供设计服务与提供样品生产服务产生的风险不可分割，客户中讯没有办法选择仅购买设计服务或者仅购买样品生产服务，因此，五星公司提供的设计服务和生产样品的服务是不断交替反复进行的，两者高度关联，在合同层面是不可明确区分的。

需要说明的是，在企业向客户销售商品的同时，约定企业需要将商品运送至客户指定的地点的情况下，企业需要根据相关商品的控制权转移时点判断该运输活动是否构成单项履约义务。通常情况下，控制权转移给客户之前发生的运输活动不构成单项履约义务，而只是企业为了履行合同而从事的活动，相关成本应当作为合同履约成本；相反，控制权转移给客户之后发生的运输活动则可能表明企业向客户提供了一项运输服务，企业应当考虑该项服务是否构成单项履约义务。

在识别合同中的单项履约义务时，如果合同承诺的某项商品不可明确区分，企业应当将该商品与合同中承诺的其他商品进行组合，直到该组合满足可明确区分的条件。某些情况下，合同中承诺的所有商品组合在一起构成单项履约义务。

⑧准则由来：如果企业提供整合服务，则转让个别商品所产生的风险是不可分割的，因为企业向客户作出的承诺的主要内容是确保将个别商品纳入组合产

出。此时，个别商品是生产单一产出所需的投入。IASB 和 FASB 认为，该因素可能与许多建造合同相关（在此类合同中，承包商提供整合或合同管理服务，以管理和协调各项建造任务并承担与整合这些任务相关的风险）。此外，整合服务将要求承包商对各分包商执行的任务进行协调并确保这些任务按照合同细则执行，从而确保个别商品恰当地纳入客户合同约定的组合产出项目。具体情形及处理方法参见【例 9】。

⑨准则由来：IASB 和 FASB 并不希望整合因素太过广泛地应用于企业的软件整合服务，因为某些情况下企业在整合已承诺商品时所承担的风险可以忽略不计（例如，无须进行重大修订的软件的简单安装）。因此，对许多软件类合同，IASB 和 FASB 纳入了重大修订或定制的因素。具体情形及处理方法参见【例 10】。

⑩准则由来：IASB 和 FASB 决定纳入高度关联性的因素，因为在某些情况下，企业是否提供整合服务或是否涉及对商品作出重大修订或定制可能并不明确。但是，合同中的个别商品可能仍然无法与合同所承诺的其他商品区分开来。这可能是由于这些商品高度依赖于合同所承诺的其他商品，从而导致客户无法在不对合同承诺的其他商品造成重大影响的情况下选择购买某一特定商品。

【例 9】重大整合服务

沿用【例 7】，不涉及合同变更。本例中，千至公司向客户提供的单项商品可能包括砖头、水泥、人工等，虽然这些单项商品本身都能够使客户获益（如客户可将这些建筑材料以高于残值的价格出售，也可以将其与其他建筑商提供的材料或人工等资源一起使用），但是，在该合同下，千至公司向客户承诺的是为其建造一栋办公楼，而并非提供这些砖头、水泥和人工等，千至公司需提供重大的服务将这些单项商品进行整合，以形成合同约定的一项组合产出（即写字楼）转让给客户。因此，在该合同中，砖头、水泥和人工等商品彼此之间不能单独区分。

千至公司与客户签订合同，合同约定千至公司需要为客户设计一个高度复杂的专门设备，该设备由多个标的单元构成，千至公司需要建立流水线以生产标的单元，且各单元可以独立于其他单元正常运作。专门设备的规格基于客户所拥有的定制设计，并只能由客户使用。千至公司负责合同的总体管理，必须履行并整合各类活动，包括采购物料、识别和管理分包商以及进行生产、组装和测试。

本例中，千至公司负责合同的总体管理以及提供将各类商品整合纳入总体服务以及产出专门设备的重大服务。此外，千至公司履约的性质，尤其是各类活动的重大整合服务，意味着千至公司生产设备的某一项活动发生变化将会显著影响生产专门设备所需的其他活动，从而使企业的活动相互之间具有高度关联性。因此，设备与生产这些设备所必需的各类承诺的商品无法单独区分，千至公司应将合同中承诺的所有商品作为单项履约义务进行会计处理。

【例10】重大修订或定制

海威公司与客户签订合同，向客户出售一台其生产的设备并提供安装服务。该设备可以不经任何定制或改装而直接使用，不需要复杂安装，除海威公司外，市场上还有其他供应商也能提供此项安装服务。

本例中，客户可以使用该设备或将其以高于残值的价格转售，能够从该设备与市场上其他供应商提供的此项安装服务一起使用中获益，也可从安装服务与客户已经获得的其他资源（例如设备）一起使用中获益，表明该设备和安装服务能够明确区分。此外，在该合同中，海威公司对客户的承诺是交付设备之后再提供安装服务，而非两者的组合产出，该设备仅需简单安装即可使用，海威公司并未对设备和安装提供重大整合服务，安装服务没有对该设备作出重大修改或定制，虽然客户只有获得设备的控制权之后才能从安装服务中获益，但是企业履行其向客户转让设备的承诺能够独立于其提供安装服务的承诺，因此安装服务并不会对设备产生重大影响。该设备与安装服务彼此之间不会产生重大的影响，也不具有高度关联性，表明两者在合同中彼此之间可明确区分。因此，该项合同包含两项履约义务，即销售设备和提供安装服务。

假定其他条件不变，但是按照合同规定只能由海威公司向客户提供安装服务。在这种情况下，合同限制并没有改变相关商品本身的特征，也没有改变企业对客户的承诺。虽然根据合同约定，客户只能选择由海威公司提供安装服务，但是设备和安装服务本身仍然符合可明确区分的条件，仍然是两项履约义务。

此外，如果海威公司提供的安装服务很复杂，该安装服务可能对其销售的设备进行定制化的重大修改，即使市场上有其他的供应商也可以提供此项安装服务，海威公司也不能将该安装服务作为单项履约义务，而是应当将设备和安装服务合并作为单项履约义务。

【例11】不具有高度关联性：情形1

潮国公司与客户签订合同，向客户销售一款ERP系统，提供系统安装服务，并且在两年内向客户提供不定期的系统升级和技术支持服务。潮国公司通常也会单独销售该款系统，提供安装服务、系统升级服务和技术支持服务。潮国公司提供的安装服务通常也可由其他方执行，且不会对系统作出重大修改。潮国公司销售的该系统无须升级和技术支持服务也能正常使用。

本例中，潮国公司的承诺包括销售系统，提供安装服务、系统升级服务和技术支持服务。潮国公司通常会单独销售系统，提供安装服务、系统升级服务和技术支持服务，该系统先于其他服务交付，且无须经过升级和技术支持服务也能正常使用，安装服务是常规性的且可以由其他服务供应商提供，客户能够从该系统与市场上其他供应商提供的此项安装服务一起使用中获益，也能够从安装服务及系统升级服务与已经取得的系统一起使用中获益，因此，客户能够从单独使用该合同中承诺的各项商品中获益，或从将其与易于获得的其他商品一起使用中获益，表明这些商品能够明确区分；此外，潮国公司虽然需要将系统安装到客户的系统中，但是该安装服务是常规性的，并未对系统作出重大修改，不会重大影响客户使用该系统并从中获益的能力，系统升级服务也一样，合同中承诺的各项商品没有对彼此作出重大修改或定制；潮国公司也没有提供重大服务将这些商品整合成一组组合产出；由于潮国公司在不提供后续服务的情况下也能够单独履行其销售系统的承诺，因此，系统和各项服务之间不存在高度关联性，表明这些商品在合同中彼此之间可明确区分。因此，该合同中包含四项履约义务，即系统销售、安装服务、系统升级服务及技术支持服务。

【例12】不具有高度关联性：情形2

国矿公司与客户签订合同，向客户销售一台其生产的可直接使用的采矿设备，并且在未来3年内向该客户提供用于该采矿设备的专用钻头。该钻头只有国矿公司能够生产，因此客户只能从国矿公司购买该钻头。该钻头既可与采矿设备一起销售，也可单独对外销售。

本例中，国矿公司在合同中对客户的承诺包括销售采矿设备和专用钻头，虽然客户同时购买了采矿设备和专用钻头，但是由于钻头可以单独出售，客户可以从将采矿设备与单独购买的钻头一起使用中获益，表明采矿设备和专用钻头能够明确区分；此外，国矿公司未对采矿设备和钻头提供重大的整合服务以将两者形成组合产出，采矿设备和钻头并未对彼此作出重大修改或定制，也不具有高度关联性（这是因为，尽管没有钻头，采矿设备无法使用，钻头也只有用于采矿设备才有用，但是国矿公司能够单独履行其在合同中的每一项承诺，也就是说，即使客户没有购买任何钻头，国矿公司也可以履行其转让采矿设备的承诺；即使客户单独购买采矿设备，国矿公司也可以履行其提供钻头的承诺），表明采矿设备和钻头在合同中彼此之间可明确区分。因此，该项合同包含两项履约义务，即销售采矿设备和提供专用钻头。

第十一条 满足下列条件之一的，属于在某一时段内履行履约义务；否则，属于在某一时点履行履约义务[①②]：

（一）客户在企业履约的同时即取得并消耗企业履约所带来的经济利益[③]。

（二）客户能够控制企业履约过程中在建的商品[④⑤]。

（三）企业履约过程中所产出的商品具有不可替代用途[⑥]，且该企业在整个合同期间内有权就累计至今已完成的履约部分收取款项[⑦⑧⑨]。

具有不可替代用途，是指因合同限制或实际可行性限制，企业不能轻易地将商品用于其他用途。

有权就累计至今已完成的履约部分收取款项，是指在由于客户或其他方原因终止合同的情况下，企业有权就累计至今已完成的履约部分收取能够补偿其已发生成本和合理利润的款项，并且该权利具有法律约束力。

【注释】

①企业应当在履行了合同中的履约义务，即客户取得相关商品控制权时确认收入。企业将商品的控制权转移给客户，该转移可能在某一时段内（即履行履约义务的过程中）发生，也可能在某一时点（即履约义务完成时）发生。企业应当根据实际情况，首先应当按照本条款判断履约义务是否满足在某一时段内履行的条件，如都不满足，则该履约义务属于在某一时点履行的履约义务。

②准则由来：根据IFRS15，在应用控制权转移作为收入确认时点的判断标准时，反馈意见者指出这一标准在应用于转让商品的履约义务时最为有用，且最为直观，因为在通常情况下，一项资产控制权的转移是清晰明了的。但是将该要求应用于服务和建造类合同的履约义务难度较大，因为在该类合同下可能难以确定客户何时取得商品的控制权。很多服务合同履行时同时产生和消耗服务资产，在履行过程中客户未将其确认为资产。即使对于存在可确认资产的建造合同，也可能难以评估客户是否具有主导部分完工资产的使用以及获得该资产几乎所有剩余利益的能力。如果在服务和建造合同完工时才确认收入，则无法反映这一类合同的经济实质。因此，IASB和FASB决定着重关注履约义务被履行的时间，即何时向客户转移了商品的控制权，并引入判断履约义务是否满足在某一时段内履行的条件。

③企业在履约过程中持续地向客户转移企业履约所带来的经济利益的，该履约义务属于在某一时段内履行的履约义务，企业应当在履行履约义务的期间确认收入。例如企业与客户约定每月向客户提供的代理记账服务，又如保洁服务，对于这些服务类的合同而言，可以通过直观的判断获知，企业在履行履约义务（即提供代理记账服务或保洁服务）的同时，客户即取得并消耗了企业履约所带来的经济利益。此外，对于有授权期限的授予客户的知识产权许可，其履约义务的判断与上述服务类合同类似。对于难以通过直观判断获知结论的情形，企业在进行判断时，可以假定在企业履约的过程中更换为其他企业继续履行剩余履约义务，当该继续履行合同的企业实质上无须重新执行企业累计至今已经完成的工作时，表明客户在企业履约的同时即取得并消耗了企业履约所带来的经济利益。

例如，丰顺物流承诺将客户的一批农产品从北京运送到上海，假定该批农产品在途经南京时，由通申物流公司接替丰顺物流继续提供该运输服务，由于北京到南京之间的运输服务是无须重新执行的，表明客户在丰顺物流履约的同时即取得并消耗了丰顺物流履约所带来的经济利益，因此，丰顺物流提供的运输服务属于在某一时段内履行的履约义务。

企业在判断其他企业是否实质上无须重新执行企业累计至今已经完成的工作时，应当基于下列两个前提：一是不考虑可能会使企业无法将剩余履约义务转移给其他企业的潜在限制，包括合同限制或实际可行性限制，在上述丰顺物流提供运输服务的例子中，丰顺物流为客户提供运输服务时，双方可能会在合同中约定，合同双方均不得解除合同，在进行上述判断时不需要考虑这一约定；二是假设继续履行剩余履约义务的其他企业将不会享有企业目前已控制的、且在剩余履约义务转移给其他企业后仍然控制的任何资产的利益。

④企业在履约过程中在建的商品包括在产品、在建工程、尚未完成的研发项目、正在进行的服务等，由于客户控制了在建的商品，客户在企业提供商品的过程中获得其利益，因此，该履约义务属于在某一时段内履行的履约义务，应当在该履约义务履行的期间内确认收入。本情形的案例详见【例 13】。

⑤**准则由来**：根据 IFRS15，本条目（一）的判断条件并未涵盖所有的在某一时段内履行的履约义务，因此 IASB 和 FASB 纳入本条目（二）的标准，以涵盖企业对客户早已明确控制的资产进行创造和改良的情况。例如，对于在客户的土地上施工的建造合同，客户通常控制企业履约所形成的任何在产品。这一标准与原"完工百分比法"确认收入的理由一致，因为在很多建造合同中，企业履约的同时出售其对在建商品的权利，即客户已经控制在建商品。

⑥"具有不可替代用途"，是指因合同限制或实际可行性限制，企业不能轻易地将商品用于其他用途。当企业产出的商品只能提供给某特定客户，而不能被轻易地用于其他用途（例如销售给其他客户）时，该商品就具有不可替代用途。在判断商品是否具有不可替代用途时，企业既应当考虑合同限制，又应当考虑实际可行性限制，但无须考虑合同被终止的可能性。企业在判断商品是否具有不可替代用途时，需要注意下列四点：

第一，"不可替代用途"的判断时点是合同开始日。企业应当在合同开始日判断所承诺的商品是否具有不可替代用途，此后，除非发生合同变更，且该变更显著改变了原合同约定的履约义务，否则，企业无须重新进行判断。

第二，考虑合同限制。当合同中存在实质性的限制条款，导致企业不能将合同约定的商品用于其他用途时，该商品满足具有不可替代用途的条件。在判断限制条款是否具有实质性时，应当考虑企业试图把合同中约定的商品用于其他用途时，客户是否可以根据这些限制条款，主张其对该特定商品的权利。作出这一评估的关键因素取决于企业是否在发生重大返工成本的情况下才能将最终转让的资产用于另一用途。如果是，那么这些限制条款就是实质性的；相反，如果合同中约定的商品和企业的其他商品在很大程度上能够互相替换（例如企业生产的标准化产品），而不会导致企业违约，也无须发生重大返工成本，则表明该限制条款不具有实质性。此外，如果合同中的限制条款仅为保护性条款，也不应考虑。保护性权利通常导致企业具有一项实际能力，即在客户不知情或不反对作出变更的情况下进行实物替换或将资产用于其他用途。例如，企业与客户约定，当企业清算时，不能向第三方转让代客户销售的某商品，该限制条款的目的是在企业清算时为客户提供保护，因此，应作为保护性条款，在判断该商品是否具有可替代用途时不应考虑。

第三，考虑实际可行性限制。虽然合同中没有限制条款，但是，当企业将合同中约定的商品用作其他用途，将导致企业遭受重大的经济损失时，企业将该商品用作其他用途的能力实际上受到了限制。企业遭受重大经济损失的原因可能是需要发生重大的返工成本，也可能是只能在承担重大损失的情况下才能将这些商品销售给其他客户。例如，企业根据某客户的要求，为其专门设计并生产了一套专用水力发电设备，由于该设备是定制化产品，企业如果将其销售给其他客户，需要发生重大的改造成本，表明企业将该产品用于其他用途的能力受到实际可行性的限制，因此，该产品满足"具有不可替代用途"的条件。

第四，基于最终转移给客户的商品的特征判断。当商品在生产的前若干个生产步骤是标准化的，只是从某一时点（或者某一流程）才进入定制化的生产时，企业应当根据最终转移给客户时该商品的特征来判断其是否满足"具有不可替代用途"的条件。例如，某机械设备生产企业，为客户提供定制设备的生产，该生产通常需要经过四道工序，前两道工序是标准工序，后两道工序是特殊工序，处于前两道工序的在产品，可以满足任一客户的需要，但是，进入第三道工序后的产品只能销售给某特定客户。在企业与该特定客户之间的有关最终产品的合同下，最终产品符合"具有不可替代用途"的条件。

⑦有权就累计至今已完成的履约部分收取款项，是指在因客户或其他方原因终止合同的情况下，企业有权就累计至今已完成的履约部分收取能够补偿其已发生成本和合理利润的款项，并且该权利具有法律约束力。需要强调的是，合同终止必须是由于客户或其他方而非企业自身的原因所致，在整个合同期间内的任一时点，企业均应当拥有此项权利。企业在进行判断时，需要注意下列五点：

第一，企业有权收取的该款项应当大致相当于累计至今已经转移给客户的商品的售价，即该金额应当能够补偿企业已经发生的成本和合理利润。企业有权收取的款项为保证金或仅是补偿企业已经发生的成本或可能损失的利润的，不满足这一条件。这是因为制定该标准的基本目标是确定企业是否在为客户创造资产的同时向该客户转移对商品的控制。因此，如果假定行为是合理的且并不存在于客户合同范围外的更多的预期经济利益，则企业只有在其能够就已经发生的成本和合理利润获得补偿时，才会同意向客户转移对商品的控制。补偿企业的合理利润并不意味着补偿金额一定要等于该合同的整体毛利水平，因为在提前终止合同时向客户转移的价值与在完成合同时转移的价值可能不成比例（即毛利水平不同）。下列两种情形都属于补偿企业的合理利润：1）根据合同终止前的履约进度对该合同的毛利水平进行调整后确定的金额作为补偿金额；2）如果该合同的毛利水平高于企业同类合同的毛利水平，以企业从同类合同中能够获取的合理资本回报或者经营毛利作为利润补偿。此外，当客户先行支付的合同价款金额足够重大（通常指全额预付合同价款），以致能够在整个合同期间内任一时点补偿企业已经发生的成本和合理利润时，如果客户要求提前终止合同，企业有权保留该款项并无须返还，且有相关法律法规支持的，则表明企业能够满足在整个合同期间内有权就累计至今已完成的履约部分收取款项的条件。

第二，该规定并不意味着企业拥有现时可行使的无条件收款权。企业通常会在与客户的合同中约定，只有在达到某一重要时点、某重要事项完成后或者整个合同完成之后，企业才拥有无条件的收取相应款项的权利。在这种情况下，企业在判断其是否有权就累计至今已完成的履约部分收取款项时，应当考虑，假设在发生由于客户或其他方原因导致合同在该重要时点、重要事项完成前或合同完成前终止时，企业是否有权主张该收款权利，即是否有权要求客户补偿其累计至今已完成的履约部分应收取的款项。

第三，当客户只有在某些特定时点才有权终止合同，或者根本无权终止合同时，客户终止了合同（包括客户没有按照合同约定履行其义务），但是，合同条款或法律法规要求，企业应继续向客户转移合同中承诺的商品并因此有权要求客户支付对价，此种情况也符合"企业有权就累计至今已完成的履约部分收取款项"的要求。

第四，企业在进行判断时，既要考虑合同条款的约定，还应当充分考虑适用的法律法规、补充或者凌驾于合同条款之上的以往司法实践及类似案例的结果等。例如：1）即使在合同没有明确约定的情况下，相关的法律法规等是否支持企业主张相关的收款权利；2）以往的司法实践是否表明合同中的某些条款没有法律约束力；3）在以往的类似合同中，企业虽然拥有此类权利，却在考虑了各种因素之后没有行使该权利，这是否会导致企业主张该权利的要求在当前的法律环境下不被支持等。

第五，企业与客户在合同中约定的付款时间进度表，不一定就表明企业有权就累计至今已完成的履约部分收取款项，这是因为合同约定的付款进度和企业的履约进度可能并不匹配。此种情况下，企业仍需要证据对其是否有该收款权进行判断。

⑧准则由来：IASB 和 FASB 指出，虽然替代用途的概念是本条目条件（三）的一个必要条件，但不足以判断客户是否控制该类资产。因此，为表明客户在不具备替代用途的资产被创造时就控制了该资产，企业必须同时具有就迄今为止已完成的履约部分获得付款的可执行权利。这一条件也提高了房地产企业在实务中收入确认要求的确定性和一致性，因为有一些房地产合同可能并不要求客户就迄今为止已完成的履约部分进行支付。

⑨综上所述，商品具有不可替代用途和企业在整个合同期间内有权就累计至今已完成的履约部分收取款项这两个要素，在判断是否满足在某一时段履行的履约义务的第（三）种情况时缺一不可，且均与控制权的判断相关联。这是因为，当企业无法轻易地将产出的商品用于其他用途时，企业实际上是按照客户的要求生产商品，在这种情况下，如果合同约定，由于客户或其他方的原因导致合同被终止时，客户必须就企业累计至今已完成的履约部分支付款项，且该款项能够补偿企业已经发生的成本和合理利润，那么企业将因此而规避终止合同时自身未保留该商品或只保留几乎无价值的商品的风险。这与商品购销交易中，客户通常只有在取得对商品的控制权时才有义务支付相应的合同价款是一致的。因此，客户

有义务（或无法避免）就企业已经完成的履约部分支付相应款项的情况表明，客户已获得企业履约所带来的经济利益。本情形的案例详见【例14】和【例15】。

【例13】客户能够控制企业履约过程中在建的商品

碧园地产与客户签订合同，在客户拥有的土地上按照客户的设计要求为其建造厂房。在建造过程中客户有权修改厂房设计，并与碧园地产重新协商设计变更后的合同价款。客户每月末按当月工程进度向碧园地产支付工程款。如果客户终止合同，已完成建造部分的厂房归客户所有。

本例中，碧园地产为客户建造厂房，该厂房位于客户的土地上，客户终止合同时，已建造的厂房归客户所有。这些均表明客户在该厂房建造的过程中就能够控制该在建的厂房。因此，碧园地产提供的该建造服务属于在某一时段内履行的履约义务，企业应当在提供该服务的期间内确认收入。

【例14】产出的商品具有不可替代用途，且有权就已完成的履约部分收取款项

尼森公司与国梁集团签订合同，针对国梁集团的实际情况和面临的具体问题，为改善其业务流程提供咨询服务，并出具专业的咨询意见。双方约定，尼森公司仅需要向国梁集团提交最终的咨询意见，而无须提交任何其在工作过程中编制的工作底稿和其他相关资料；在整个合同期间内，如果国梁集团单方面终止合同，国梁集团需要向尼森公司支付违约金，违约金的金额等于尼森公司已发生的成本加上根据15%的毛利率计算得到的利润，该毛利率与尼森公司在类似合同中能够赚取的毛利率大致相同。

本例中，在合同执行过程中，由于国梁集团无法获得尼森公司已经完成工作的工作底稿和其他任何资料，假设在执行合同的过程中，因尼森公司无法履约而需要由其他公司来继续提供后续咨询服务并出具咨询意见时，其需要重新执行尼森公司已经完成的工作，表明国梁集团并未在尼森公司履约的同时即取得并消耗了尼森公司履约所带来的经济利益。然而，由于该咨询服务是针对国梁集团的具体情况而提供的，尼森公司无法将最终的咨询意见用作其他用途，表明其具有不可替代用途；此外，在整个合同期间内，如果国梁集团单方面终止合同，尼森公司根据合同条款可以主张其已发生的成本及合理利润，表明尼森公司在整个合同期间内有权就累计至今已完成的履约部分收取款项。因此，尼森公司向国梁集团提供的咨询服务属于在某一时段内履行的履约义务，尼森公司应当在其提供服务的期间内按照适当的履约进度确认收入。

【例15】产出的商品具有不可替代用途，但无法就已完成的履约部分收取款项

大船公司是一家造船企业，与狍子岛集团签订了一份船舶建造合同，按照狍子岛集团的具体要求设计和建造船舶。大船公司在自己的厂区内完成该船舶的建

造，狍子岛集团无法控制在建过程中的船舶。大船公司如果想把该船舶出售给其他客户，需要发生重大的改造成本。双方约定，狍子岛集团需要向大船公司支付合同总价的 10% 作为保证金，如果狍子岛集团单方面解约，狍子岛集团还需要向大船公司支付相当于合同总价 30% 的违约金，且建造中的船舶归大船公司所有。假定该合同仅包含一项履约义务，即设计和建造船舶。

本例中，船舶是按照狍子岛集团的具体要求进行设计和建造的，大船公司需要发生重大的改造成本将该船舶改造之后才能将其出售给其他客户，因此，该船舶具有不可替代用途。然而，如果狍子岛集团单方面解约，狍子岛集团除了不能收回已支付的保证金之外，仅需再向大船公司支付相当于合同总价 30% 的违约金。这表明大船公司无法在整个合同期间内都有权就累计至今已完成的履约部分收取能够补偿其已发生成本和合理利润的款项。因此，大船公司为狍子岛集团设计和建造船舶不属于在某一时段内履行的履约义务。

第十二条[①]　对于在某一时段内履行的履约义务，企业应当在该段时间内按照履约进度确认收入[②]，但是，履约进度不能合理确定的除外。企业应当考虑商品的性质，采用产出法[③]或投入法[④]确定恰当的履约进度。其中，产出法是根据已转移给客户的商品对于客户的价值确定履约进度；投入法是根据企业为履行履约义务的投入确定履约进度。对于类似情况下的类似履约义务，企业应当采用相同的方法确定履约进度[⑤]。

当履约进度不能合理确定时，企业已经发生的成本预计能够得到补偿的，应当按照已经发生的成本金额确认收入[⑥]，直到履约进度能够合理确定为止[⑦]。

【注释】

①本准则第十二条和第十三条为"五步法"模型中的第五步，即"在履行履约义务时确认收入"。对于在某一时段内履行的履约义务，企业应当选取恰当的方法来确定履约进度；对于在某一时点履行的履约义务，企业应当综合分析控制权转移的迹象，判断其转移时点。企业按照履约进度确认收入时，通常应当在资产负债表日按照合同的交易价格总额乘以履约进度并扣除以前会计期间累计已确认的收入后的金额，确认为当期收入。例如某一按照时段法确认收入的合同总金额为 100 万元，当年履约进度为 30%，则企业当年需要对该合同确认 30 万元（100×30%）的收入；第二年的履约进度为 70%，则企业第二年需要对该合同确认 40 万元的收入（100×70%－30），之后的处理以此类推。新收入准则强调，在某一时段内履行的履约义务，按照履约进度确认收入，但履约进度不能合理确定的除外。同时，新收入准则强调履约进度的确定可以采用产出法或投入法。此外，新收入准则以控制权转移替代风险报酬转移作为收入确认时点的判断标准，并明确控制权转移的迹象。

②准则联系：企业向客户授予知识产权许可，并约定按客户实际销售或使用

情况收取特许权使用费的收入确认时点详见本准则第三十七条。

③产出法是根据已转移给客户的商品对于客户的价值确定履约进度的方法，通常可采用实际测量的完工进度、评估已实现的结果、已达到的里程碑、时间进度、已完工或交付的产品等产出指标确定履约进度。根据 IFRS15，产出计量值最能如实地反映企业的履约情况，因为这一方法直接计量向客户转让的商品的价值。企业在评估是否采用产出法确定履约进度时，应当考虑具体的事实和情况，并选择能够如实反映企业履约进度和向客户转移商品控制权的产出指标。当选择的产出指标无法计量控制权已转移给客户的商品时，不应采用产出法。例如，当处于生产过程中的在产品在其完工或交付前已属于客户时，如果该在产品对本合同或财务报表具有重要性，则在确定履约进度时不应使用已完工或已交付的产品作为产出指标，这是因为处于生产过程中的在产品的控制权也已经转移给了客户，而这些在产品并没有包括在产出指标的计量中，因此该指标并未如实反映已向客户转移商品的进度。又如，如果企业在合同约定的各个里程碑之间向客户转移了重大的商品控制权，则很可能表明基于已达到的里程碑确定履约进度的方法是不恰当的。实务中，为便于操作，当企业向客户开具发票的对价金额与向客户转让增量商品价值直接相一致时，如企业按照固定的费率以及发生的工时向客户开具账单，企业直接按照发票对价金额确认收入也是一种恰当的产出法。应用产出法确定履约进度的具体案例参见【例 16】。

④产出法是根据能够代表向客户转移商品控制权的产出指标直接计算履约进度的，因此通常能够客观地反映履约进度。但是，产出法下有关产出指标的信息有时可能无法直接观察获得，企业为获得这些信息需要花费很高的成本，这就可能需要采用投入法来确定履约进度。

投入法是根据企业履行履约义务的投入确定履约进度的方法，通常可采用投入的材料数量、花费的人工工时或机器工时、发生的成本和时间进度等投入指标确定履约进度。当企业从事的工作或发生的投入是在整个履约期间内平均发生时，企业也可以按照直线法确认收入。

投入法所需要的投入指标虽然易于获得，但是，投入指标与企业向客户转移商品的控制权之间未必存在直接的对应关系。因此，企业在采用投入法确定履约进度时，应当扣除那些虽然已经发生、但是未导致向客户转移商品的投入。例如，企业为履行合同应开展一些初始活动，如果这些活动并没有向客户转移企业承诺的商品，则企业在使用投入法确定履约进度时，不应将为开展这些活动发生的相关投入包括在内。应用投入法确定履约进度的具体案例参见【例 17】。

⑤准则由来：根据 IFRS15，企业可使用多种方法来计量履约义务的履约进度。考虑所有可能使用的方法并规定企业在每一种情况下对应使用每一种方法是不切实际的。因此，企业应当在选择计量履约义务的履约进度的适当方法时运用判断。但是企业并不能"自由选择"计量方法，而是应当与准则明确规定的反映企业通过向客户转移对商品的控制而履约（即企业履约义务的履行情况）的目标

保持一致。为符合这一目标，企业需要考虑已承诺商品的性质及企业履约的性质。企业不应使用不同的方法计量其对相同或类似履约义务的履约进度，否则企业在不同报告期间的收入将不具有可比性。

⑥实务中，通常按照累计实际发生的成本占预计总成本的比例（即成本法）确定履约进度，因为企业至少应当确认部分收入金额以反映履约义务的履约进度正在推进的事实。累计实际发生的成本包括企业向客户转移商品过程中所发生的直接成本和间接成本，如直接人工、直接材料、分包成本及其他与合同相关的成本。在下列情形下，企业在采用成本法确定履约进度时，可能需要对已发生的成本进行适当的调整：

一是，已发生的成本并未反映企业履行履约义务的进度。例如，因企业生产效率低下等原因而导致的非正常消耗，包括非正常消耗的直接材料、直接人工及制造费用等，不应包括在累计实际发生的成本中，这是因为这些非正常消耗并没有为合同进度做出贡献，但是，企业和客户在订立合同时已经预见会发生这些成本并将其包括在合同价款中的除外。

二是，已发生的成本与企业履行履约义务的进度不成比例。当企业已发生的成本与履约进度不成比例，企业在采用成本法确定履约进度时需要进行适当调整，通常仅以其已发生的成本为限确认收入。对于施工中尚未安装、使用或耗用的商品（本段的商品不包括服务）或材料成本等，当企业在合同开始日就预期将能够满足下列所有条件时，应在采用成本法确定履约进度时不包括这些成本：1）该商品或材料不可明确区分，即不构成单项履约义务；2）客户先取得该商品或材料的控制权，之后才接受与之相关的服务；3）该商品或材料的成本相对于预计总成本而言是重大的；4）企业自第三方采购该商品或材料，且未深入参与其设计和制造，对于包含该商品的履约义务而言，企业是主要责任人。以上具体案例参见【例18】。

企业为履行属于在某一时段内履行的单项履约义务而发生的支出并非均衡发生的，在采用某种方法（例如成本法）确定履约进度时，可能会导致企业对于较早生产的产品确认更多的收入和成本。例如，企业承诺向客户交付一定数量的商品，且该承诺构成单项履约义务，在履约的前期，由于经验不足、技术不成熟、操作不熟练等原因，企业可能会发生较高的成本，而随着经验的不断累积，企业的生产效率逐步提高，导致企业的履约成本逐步下降。这一结果是合理的，因为这表明企业在合同早期的履约情况具有更高的价值，正如企业只销售一件产品的售价可能会高于销售多件产品时的平均价格一样。如果该单项履约义务属于在某一时点履行的履约义务，企业则需要按照其他相关会计准则对相关支出进行会计处理（例如，按照《企业会计准则第 1 号——存货》，生产商品的成本将作为存货进行累计，企业应选择适当方法计量存货）；不属于其他相关会计准则规范范围的，应当按照本准则第二十六条和第二十七条的规定判断是将其确认为一项资产还是计入当期损益。

⑦每一资产负债表日，企业应当对履约进度进行重新估计。当客观环境发生变化时，企业也需要重新评估履约进度是否发生变化，以确保履约进度能够反映履约情况的变化，该变化应当作为会计估计变更进行会计处理。对于每一项履约义务，企业只能采用一种方法来确定其履约进度，并加以一贯运用。对于类似情况下的类似履约义务，企业应当采用相同的方法（例如，投入法）确定履约进度。

对于在某一时段内履行的履约义务，只有当其履约进度能够合理确定时，才应当按照履约进度确认收入。企业如果无法获得确定履约进度所需的可靠信息，则无法合理地确定其履行履约义务的进度。当履约进度不能合理确定时，企业已经发生的成本预计能够得到补偿的，应当按照已经发生的成本金额确认收入，直到履约进度能够合理确定为止。

【例 16】通过产出法确定履约进度

国核集团与客户签订合同，为该客户拥有的 20 层办公楼的内墙进行粉刷（假定每层的粉刷面积相同），合同价格为 100 万元（不含税价）。截至 20×0 年 12 月 31 日，国核集团共粉刷楼层 15 层，剩余部分预计在 20×1 年 3 月 31 日之前完成。该合同仅包含一项履约义务且该履约义务满足在某一时段内履行的条件。假定不考虑其他情况。

本例中，国核集团提供的粉刷服务属于在某一时段内履行的履约义务，国核集团按照已完成的工作量确定履约进度。因此，截至 20×0 年 12 月 31 日，该合同的履约进度为 75%（15÷20），国核集团应确认的收入为 75 万元（100×75%）。

【例 17】通过投入法确定履约进度

情形一：提供会员服务

圣冠海洋公司经营一家游泳俱乐部。20×0 年 3 月 1 日，某客户与圣冠海洋公司签订合同，成为圣冠海洋公司的会员，并向圣冠海洋公司支付会员费 2 700 元（不含税价），可在未来的 12 个月内随时在该俱乐部游泳，且没有次数的限制。

本例中，客户在会籍期间可随时来俱乐部游泳，且没有次数限制，客户已使用俱乐部游泳的次数不会影响其未来继续使用的次数，圣冠海洋公司在该合同下的履约义务是承诺随时准备在客户需要时为其提供游泳服务，因此，该履约义务属于在某一时段内履行的履约义务，并且该履约义务在会员的会籍期间内随时间的流逝而被履行。因此，圣冠海洋公司按照直线法确认收入，即每月应当确认的收入为 225 元（2 700÷12），截至 20×0 年 12 月 31 日，圣冠海洋公司应确认的收入为 2 250 元（225×10）。

需要说明的是，如果客户购买的是确定数量的服务，如在未来 12 个月内，客户可随时来游泳俱乐部游泳 40 次，则圣冠海洋公司的履约义务是为客户提供这 40 次游泳服务，而不是随时准备为其提供游泳服务的承诺。因此，圣冠海洋公司应当按照客户已使用游泳服务的次数确认收入。

情形二：提供宽带服务

20×0 年 9 月 1 日，国动公司与客户签订合同，为客户的办公室提供一项两年的宽带服务，合同总金额为 48 万元（不含税价），宽带服务器在合同签订后的第二天安装完毕并投入使用。

假定：该宽带服务（包括安装服务器）构成单项履约义务，并属于在某一时段内履行的履约义务，国动公司是主要责任人，但不参与服务器的设计和制造；上述金额均不含增值税。

本例中，国动公司的宽带服务是自签订合同后的两年内随时向客户提供的，客户在国动公司履约的同时即消耗国动公司履约所带来的利益，因此，该履约义务属于在某一时段内履行的履约义务，并且该履约义务在宽带提供期间内随时间的流逝而被履行。因此，国动公司按照直线法确认收入，即每月应当确认的收入为 2 万元（48÷2÷12），截至 20×0 年 12 月 31 日，国动公司应确认的收入为 8 万元（2×4）。

【例 18】通过成本法确定履约进度

成本法情形 1：装修办公楼

20×0 年 10 月，国交公司与客户签订合同，为客户装修一栋办公楼，包括安装一部电梯，合同总金额为 150 万元。国交公司预计的合同总成本为 120 万元，其中包括电梯的采购成本 20 万元。

20×0 年 12 月，国交公司将电梯运达施工现场并经过客户验收，客户已取得对电梯的控制权，但是，根据装修进度，预计到 20×1 年 2 月才会安装该电梯。截至 20×0 年 12 月，国交累计发生成本 30 万元，其中包括支付给电梯供应商的采购成本 20 万元及因采购电梯发生的运输和人工等相关成本 10 万元。

假定：该装修服务（包括安装电梯）构成单项履约义务，并属于在某一时段内履行的履约义务，国交公司是主要责任人，但不参与电梯的设计和制造；国交公司采用成本法确定履约进度；上述全额均不含增值税。

本例中，截至 20×0 年 12 月，国交公司发生成本 30 万元（包括电梯采购成本 20 万元及因采购电梯发生的运输和人工等相关成本 10 万元），国交公司认为其已发生的成本和履约进度不成比例，因此需要对履约进度的计算作出调整，将电梯的采购成本排除在已发生成本和预计总成本之外。在该合同中，该电梯不构成单项履约义务，其成本相对于预计总成本而言是重大的，国交公司是主要责任人，但是未参与该电梯的设计和制造，客户先取得了电梯的控制权，随后才接受与之相关的安装服务，因此，国交公司在客户取得该电梯控制权时，按照该电梯采购成本的金额确认转让电梯产生的收入。

20×0 年 12 月，该合同的履约进度为 10%［（30 – 20）÷（120 – 20）］，应确认的收入和成本金额分别为 33 万元［（150 – 20）×10% + 20］和 30 万元［（120 – 20）×10% + 20］。

成本法情形 2：建造厂房

20×0 年 3 月，国交公司与客户签订合同，合同约定国交公司将于 20×0 年 7 月 1 日开始为客户建造一栋厂房，合同总金额为 6 000 万元，厂房将于 20×2 年 6 月 30 日竣工。截至 20×0 年 12 月 31 日，国交公司已发生的合同总成本为 2 375 万元，其中包括建筑材料的采购成本及人工成本 1 875 万元，专用设备的采购成本 500 万元。专用设备于开工日购入，折旧期限为两年，预计净残值为 0。预计厂房建造完成前还将发生 2 625 万元的建造成本（不包括专用设备的折旧，且不含长期资产的购入成本）。

假定：该厂房的建造服务构成单项履约义务，并属于在某一时段内履行的履约义务；由于投入法和产出法均不适用本履约义务，国交公司采用成本法确定履约进度；上述全额均不含增值税。

本例中，截至 20×0 年 12 月，国交公司发生成本 2 375 万元，国交公司认为其已发生的成本和履约进度不成比例，因此需要对履约进度的计算作出调整，将专用的采购成本排除在已发生成本之外，并加入该设备当期已计提的折旧 125 万元（500÷2÷12×6）。

20×0 年 12 月，该合同的履约进度为 40%［（1 875 + 125）÷（1 875 + 500 + 2 625）］，应确认的收入和成本金额分别为 2 400 万元（6 000×40%）和 2 000 万元［（1 875 + 500 + 2 625）×40%］。

第十三条　对于在某一时点履行的履约义务，企业应当在客户取得相关商品控制权时点确认收入。在判断客户是否已取得商品控制权时，企业应当考虑下列迹象[①]：

（一）企业就该商品享有现时收款权利，即客户就该商品负有现时付款义务[②]。

（二）企业已将该商品的法定所有权转移给客户，即客户已拥有该商品的法定所有权[③]。

（三）企业已将该商品实物转移给客户，即客户已实物占有该商品[④]。

（四）企业已将该商品所有权上的主要风险和报酬转移给客户，即客户已取得该商品所有权上的主要风险和报酬[⑤]。

（五）客户已接受该商品[⑥]。

（六）其他表明客户已取得商品控制权的迹象[⑦]。

【注释】

①**准则由来：**IASB 和 FASB 强调，上述迹象并不是企业断定对商品的控制权

已转移给客户之前必须满足的条件，这些迹象只是当客户拥有对资产的控制时通常存在的因素。

②企业就该商品享有现时收款权利，即客户就该商品负有现时付款义务。当企业就该商品享有现时收款权利时，可能表明客户已经有能力主导该商品的使用并从中获得几乎全部的经济利益。

③企业已将该商品的法定所有权转移给客户，即客户已拥有该商品的法定所有权。当客户取得了商品的法定所有权时，可能表明其已经有能力主导该商品的使用并从中获得几乎全部的经济利益，或者能够阻止其他企业获得这些经济利益，即客户已取得对该商品的控制权。如果企业仅仅是为了确保到期收回货款而保留商品的法定所有权，那么该权利通常不会对客户取得对该商品的控制权构成障碍。

④企业已将该商品实物转移给客户，即客户已占有该商品实物。客户如果已经占有商品实物，则可能表明其有能力主导该商品的使用并从中获得其几乎全部的经济利益，或者使其他企业无法获得这些利益。需要说明的是，客户占有了某项商品实物并不意味着其就一定取得了该商品的控制权，反之亦然。

1）委托代销安排。这一安排是指委托方和受托方签订代销合同或协议，委托受托方向终端客户销售商品。在这种安排下，企业应当评估受托方在企业向其转让商品时是否已获得对该商品的控制权，如果没有，企业不应在此时确认收入，通常应当在受托方售出商品时确认销售商品收入；受托方应当在商品销售后，按合同或协议约定的方法计算确定的手续费确认收入。表明一项安排是委托代销安排的迹象包括但不限于：一是在特定事件发生之前（例如，向最终客户出售商品或指定期间到期之前），企业拥有对商品的控制权。二是企业能够要求将委托代销的商品退回或者将其销售给其他方（如其他经销商）。三是尽管受托方可能被要求向企业支付一定金额的押金，但是，其并没有承担对这些商品无条件付款的义务。委托代销安排的具体情形及会计处理参见【例19】。

2）售后代管商品安排。售后代管商品安排是指根据企业与客户签订的合同，已经就销售的商品向客户收款或取得了收款权利，但是直到在未来某一时点将该商品交付给客户之前，仍然继续持有该商品实物的安排。实务中，客户可能会因为缺乏足够的仓储空间或生产进度延迟而要求与销售方订立此类合同。在这种情况下，尽管企业仍然持有商品的实物，但是，当客户已经取得了对该商品的控制权时，即使客户决定暂不行使实物占有的权利，其依然有能力主导该商品的使用并从中获得几乎全部的经济利益。因此，企业不再控制该商品，而只是向客户提供了代管服务。

在售后代管商品安排下，除了应当考虑客户是否取得商品控制权的迹象之外，还应当同时满足下列四项条件，才表明客户取得了该商品的控制权：一是该安排必须具有商业实质，例如，该安排是应客户的要求而订立的；二是属于客户的商品必须能够单独识别，例如，将属于客户的商品单独存放在指定地点；三是该商品可以随时交付给客户；四是企业不能自行使用该商品或将该商品提供给其他客户。实务中，越是通用的、可以和其他商品互相替换的商品，越有可能难以满足上述条件。

需要注意的是，如果在满足上述条件的情况下，企业对尚未发货的商品确认了收入，则企业应当考虑是否还承担了其他的履约义务，例如，向客户提供保管服务等，从而应当将部分交易价格分摊至该履约义务。关于售后代管商品安排的具体情形及会计处理参见【例20】和【例21】。

⑤企业已将该商品所有权上的主要风险和报酬转移给客户，即客户已取得该商品所有权上的主要风险和报酬。企业向客户转移了商品所有权上的主要风险和报酬，可能表明客户已经取得了主导该商品的使用并从中获得其几乎全部经济利益的能力。但是，在评估商品所有权上的主要风险和报酬是否转移时，不应考虑企业在除所转让商品之外产生的其他单项履约义务的风险。例如，企业将产品销售给客户，并承诺提供后续维护服务的安排中，销售产品和提供维护服务均构成单项履约义务，企业将产品销售给客户之后，虽然仍然保留了与后续维护服务相关的风险，但是，由于维护服务构成单项履约义务，所以该保留的风险并不影响企业已将产品所有权上的主要风险和报酬转移给客户的判断。

⑥客户已接受该商品。如果客户已经接受了企业提供的商品，例如，企业销售给客户的商品通过了客户的验收，可能表明客户已经取得了该商品的控制权。合同中有关客户验收的条款，可能允许客户在商品不符合约定规格的情况下解除合同或要求企业采取补救措施。因此，企业在评估是否已经将商品的控制权转移给客户时，应当考虑此类条款。当企业能够客观地确定其已经按照合同约定的标准和条件将商品的控制权转移给客户时，客户验收只是一项例行程序，并不影响企业判断客户取得该商品控制权的时点。例如，企业向客户销售一批必须满足规定尺寸和重量的产品，合同约定，客户收到该产品时，将对此进行验收。由于该验收条件是一个客观标准，企业在客户验收前就能够确定其是否满足约定的标准，客户验收可能只是一项例行程序。实务中，企业应当根据过去执行类似合同积累的经验及客户验收的结果取得相应证据。当在客户验收之前确认收入时，企业还应当考虑是否还存在剩余的履约义务，例如设备安装等，并且评估是否应当对其单独进行会计处理。

相反，当企业无法客观地确定其向客户转让的商品是否符合合同规定的条件时，在客户验收之前，企业不能认为已经将该商品的控制权转移给了客户。这是因为，在这种情况下，企业无法确定客户是否能够主导该商品的使用并从中获得其几乎全部的经济利益。例如，客户主要基于主观判断进行验收时，该验收往往不能被视为仅仅是一项例行程序，在验收完成之前，企业无法确定其商品是否能够满足客户的主观标准，因此，企业应当在客户完成验收并接受该商品时才能确认收入。实务中，定制化程度越高的商品，越难以证明客户验收仅仅是一项例行程序。

此外，如果企业将商品发送给客户供其试用或者测评，且客户并未承诺在试用期结束前支付任何对价，则在客户接受该商品或者在试用期结束之前，该商品的控制权并未转移给客户。

⑦需要强调的是，在上述五个迹象中，并没有哪一个或哪几个迹象是决定性的，企业应当根据合同条款和交易实质进行分析，综合判断其是否将商品的控制权转移给客户以及是何时转移的，从而确定收入确认的时点。此外，企业应当从客户的角度进行评估，而不应当仅考虑企业自身的看法。

【例 19】 满足委托代销安排下确认收入的情形

京文公司委托京峰公司销售纪念品 500 件，纪念品已经发出，每件成本为 120 元。合同约定京峰公司应按每件 160 元的价格对外销售，京文公司按不含增值税的销售价格的 10% 向京峰公司支付手续费。除非这些商品在京峰公司存放期间内由于京峰公司的责任发生毁损或丢失，否则在纪念品对外销售之前，京峰公司没有义务向京文公司支付货款。京峰公司不承担包销责任，没有售出的纪念品须返回给京文公司，同时，京文公司也有权要求收回纪念品或将其销售给其他的客户。京峰公司对外实际销售 500 件，开出的增值税专用发票上注明的销售价格为 80 000 元，增值税税额为 10 400 元，款项已经收到，京峰公司立即向京文公司开具代销清单并支付货款。京文公司收到京峰公司开具的代销清单时，向京峰公司开具一张相同金额的增值税专用发票。假定京文、京峰公司均为一般纳税人，京文公司发出纪念品时纳税义务尚未发生，手续费增值税税率为 6%，不考虑其他因素。

本例中，京文公司将纪念品发送至京峰公司后，京峰公司虽然已经实物占有纪念品，但是仅是接受京文公司的委托销售纪念品，并根据实际销售的数量赚取一定比例的手续费。京文公司有权要求收回纪念品或将其销售给其他的客户，京峰公司并不能主导这些商品的销售，这些商品对外销售与否、是否获利以及获利多少等不由京峰公司控制，京峰公司没有取得这些商品的控制权。因此，京文公司将纪念品发送至京峰公司时，不应确认收入，而应当在京峰公司将纪念品销售给最终客户时确认收入。根据上述资料，京文公司的账务处理如下：

（1）发出商品。

借：发出商品——京峰公司　　　　　　　　　　　　　　 60 000

　　贷：库存商品——纪念品　　　　　　　　　　　　　　　　　 60 000

（2）收到代销清单，同时发生增值税纳税义务。

借：应收账款——京峰公司　　　　　　　　　　　　　　 90 400

　　贷：主营业务收入——销售纪念品　　　　　　　　　　　　 80 000

　　　　应交税费——应交增值税（销项税额）　　　　　　　　 10 400

借：主营业务成本——销售纪念品　　　　　　　　　　　 60 000

　　贷：发出商品——京峰公司　　　　　　　　　　　　　　　　 60 000

借：销售费用——代销手续费 8 000
　　应交税费——应交增值税（进项税额） 480
　　　贷：应付账款——京峰公司 8 480

（3）收到京峰公司支付的货款并向京峰公司支付手续费。

借：银行存款 81 920
　　应付账款 8 480
　　　贷：应收账款——京峰公司 90 400

京峰公司的账务处理如下：

（1）收到商品。

借：受托代销商品——京文公司 80 000
　　　贷：受托代销商品款——京文公司 80 000

（2）对外销售。

借：银行存款 90 400
　　　贷：受托代销商品——京文公司 80 000
　　　　　应交税费——应交增值税（销项税额） 10 400

（3）收到增值税专用发票。

借：受托代销商品款——京文公司 80 000
　　应交税费——应交增值税（进项税额） 10 400
　　　贷：应付账款——京文公司 90 400

（4）支付货款并计算代销手续费。

借：应付账款——京文公司 90 400
　　　贷：银行存款 81 920
　　　　　其他业务收入——代销手续费 8 000
　　　　　应交税费——应交增值税（销项税额） 480

【例20】满足售后代管安排下确认收入的情形

20×0年1月1日，疆大公司与五亚婚纱摄影公司签订合同，向其销售一台设备和专用零部件。设备和零部件的制造期为2年。疆大公司在完成设备和零部件的生产之后，能够证明其符合合同约定的规格。假定在该合同下，向客户转让设备和零部件是可明确区分的，因此，企业应将其作为两项履约义务，且都属于在某一时点履行的履约义务。

20×1年12月31日，五亚婚纱摄影公司支付了该设备和零部件的合同价款，并对其进行了验收。五亚婚纱摄影公司运走了设备，但是，考虑到其自身的仓储能力有限，且其工厂紧邻疆大公司的仓库，因此，要求将零部件存放于疆大公司的仓库中，并且要求疆大公司按照其指令随时安排发货。五亚婚纱摄影公司已拥有零部件的法定所有权，且这些零部件可明确识别为属于五亚婚纱摄影公司的物品。疆大公司在其仓库内的单独区域内存放这些零部件，并应五亚婚纱摄影公司的要求可随时发货，疆大公司不能使用这些零部件，也不能将其提供给其他客户使用。

本例中，20×0年12月31日，设备的控制权已转移给五亚婚纱摄影公司；对于零部件而言，疆大公司已经收取合同价款，但是应五亚婚纱摄影公司的要求尚未发货，五亚婚纱摄影公司已拥有零部件的法定所有权并且对其进行了验收，虽然这些零部件实物尚由疆大公司持有，但是其满足在售后代管商品的安排下客户取得商品控制权的条件，这些零部件的控制权也已经转移给了五亚婚纱摄影公司。因此，疆大公司应当确认销售设备和零部件的相关收入。除此之外，疆大公司还为五亚婚纱摄影公司提供了仓储保管服务，该服务与设备和零部件可明确区分，构成单项履约义务。

【例21】不满足售后代管安排下确认收入的情形

宝康公司是一家生产并销售饮水机的公司。20×0年，宝康公司与零售商家宜家居公司签订销售合同，向其销售1.2万台饮水机。由于家宜家居公司的仓储能力有限，无法在20×0年底之前接收该批饮水机，双方约定宝康公司在20×1年按照家宜家居公司的指令按时发货，并将饮水机运送至家宜家居公司指定的地点。20×0年12月31日，宝康公司共有上述饮水机库存1.5万台，其中包括1.2万台将要销售给家宜家居公司的饮水机。然而，这1.2万台饮水机和其余3 000台饮水机一起存放并统一管理，并且彼此之间可以互相替换。

本例中，尽管是由于家宜家居公司没有足够的仓储空间才要求宝康公司暂不发货，并按照其指定的时间发货，但是由于这1.2万台饮水机与宝康公司的其他产品可以互相替换，且未单独存放保管，宝康公司在向家宜家居公司交付这些饮水机之前，能够将其提供给其他客户或者自行使用。因此，这1.2万台饮水机在20×0年12月31日不满足售后代管商品安排下确认收入的条件。

第三章　计　　量

第十四条　企业应当按照分摊至各单项履约义务的交易价格计量收入[①]。

交易价格，是指企业因向客户转让商品而预期有权收取的对价金额[②]。企业代第三方收取的款项以及企业预期将退还给客户的款项，应当作为负债进行会计处理，不计入交易价格[③]。

【注释】

[①]**准则由来**：IASB 和 FASB 规定，企业应当采用分摊交易价格（transaction price）的方法来计量收入。根据该方法，企业应将交易价格分摊至每一项履约义务，经过这样处理后，分摊的金额反映了企业预计因履行每一项履约义务而有权获得的对价金额。大多数反馈意见者支持分摊交易价格的方法。

[②]**准则由来**：IASB 和 FASB 曾考虑过另一种替代的交易价格计量方法，即在每一报告期末直接计量剩余履约义务的退出价格（exit price，指出售一项资产所收到的价格或转移一项负债所支付的价格），但最终没有采用这种方法。IASB 和 FASB 认为，该替代方法将导致合同的会计处理更为复杂。此外，IASB 和 FASB 认为，在许多情况下，因为已承诺商品或服务的价值不具备固有波动性，或者因为企业将在相对较短的期间内将商品或服务转让给客户从而导致该类波动性影响有限，所以这种方法只能为财务报表使用者提供很少的额外信息。具体而言，IASB 和 FASB 拒绝采用该方法主要是基于下列原因：

1）如果有关对价的权利的计量值超过剩余履约义务的计量值，则企业可能会在合同开始时、向客户转让商品或服务之前确认收入。在合同开始时通常会发生这一情况，因为合同价格往往包含使企业能够收回其取得合同的成本的金额。例如，假设合同中不存在可变对价等影响交易价格的确定的因素（详见本准则第十五条规定），则企业应在合同开始时计量转移履约义务而支付的退出价格，并将其作为交易价格。显然，在一般情况下，转移履约义务的退出价格将低于合同总价款，那么，企业就应当在合同开始日（尚未履约前）确认收入。显而易见，这是不合逻辑的。

2）识别或计量履约义务过程中的任何差错均将影响在合同开始时确认的收入。

3）剩余履约义务的当前退出价格通常不可观察，而估计当前退出价格可能较为复杂并导致较高的编制成本，且难以验证。几乎所有反馈意见者均支持 IASB 和 FASB 采用分摊交易价格的方法来计量履约义务的建议。

IASB 和 FASB 还考虑了要求对某些类型的履约义务采用替代的计量方法（例如，对于结果可变程度极高的履约义务进行交易价格的分摊可能无法提供有用的信息）。但是，IASB 和 FASB 认为，采用相同的计量方法对属于有关要求范围的所有履约义务进行会计处理所带来的好处将超过对某些类型的履约义务采用相同方法产生的疑虑。IASB 和 FASB 还指出，与客户之间的结果可变程度极高的合同的常见类型为保险合同，而此类合同被排除在 IFRS15 的范围之外。

③交易价格不包括代第三方收取的金额及企业预期将退还给客户的款项，它们都应作为负债进行处理。例如，企业作为增值税纳税人销售货物或者提供加工、修理修配劳务以及进口货物，并就其实现的增值额计算并收取应缴纳的增值税；或者企业在交易过程中向客户收取的保证金，都应作为负债进行会计处理，不应计入交易价格。

第十五条[①]　企业应当根据合同条款，并结合其以往的习惯做法确定交易价格。在确定交易价格时，企业应当考虑可变对价、合同中存在的重大融资成分、非现金对价、应付客户对价等因素的影响[②③]。

【注释】

①确定交易价格是收入确认"五步法"模型的第三步，也是较为重要的一步，因为交易价格是企业分摊至合同各单项履约义务并最终确认为收入的金额。

②**准则联系：**根据本准则第十四条，交易价格，是指企业因向客户转让商品而预期有权收取的对价金额。因此，在每一报告期末确定交易价格的目标是反映企业有权获得的源自合同的对价总额，所以应考虑以上因素对交易价格的影响。此外，在制定 IFRS15 时，IASB 和 FASB 规定，除非合同包含重大融资成分，否则交易价格不应就客户信用风险的影响进行调整（详见本准则第十七条【注释】）。

IASB 澄清，交易价格应仅包括企业根据当前合同享有权利的金额。例如，交易价格不包括源自未来行使对额外商品或服务的选择权或未来订单变更的对价的估计金额。直至客户行使此类选择权或同意变更订单之前，企业不具有收取对价的权利。

除此之外，IASB 指出，企业根据当前合同享有权利的金额可由任一方支付（即不仅是由客户支付）。例如，在医疗保健行业，企业可能基于其有权获得的由病人、保险公司或政府机构支付的款项金额来确定交易价格。在其他行业也可能发生这一情况，例如，企业因制造商直接向企业的客户提供优惠券或回扣而取得制造商的付款。

③**准则联系：**当客户承诺支付固定金额的现金对价（即金额不会发生变动）

时，确定交易价格较为简单。但是，在存在可变对价、合同中存在的重大融资成分、非现金对价、应付客户对价等因素的情况下，企业确定交易价格的难度可能较高。其具体规定详见本准则第十六条至第十九条。

　　第十六条　合同中存在可变对价的①，企业应当按照期望值或最可能发生金额确定可变对价的最佳估计数②，但包含可变对价的交易价格，应当不超过在相关不确定性消除时累计已确认收入极可能不会发生重大转回的金额。企业在评估累计已确认收入是否极可能不会发生重大转回时，应当同时考虑收入转回的可能性及其比重③。

　　每一资产负债表日，企业应当重新估计应计入交易价格的可变对价金额。可变对价金额发生变动的，按照本准则第二十四条和第二十五条规定进行会计处理④。

【注释】

　　本条规定了在确定交易价格时考虑可变对价这类因素影响的情形。首先，企业应识别合同中是否存在可变对价；其次，根据情况采用适当的方法估计可变对价金额，在此过程中应注意对可变对价纳入交易价格的限制；最后，企业把上述步骤中确定的可变对价金额纳入交易价格。下面将以上述流程为依据，对交易价格中纳入的可变对价进行详细分析：

　　①识别合同中是否存在可变对价。

　　企业与客户的合同中约定的对价金额可能是固定的，也可能因折扣、回扣、退款、抵免、价格折让、激励措施、业绩奖金、罚款或其他类似项目而改变。

　　IASB 和 FASB 指出，即使在合同规定的价格是固定的情况下，对价也可能是可变的。这是因为企业可能仅当某一未来事件发生或不发生时才有权获得对价。例如，考虑一项固定价格服务合同，根据该合同客户在合同开始时付款，并且合同条款规定，客户在任何时候如果对服务不满意均可获得相当于已付金额的全额退款。在这种情况下，对价是可变的，因为企业可能有权获得全额对价，或者在客户行使其获得退款的权利时获得零对价。另一个例子，若某承包商签订了一份建造合同，如果按期完成可以获得额外履约奖金。在这种情况下，对价是可变的，该承包商可能无法按期完成，也可能按时完成并获得奖金。

　　合同往往会列明导致对价被归类为可变对价的条款。除合同条款明确规定外，在某些情况下，已承诺对价之所以可能是可变的，是由于有关事实和情况表明企业可能接受低于合同规定价格的金额（即合同包含隐含的价格折让）。IASB 和 FASB 指出，企业的商业惯例、已公布的政策或特定声明可能提供了企业愿意接受以较低价格交换已承诺商品和服务的证据，或者其他相关事实和情况表明，企业在与客户签订合同时即打算向客户提供价格折让。例如，企业与一新客户签订合同，虽然企业没有对该客户销售给予折扣的历史经验，但是，根据企业拓展客户关系的战略安排，企业愿意接受低于合同约定的价格。IASB 和 FASB 认为，在许多情况下，企业可能会给予价格折让以改善客户关系并促进对该客户的未来销售。

关于合同中是否存在可变对价的判断详见【例 22】。

②估计可变对价的方法。

期望值法或最可能发生金额法是本准则规定的确定可变对价最佳估计数的两类方法，但 IASB 和 FASB 指出，这并非一项"自由选择"，企业需要考虑哪一种方法能更好地预测其有权获得的对价金额，并将该方法一致地应用于类似的合同类型。

通常来讲，如果企业拥有大量具有类似特征的合同，企业据此估计合同可能产生多个结果时，按照期望值估计可变对价金额通常是恰当的。而当合同仅有两个可能结果（例如，企业能够达到或不能达到某业绩奖金目标）时，按照最可能发生金额估计可变对价金额可能是恰当的。

准则由来：

1）2010 年发布的《与客户之间的合同产生的收入（征求意见稿）》建议，如果合同对价是可变的，则企业应使用概率加权方法（即本准则所述"期望值法"）计量交易价格，因为概率加权方法可以反映可能的对价金额的完整范围，并按其相应的概率进行赋权。但许多反馈意见者不同意使用概率加权方法来计量交易价格，其理由是该方法将产生下列问题：①应用较为复杂且应用成本过高；②无法在所有情况下均报告有意义的结果，因为其可能导致企业确定的交易价格为企业在相关合同下永远不会取得的对价金额（因为其是概率加权平均值，可能与所有的实际对价金额都不相同）。

针对上述观点，IASB 和 FASB 认为，概率加权方法既反映了取得较高对价金额的可能性，也反映了取得较低金额的风险，其包括了报告期末交易价格存在的所有不确定性，因此是报告期末可变对价状况的最佳反映。例如，如果企业拥有大量具有类似特征的合同，企业据此估计合同可能产生多个结果时，通过期望值估计可变对价金额通常是恰当的。但是，IASB 和 FASB 也承认，期望值法并非在所有情况下都能如实地预测企业将有权获得的对价。例如，某项合同具有两个可能发生的对价金额，但其最终仅能取得两个可能对价金额之一的情况。IASB 和 FASB 决定，在这种情况下，需要采用另一种方法，即最可能发生金额法来估计交易价格。

关于期望值法和最可能发生金额法的运用详见【例 23】。

2）在确定以上两种可变对价估计方法的过程中，某些反馈意见者建议，IASB 和 FASB 不应对具体计量模型做出规定，而是应该使用管理层的最佳估计来确定交易价格，这种基于管理层经验和可获得的信息作出估计的方法更加灵活。但 IASB 和 FASB 认为，应该规定一个用于估计交易价格的客观且适当的计量方法，这是因为，规定一个客观且适当的计量方法会提供必要的框架以确保估计流程的严谨性。不仅如此，如果没有这样的框架，收入的计量对于财务报表使用者而言可能是不可理解的，并且各企业之间可能缺乏可比性。

3）理论上而言，尽管采用最可能发生金额法的企业必须考虑所有可能的结果以识别最可能出现的结果，但在实务中，无须对可能性较低的结果加以量化。类似地，在实务中，采用期望值法估计预期价值时，即使企业拥有广泛的数据并能够识别出许多结果，也并不要求企业使用复杂的模型和技术考虑所有可能产生的结果。在许多情况下，有限数量的个别分散结果及概率往往已能够提供关于所有可能结果分布的合理估计。如上所述，期望值或最可能发生金额这两种方法均不会导致应用成本过高或应用太过复杂。

4）为向财务报表使用者提供更有用的信息，企业在估计某种不确定性对其预计有权获得的可变对价金额的影响时，应当对整项合同一致地应用同一种方法。但是，这并不意味着企业需要使用同一种方法来计量单一合同内的每一种不确定性。相反，企业可以针对不同的不确定性采用不同的方法。针对不同的不确定性采用不同方法的例题详见【例24】。

③对可变对价估计的限制。

为向财务报表使用者提供有用的信息，某些可变对价估计值不应被纳入交易价格。例如，在某种情况下，企业认为可变对价估计（以及因此确认为收入的金额）的不确定性过高，从而可能无法如实地反映企业因向客户转让商品或服务而有权获得的对价，那么在这种情况下，企业应当对拟纳入交易价格的可变对价估计作出限制。

具体而言，企业按照期望值法或最可能发生金额法确定可变对价金额之后，计入交易价格的可变对价金额应该满足如下限制条件：**包含可变对价的交易价格，应当不超过在相关不确定性消除时，累计已确认的收入极可能不会发生重大转回的金额**。企业在评估与可变对价相关的不确定性消除时，累计已确认的收入金额是否极可能不会发生重大转回时，应当同时考虑收入转回的可能性（"极可能"）及转回金额的比重（"重大"）。其中，"极可能"是一个比较高的门槛，其发生的概率应远高于"很可能"（即可能性超过50%），但不要求达到"基本确定"（即可能性超过95%），其目的是避免因为一些不确定性因素的发生导致之前已经确认的收入发生转回；在评估收入转回金额的比重时，应同时考虑合同中包含的固定对价和可变对价，也就是说，企业应当评估可能发生的收入转回金额相对于合同总对价（包括固定对价和可变对价）而言的比重。企业应当将满足上述限制条件的可变对价的金额，计入交易价格。

导致收入转回的可能性增强或转回金额比重增加的因素包括但不限于：一是对价金额极易受到企业影响范围之外的因素影响，例如市场波动性、第三方的判断或行动、天气状况、已承诺商品存在较高的陈旧过时风险等。二是对价金额的不确定性预计在较长时期内无法消除。三是企业对类似合同的经验（或其他证据）有限，或者相关经验（或其他证据）的预测价值有限。四是企业在以往实务中对于类似情况下的类似合同，或曾提供了多种不同程度的价格折扣，或曾给予不同的付款条件。五是合同有多种可能的对价金额，且这些对价金额分布非常广泛。需要说明的是，将可变对价计入交易价格的限制条件不适用于企业向客户授予知识产权许可并约定按客户实际销售或使用情况收取特许权使用费的情况。

准则由来：IASB 和 FASB 指出，根据现实状况，与财务报表编制相关的大部分差错来源于收入确认的高估或提前确认收入，因此，有必要对源自可变对价的收入确认作出某种形式的限制。IASB 和 FASB 认为，对报告期收入最为相关的计量值是"不会导致后续期间重大转回"的计量值。这是因为不会在未来转回的金额将有助于财务报表使用者更好地预测企业的未来收入。因此，IASB 和 FASB 决定，限制收入的关注点应当着重于可能发生的下调（即收入转回），而非所有方向的收入调整（即上调及下调）。所以，仅在极可能不会发生重大收入转回的情况下，企业才应将部分或全部可变对价的估计纳入交易价格。

IASB 和 FASB 承认，限制可变对价估计的要求及其界定的目标可能会与各自的概念框架中的中立概念冲突。这是因为，关于限制可变对价估计的决定在拟纳入交易价格的估计中引入了一个下行偏好。但是，IASB 和 FASB 认为该偏好是合理的，因为对于财务报表使用者而言，预计不会在未来发生重大转回的收入更为相关。

许多财务报表使用者指出，对于预期在未来可能发生重大转回的收入，若不规定一个置信度，则难以实现限制可变对价估计的目标。此外，若不就该目标规定一个明确的置信度，如果不同企业通过不同方式来解读隐含的置信度，例如，某些企业可能将隐含置信度解读为"基本确定"（virtually certain），而其他企业则解读为"多半会发生"（more likely than not），便会导致实务中的不一致。因此，IASB 和 FASB 认为，规定一个置信度将提高明晰性，进而确保更为一致地应用限制可变对价估计的要求。在确定适当的置信度时，IASB 和 FASB 考虑了收入能否以企业可"合理确信"（reasonably assured）其将有权获得的金额为限。然而，许多反馈意见者并不确定术语"合理确信"的含义。因为在 IFRS 和美国公认会计原则（GAAP）的其他部分均有使用该术语，而且在根据不同上下文进行解释时，其含义往往并不相同。IASB 和 FASB 也考虑了是否应当使用 IFRS 与 GAAP 此前并未使用过的术语。但是，IASB 和 FASB 认为，确定使用任何新术语均可能导致实务中的不一致，因为企业可能会以不同方式解读新术语。因此，鉴于现行要求中相关术语的使用情况，IASB 和 FASB 决定最为适当的置信度应为"极可能"（highly probable，对于 IFRS 而言）和"很可能"（probable，对于 GAAP 而言）。

知识拓展：术语"很可能"已在美国实务中广为使用和理解，并且在 GAAP 中被界定为"可能会发生的一个或多个未来事件"（《主题 540》）；而术语"很可能"在 IFRS 中被界定为"多半会发生"（《国际财务报告准则第 5 号——持有待售的非流动资产和终止经营》及《国际会计准则第 37 号——准备、或有负债和或有资产》)。因此，为使 IFRS 与 GAAP 的规定含义相同，IASB 和 FASB 决定在 IFRS 中使用术语"极可能"，而在 GAAP 中则使用术语"很可能"。这与 IASB 在制定《国际财务报告准则第 5 号——持有待售的非流动资产和终止经营》时所采用的方法一致（其中 IASB 使用术语"极可能"以实现与 GAAP 中"很可能"相同的含义）。

如何应用对可变对价估计的限制详见【例 25A】至【例 25D】。

④交易价格的后续变动。

在合同开始后，企业应在不确定性消除或者可获得关于剩余不确定性的新信息时，修正其对预计有权获得的对价金额的预期。为反映在每一报告期末存在的情况（及报告期内有关情况的变化），企业应当在整个合同存续期内更新对交易价格的估计，因为与保留最初的估计相比，反映企业对其预计有权获得的对价金额的最新评估的结果将向财务报表使用者提供更为有用的信息，特别是对于合同存续期内有关情况可能会发生重大变化的长期合同。

如何处理交易价格的后续变动详见【例 26】。

【例 22】识别合同中是否存在可变对价

(1) 白云建设公司主要从事生态艺术道路的铺装，与其客户新风集团签订了价款为 500 万元的道路铺设合同。合同约定，如果白云建设公司无法自合同签订日起 180 天内完成该工程，则须支付 50 万元罚款，该罚款从合同价款中扣除。以上所涉及的各项金额均不含增值税。在该案例中，合同的对价金额实际由两部分组成，即固定价格以及 50 万元的可变对价。

需要注意的是，本案例仅为对简单合同中可变对价的简单识别，企业应在根据本条规定对可变对价进行估计的同时，考虑有关可变对价估计限制的要求。

(2) 海天公司为一家主要从事水产销售的公司。20×0 年 12 月 1 日，该公司与其经销商广生公司签订合同，向广生公司销售 50 件水产礼盒，每件水产礼盒的售价为 1 000 元，合同总价为 5 万元，广生公司当日取得这些产品的控制权。广生公司通常在取得产品后的 7 天内将其对外售出，且广生公司在这些产品售出后才向海天公司支付货款。上述价格均不包含增值税。该合同中虽然约定了销售价格，但是基于海天公司过往的实务经验，为了维护与广生公司的客户关系，海天公司预计会向广生公司提供价格折扣，以便于广生公司能够以更加优惠的价格向最终客户销售这些产品，从而促进该产品的整体销量。因此，海天公司认为该合同的对价是可变的。

【例 23】期望值法和最可能发生金额法的运用

(1) 采用期望值法的情况：

白云建设公司为一家主要从事生态艺术道路铺装的公司，其与绿地集团签订了固定造价合同，该合同约定由白云建设公司为绿地集团在其园区内铺设一条生态艺术道路，合同的价款为 2 000 万元。根据该固定造价合同的约定，生态艺术道路的铺装工程应当在 20×1 年 4 月 30 日竣工。如果白云建设公司能够早于该日期完工，则工期每提前一天，合同价款增加 5 万元；相反，如果白云建设公司晚于该日期完工，则工期每推迟一天，合同价款减少 5 万元。

白云建设公司根据以往执行类似合同的经验，预计各种结果发生概率如表 1 - 1 所示。

表 1 - 1　　　　　　　　　　　工期预期

提前/延后天数	概率（%）
提前 4 天	10
提前 3 天	15
提前 2 天	20
提前 1 天	20
当天	30
延后一天	5

本案例中所涉及价格均不包含增值税。

本案例中，白云建设公司认为期望值能够更好地预测其有权获取的对价金额。假定不考虑本准则有关将可变对价计入交易价格的限制要求，在该方法下，白云建设公司估计合同收入为 2 007 万元（2 000 + 4×5×10% + 3×5×15% + 2×5×20% + 1×5×20% - 1×5×5%）。

（2）采用最可能发生金额法的情况：

此外，该固定造价合同同时约定，如果该项工程能够在公路交通优质工程奖的评选之中获奖，绿地集团将额外奖励白云建设公司 50 万元。

针对上述优质工程奖的评选，白云建设公司有丰富的工程建设经验，预计有 90% 的概率能够获得该奖项。因此白云建设公司采用最有可能金额法对这部分合同结果进行估计，即确认该部分合同收入 50 万元。

【例 24】针对不同的不确定性采用不同估计方法。

绿岛景观公司主要从事于生态景观建设，其与兴才集团签订了固定造价合同，该合同约定由绿岛景观公司为兴才集团在其生产园区内建设一座大型喷泉，合同的价款为 1 000 万元。根据该固定造价合同的约定，喷泉的建设工程应当在 20×8 年 6 月 30 日竣工。如果绿岛景观公司能够早于该日期完工，则工期每提前一天，合同价款增加 5 万元；相反，如果绿岛景观公司晚于该日期完工，则工期每推迟一天，合同价款减少 5 万元。此外，该固定造价合同同时约定，如果该项工程能够在生态景观优质建设奖的评选之中获奖，兴才集团将额外奖励绿岛景观公司 50 万元。

本案例之中，主要涉及以下两项可变对价：其一为是否按期完工，其二为能否在生态景观优质建设奖评选之中获奖。对此，绿岛景观公司可以采取前面介绍的两种方法对合同结果进行估计。对于是否按期完工，绿岛景观公司可以按照期望值法对合同结果进行估计；而对于能否在生态景观优质建设奖评选之中获奖，绿岛景观公司可以按照最有可能发生的金额对合同结果进行估计。

【例 25A】 如何应用对可变对价估计的限制（销售折扣）

浪萍服饰为一家大型服装设计、生产和销售公司，它同时通过经销商和电商直营这两种方式销售。在 20×0 年 1 月 1 日与甲零售商签订服装购销合同，合同约定价格为 300 元/件，共 2 000 件，合同总价为 60 万元，甲零售商当日取得这些产品的控制权。甲零售商通常在取得产品后的 30 天内将其对外售出，且在这些产品售出后才向浪萍服饰支付货款。上述价格均不包含增值税。该合同中虽然约定了销售价格，但是基于浪萍服饰过往的实务经验，为了维护与甲零售商的客户关系，浪萍服饰预计会向甲零售商提供价格折扣，以便于甲零售商能够以更加优惠的价格向最终客户销售这些产品，从而促进该产品的整体销量。因此，浪萍服饰认为该合同的对价是可变的。

情形 1，可变对价的估计未受到限制： 浪萍服饰已销售该产品及类似产品多年，积累了丰富的经验，可观察的历史数据表明，浪萍服饰以往销售此类产品时会给予客户大约 15% 的折扣。同时，根据当前市场信息分析，15% 的降价幅度足以促进该产品的销量，从而提高其周转率。浪萍服饰多年来向客户提供的折扣从未超过 15%。

本例中，浪萍服饰按照期望值估计可变对价的金额，因为该方法能够更好地预测其有权获得的对价金额。浪萍服饰估计的交易价格为 51 万元［300×（1－15%）×2 000］。同时，浪萍服饰还需考虑有关将可变对价计入交易价格的限制要求，以确定能否将估计的可变对价金额 51 万元计入交易价格。根据其销售此类产品的历史经验、所取得的当前市场信息以及对当前市场的估计，浪萍服饰预计，尽管存在某些不确定性，但是该产品的价格将可在短期内确定。因此，浪萍服饰认为，在不确定性消除（即，折扣的总金额最终确定）时，已确认的累计收入金额 51 万元极可能不会发生重大转回。因此，浪萍服饰应当于 20×0 年 1 月 1 日将产品控制权转移给甲经销商零售时，确认收入 51 万元。

情形 2，可变对价的估计受到限制： 浪萍服饰虽然有销售类似产品的经验。但是，浪萍服饰的产品较易过时，且产品定价波动性很大。根据以往经验，浪萍服饰针对同类产品给予客户的折扣范围较广（折扣为 15% ~ 55% 不等）。根据当前市场情况，降价幅度需要达到 30% ~ 40%，才能有效地提高该产品周转率。

本例中，浪萍服饰按照期望值估计可变对价的金额，因为该方法能够更好地预测其有权获得的对价金额。浪萍服饰采用期望值法估计将提供 35% 的折扣

[（15% +55%）/2]，因此估计的交易价格为 39 万元[300×（1 - 35%）×2 000]。同时，浪萍服饰还需考虑有关将可变对价计入交易价格的限制要求，以确定能否将估计的可变对价金额 39 万元计入交易价格。由于浪萍服饰的产品价格极易受到超出浪萍服饰影响范围之外的因素（即，产品陈旧过时）的影响，并且为了提高该产品的周转率，浪萍服饰可能需要提供的折扣范围也较广，因此，浪萍服饰不能将该 39 万元（即，提供 35% 折扣之后的价格）计入交易价格，这是因为，将该金额计入交易价格不满足已确认的累计收入金额极可能不会发生重大转回的条件。

但是，根据当前市场情况，降价幅度达到 30% ~40%，能够有效地提高该产品周转率，在以往的类似交易中，浪萍服饰实际的降价幅度与当时市场信息基本一致。在这种情况下，尽管浪萍服饰以往提供的折扣范围为 15% ~55%，但是，浪萍服饰认为，如果将提供 40% 折扣之后的价格 36 万元（[300×（1 - 40%）×2 000]计入交易价格，已确认的累计收入金额极可能不会发生重大转回。因此，浪萍服饰应当于 20×0 年 1 月 1 日将产品控制权转移给甲经销商零售时，确认 36 万元的收入，并在不确定性消除之前的每一资产负债表日重新评估该交易价格的金额。

【例 25B】如何应用对可变对价估计的限制（退货权）

沿用【例 25A】情形，除经过经销商销售之外，浪萍服饰还通过电商直营的方式进行销售。20×8 年 11 月，浪萍服饰通过电商直营的方式，销售了 1 000 件套装，每件售价 500 元。虽然是与不同的客户签订了 1 000 项合同，但是企业可以对这 1 000 项合同的组合应用本准则。因为企业合理预计与对该组合中的单个合同应用本准则相比，对该组合应用相关准则要求不会对财务报表产生显著不同的影响。浪萍服饰允许客户在 15 天内退回任何未使用的产品，并获得全额退款。浪萍服饰就每件套装所发生的成本为 300 元。

由于合同允许客户退回商品，因此向客户收取的对价是可变的。浪萍服饰预计采用期望值法能够更好地预测其有权获得的可变对价。在使用期望值时，浪萍服饰估计将有 50 套服饰被退回。因此，估计的可变对价为 47.5 万元（500×950）。此外，浪萍服饰需要同时考虑有关可变对价估计限制的要求，以确认是否能够将估计的可变对价金额 47.5 万元纳入交易价格。浪萍服饰认为，尽管退货超出企业的影响范围，但其拥有关于估计该产品及该客户群退货的大量经验。此外，不确定性将在短期（即 15 天的退货期）内消除。因此，浪萍服饰得出结论认为，在不确定性消除时（即退货期失效后），已确认的累计收入金额（即 47.5 万元）极可能不会发生重大转回。浪萍服饰可以在商品控制权转移时，确认收入 47.5 万元。

浪萍服饰估计收回产品所发生的成本并不重大，且预计被退回的产品可按高于成本的价格重新出售。在 1 000 件套装的控制权转移时，浪萍服饰并未就其预计将被退回的 50 件套装确认收入。因此，浪萍服饰应做如下会计处理：

借：银行存款　　　　　　　　　　　　　　　　500 000

　　贷：主营业务收入　　　　　　　　　　　　　　475 000

　　　　预计负债——应付退货款　　　　　　　　　25 000

借：应收退货成本　　　　　　　　　　　　　　　15 000

　　主营业务成本　　　　　　　　　　　　　　　285 000

　　贷：库存商品　　　　　　　　　　　　　　　　300 000

【例 25C】如何应用对可变对价估计的限制（数量折扣激励）

沿用【例 25A】情形，浪萍服饰于 20×0 年 1 月 1 日与乙经销商签订服装购销合同，合同规定，销售价格为 300 元/件，如果乙经销商在当年内购买超过 3 000 件服装，产品单价将追溯调整为 250 元/件。因此，合同的对价是可变的。

在截至 20×0 年 3 月 31 日止的第一季度中，浪萍服饰向该乙经销商售出了 500 件某品牌服装。浪萍服饰估计乙经销商在本年内的购买总数不会超过可获得数量折扣的指定门槛（3 000 件）。

浪萍服饰考虑了准则中有关可变对价估计限制的要求，认为其拥有乙经销商购买模式的大量经验。因此，浪萍服饰得出结论认为，在不确定性消除时（即在获悉购买总量时），已确认收入的累计金额（即 300 元/件）极可能不会发生重大转回。因此，浪萍服饰在截至 20×0 年 3 月 31 日止的季度确认的收入金额为 150 000 元（500 件×300 元/件）。

20×0 年 5 月，乙经销商收购了另一家公司。在截至 20×0 年 6 月 30 日止的第二季度中，浪萍服饰向乙经销商售出了另外 1 200 件某品牌服装。鉴于这一新的事实，浪萍服饰估计乙经销商在本年内的购买总数将超过可获得数量折扣的指定门槛（3 000 件）。因此，产品单价须予以追溯调整并减至 250 元/件。因此，浪萍服饰在截至 20×0 年 6 月 30 日止的季度确认的收入金额为 275 000 元。该金额是以 1 200 件某品牌服装的销售金额 300 000 元（1 200 件×250 元/件）减去与截至 20×0 年 3 月 31 日止的季度所售出件数相关的收入减少所导致的交易价格变动金额 25 000 元（500 件×50 元/件的价格折扣）后计算得出的。

【例 25D】如何应用对可变对价估计的限制（受限制的管理费）

兴达证券为一家位于深圳的证券公司。20×0 年 10 月 1 日，兴达证券与客户通运公司签订合同，为一只开放型股票基金提供资产管理服务，合同期限为 3 年。兴达证券所能获得的报酬包括两部分：一是每季度按照本季度末该基金净值的 0.5% 收取管理费，该管理费不会因基金净值的后续变化而调整或被要求退回；二是该基金在 3 年内的累计回报如果超过 8%，则兴达证券可以获得超额回报部分的 20% 作为业绩奖励。20×0 年 12 月 31 日，该基金的净值为 10 亿元。假定不考虑相关税费影响。

本例中，兴达证券在该项合同中收取的管理费和业绩奖励均为可变对价，其金额极易受到股票价格波动的影响，这是在兴达证券影响范围之外的，虽然兴达证券公司以往有类似合同的经验，但是，该经验在确定未来市场表现方面并不具有预测价值。因此，在合同开始日，兴达证券无法对其能够收取的管理费和业绩奖励进行估计，也就是说，如果将估计的某一金额的管理费或业绩奖励计入交易价格，将不满足累计已确认的收入金额极可能不会发生重大转回的要求。

20×0 年 12 月 31 日，兴达证券重新估计该合同的交易价格，影响本季度管理费收入金额的不确定性已经消除，兴达证券确认管理费收入 500 万元（10 亿 × 0.5%）。兴达证券未确认业绩奖励收入，这是因为，该业绩奖励仍然会受到基金未来累计回报的影响，难以满足将可变对价计入交易价格的限制条件。在后续的每一资产负债表日，兴达证券应当重新估计交易价格是否满足将可变对价计入交易价格的限制条件，以确定其收入金额。

【例 26】可变对价的重估

极速电器是一家主营空调生产和销售的大型制造企业。20×0 年 12 月 1 日，极速电器与其经销商飞扬公司签订合同，向飞扬公司销售 100 台空调，每台空调的售价为 0.6 万元，合同总价为 60 万元，飞扬公司当日取得这些产品的控制权。飞扬公司通常在取得产品后的 60 天内将其对外售出，且在这些空调售出后才向极速电器支付货款。上述价格均不包含增值税。该合同中虽然约定了销售价格，但是基于极速电器公司过往的实务经验，为了维护与飞扬公司的客户关系，极速电器预计会向飞扬公司提供价格折扣，以便于飞扬公司能够以更加优惠的价格向最终客户销售这些产品，从而促进该产品的整体销量。因此，极速电器认为该合同的对价是可变的。

极速电器已销售该产品及类似产品多年，积累了丰富的经验，可观察的历史数据表明，极速电器以往销售此类产品时会给予客户大约 10% 的折扣。同时，根据当前市场信息分析，10% 的降价幅度足以促进该产品的销量，从而提高其周转率。极速电器多年来向客户提供的折扣从未超过 10%。

然而在 20×0 年 12 月 31 日，由于市场中竞争对手智慧电器公司推出了一款新型智能空调，极速电器预计本季度空调销售情况会受到严重冲击，因此极速电器决定加大价格折扣，预计将给予飞扬公司 20% 的价格折扣来促进空调的销售。根据市场信息分析，20% 的折扣足以促进该产品的销量。

本例中，20×0 年 12 月 1 日极速电器按照期望值估计可变对价的金额，因为该方法能够更好地预测其有权获得的对价金额。极速电器估计的交易价格为 54 万元[0.6×（1−10%）×100]。同时，极速电器还需考虑有关将可变对价计入交易价格的限制要求，以确定能否将估计的可变对价金额 54 万元计入交易价格。根据其销售此类产品的历史经验、所取得的当前市场信息及对当前市场的估计，极速电器预计，尽管存在某些不确定性，但是该产品的价格将可在短期内确定。

因此，极速电器认为，在不确定性消除（即，折扣的总金额最终确定）时，已确认的累计收入金额54万元极可能不会发生重大转回。因此，极速电器应当于20×0年12月1日将产品控制权转移给飞扬公司时，确认收入54万元。

20×0年12月31日，极速电器应重新评估可变对价。此时由于市场的变化，极速电器与飞扬公司签订的合同可变对价产生了变化，极速电器的预期价格折扣将增至20%，因此按照期望估计值的方法，极速电器重新估计的交易价格为48万元[0.6×(1-20%)×100]。还应考虑可变对价计入交易价格的限制。基于目前的市场信息以及对当前市场的估计，极速电器预计产品的价格变动不会超过20%，因此尽管存在某些不确定性，但该商品的价格可以大致确定，因此20×0年12月31日应将预期销售收入调整为48万元。

第十七条　合同中存在重大融资成分的，企业应当按照假定客户在取得商品控制权时即以现金支付的应付金额确定交易价格[①②]。该交易价格与合同对价之间的差额，应当在合同期间内采用实际利率法摊销[③]。

合同开始日，企业预计客户取得商品控制权与客户支付价款间隔不超过一年的，可以不考虑合同中存在的重大融资成分[④]。

【注释】

①准则由来：某些客户合同包含融资成分。融资成分可能可以从合同中明确地识别出来，也可能隐含在合同约定的付款条款之中。从概念上来看，具有融资成分的合同包括两项交易：一项销售交易与一项融资交易。出于下述两个原因，IASB和FASB决定要求企业在融资成分重大的情况下就融资成分的影响调整已承诺的对价金额：1）不确认融资成分可能会导致对合同收入的不实陈述。例如，如果客户延后付款，忽略合同的融资成分将导致在商品或服务转让时全额确认收入，尽管事实上企业是向客户提供融资服务。2）在某些合同中，企业（或客户）考虑了合同中现金流量的时间。因此，识别重大融资成分成为合同的一个重要经济特征，即合同既包含商品或服务的转让，也包含一项融资安排。客户在商品或服务转让时进行支付的合同可能显著不同于客户在商品转让之前或之后进行支付以提供或获得融资利益的合同。

就重大融资成分的影响来调整已承诺对价金额的目标是：在所确认的收入金额中反映商品或服务转让当时相关商品或服务的"现金售价"。IASB和FASB认为，仅当合同列明的付款时间就向客户转让商品或服务为客户或企业提供了重大融资利益时，才需要调整已承诺对价以得出现金售价。这是因为在其他情况下，付款时间可能是出于并非融资的其他目的（例如为避免不履约而提供保护）。

②确定合同是否包含重大融资成分。

合同中存在重大融资成分的，企业应当按照假定客户在取得商品控制权时即以现金支付的应付金额（即，现销价格）确定交易价格。在评估合同中是否存在融资成分以及该融资成分对于该合同而言是否重大时，企业应当考虑所有相关的事实和情况，包括：1）已承诺的对价金额与已承诺商品的现销价格之间的差额，如果企业（或其他企业）在销售相同商品时，不同的付款时间会导致销售价格有所差别，则通常表明各方知晓合同中包含了融资成分；2）企业将承诺的商品转让给客户与客户支付相关款项之间的预计时间间隔和相应的市场现行利率的共同影响。尽管向客户转让商品与客户支付相关款项之间的时间间隔并非决定性因素，但是，该时间间隔与现行利率两者的共同影响可能提供了是否存在重大融资利益的明显迹象。需要说明的是，企业应当在单个合同层面考虑融资成分是否重大，而不应在合同组合层面考虑这些合同中的融资成分的汇总影响对企业整体而言是否重大。

IASB 和 FASB 曾考虑过，识别融资成分的要求是否应当仅基于付款期限是否显著早于或晚于商品或服务转让给客户的时间。然而，一些反馈意见者指出，这可能会要求企业在各方并未考虑融资安排的情况下进行调整，因为在某些情况下，尽管商品或服务的转让与付款的时间存在显著差异，但产生该时间性差异的原因与企业和客户之间的融资安排并不相关。IASB 和 FASB 同意这些反馈意见者的意见，并澄清："仅当合同中规定的付款时间为客户或企业提供重大融资利益时，企业才应就融资作出调整"。

IASB 和 FASB 指出，如果存在下列任一因素，企业与客户之间的合同不包含重大融资成分：一是客户就商品支付了预付款，且可以自行决定这些商品的转让时间。例如，企业向客户出售其发行的储值卡，客户可随时到该企业持卡购物。二是客户承诺支付的对价中有相当大的部分是可变的，该对价金额或付款时间取决于某一未来事项是否发生，且该事项实质上不受客户或企业控制。例如，按照实际销售量收取的特许权使用费。三是合同承诺的对价金额与现销价格之间的差额是由于向客户或企业提供融资利益以外的其他原因所导致的，且这一差额与产生该差额的原因是相称的。例如，客户可能被要求预先支付部分对价，以保证其能够获得未来限量供应的商品或服务。合同约定的支付条款是为了向企业或客户提供保护，以防止另一方未能依照合同充分履行其部分或全部义务。此种情况详见【例 27A】和【例 27B】。

③折现率的确定。

合同中存在重大融资成分的，企业在确定该重大融资成分的金额时，应使用将合同对价的名义金额折现为商品现销价格的折现率。该折现率一经确定，不得因后续市场利率或客户信用风险等情况的变化而变更。企业确定的交易价格与合同承诺的对价金额之间的差额，应当在合同期间内采用实际利率法摊销。企业在编制利润表时，应当将合同中存在的重大融资成分的影响（即，利息收入和利息支出）与按照本准则确认的收入区分开来，分别列示。企业在按照本准则对与客户的合同进行会计处理时，只有在确认了合同资产（或应收款项）和合同负债时，才应当分别确认相应的利息收入和利息支出。

企业确定重大融资成分的金额及其摊销的方法详见【例28A】、【例28B】和【例28C】。

在就重大融资成分调整已承诺的对价金额时，企业应当使用企业与其客户在合同开始时进行的单独融资交易所反映的折现率。该折现率应反映合同中取得融资一方的信用特征及客户或企业提供的担保品或抵押，包括合同所转让的资产。企业可能能够通过识别将已承诺对价的名义金额折现为商品或服务转让于客户时（或过程中）客户会支付的现金价格的利率来确定该折现率。在合同开始后，企业不应就利率或其他情况（如，客户的信用风险评估结果）的变化更新折现率。折现率的确定详见【例29】。

IASB和FASB曾考虑过就重大融资成分的影响调整已承诺对价金额所使用的折现率应当是无风险利率还是风险调整利率。无风险利率易于观察并且应用简单，同时，应用无风险利率可避免确定每一项特定合同利率所产生的成本。但是，使用无风险利率将无法提供有用的信息，因为所得出的利率将不能反映合同各方的特征。因此，IASB和FASB决定，企业应当应用企业与客户之间进行普通融资交易（即不涉及提供商品或服务）时所使用的利率作为折现率，因为该利率既反映了合同中取得融资一方的特征，也会反映客户的信用及其他风险。

但某些反馈意见者指出，确定企业与客户之间的单独融资交易所使用的折现率较为困难且成本较高，因为属于IFRS15范围的大多数企业均不会与其客户进行单独的融资交易。此外，拥有大量客户合同的企业针对每一个别客户确定一个特定折现率并不切实可行。针对这类疑虑，IASB和FASB指出，对于企业必须单独对融资成分进行会计处理的合同，企业及其客户通常会在考虑诸如通货膨胀率及客户信用风险等因素后单独议定合同付款条款。因此，企业应当能够获得充足的信息来确定企业与客户之间的单独融资交易所使用的折现率。

此外，某些反馈意见者询问企业在情况发生变化时是否应修订用于确定重大融资成分金额的折现率。IASB和FASB决定，企业不应就情况的变化更新折现率，这是因为企业仅应在交易价格的计量中反映在合同开始时确定的折现率，并且企业就折现率评估结果的变化更新交易价格并不切实可行。

④不考虑合同中存在的重大融资成分的情况。

此前GAAP的某些条款规定，仅在间隔期超过规定期间（往往是一年）时才要求企业确认涉及客户的重大融资成分的影响。出于政策一贯性的考虑，IASB和FASB决定在IFRS15中纳入类似的豁免，规定在企业向客户转让已承诺商品或服务与客户就此类商品或服务进行支付之间的间隔期间为一年或更短期间的情况下，无须对重大融资成分进行会计处理。

IASB和FASB承认，该豁免在某些情况下可能会导致武断的结果，因为融资成分对于隐含利率较高的短期合同而言可能是重大的；相反，对于隐含利率较低的长期合同而言则可能并不重大。然而，出于下列原因，IASB和FASB仍然决定豁免企业对预计存续期为一年或更短期间的合同的重大融资成分的影响进行会计处理：1）企业将无须就这些合同是否包含对其而言重大的融资成分特征作出结论，也无须确定这些合同隐含的利率，因此将大大简化实务操作。2）不考虑存续期为一年或更短期间的合同的重大融资成分对利润确认模式的影响是有限的。

【例 27A】合同承诺的对价金额与现销价格之间的差额是由于向客户或企业提供融资利益以外的其他原因所导致的（长期合同的保留条款）

大地基建为一家主要从事基础设施建设的公司，它与客户签订了一项铺设一条道路的合同，该合同规定在五年合同期内按企业履约的预定里程碑付款。履约义务将会在一定的时间内得到履行，并且预定的里程碑付款与企业所预期的履约情况相一致。该合同规定，客户保留整个合同期内每一里程碑付款的特定比例，当道路铺设完成之后才会将款项支付给企业。

大地基建根据上述信息认为，该合同并未包含重大融资成分。里程碑付款与企业的履约进度相一致，并且合同之中所规定的保留金额源自提供融资之外的其他原因。合同中保留每一里程碑付款的特定比例是为了保护客户的合法权益，避免承包商不能充分完成合同中规定的义务。

【例 27B】合同承诺的对价金额与现销价格之间的差额是由于向客户或企业提供融资利益以外的其他原因所导致的

云慧科技主要从事高新技术设备生产与技术支持，其与客户万里通信签订了一项合同，该合同约定云慧科技在为万里通信提供视频通话设备的同时，提供为期三年的视频通话技术支持和维修服务。视频通话技术支持和维修服务的额外对价为 500 万元，如果万里通信选择购买该项服务，则必须提前支付相关款项（即不可选择每月分期付款）。

云慧科技需要对所提供服务的性质及付款条款的目的进行考虑，以确定合同是否存在重大融资成分。具体而言，云慧科技需要考虑以下几个方面内容：其一，云慧科技收取一次性预付款的目的是最大限度地提高利润，而非从客户处获得融资；其二，如果客户可以选择每月分期付款，其续约的可能性将会降低，并且后续年度继续使用该支持服务的客户将减少，进而会导致客户群的多样性会降低；其三，如果客户采用每月分期付款而非支付预付款的方式，则将会倾向于更多地使用服务；其四，分期付款的方式将会增加云慧科技的管理成本。

云慧科技并未以为企业提供融资作为制定付款条款的主要目的。云慧科技就该服务收取一次性预付款是因为其他付款条款将影响企业提供服务所承担风险的性质，并且可能使得提供的服务不具有经济效益。根据上述分析，云慧科技认为该合同并不存在重大融资成分。

【例 28A】企业如何确定该重大融资成分的金额及重大融资成分的摊销——预付款

聚恒机械制造有限公司主营建筑机械、矿山机械、机床设备、民用机械等机械设备的研发与制造。20×0年1月1日，聚恒机械与晋城矿业签订了一批矿山机械设备合同。合同约定，聚恒机械于3年后向晋城矿业交付该批设备。合同中包含两种可供选择的付款方式，1）晋城矿业可以在3年后交付产品时支付578.8125万元；2）晋城矿业在合同签订时支付500万元。晋城矿业选择在合同签订时支付货款。该批产品的控制权在交货时转移。聚恒机械于20×0年1月1日收到晋城矿业支付的货款。上述价格均不包含增值税，且假定不考虑相关税费影响。

本例中，按照上述两种付款方式计算的内含利率为5%。考虑到晋城矿业付款时间和产品交付时间之间的间隔以及现行市场利率水平，聚恒机械认为该合同包含重大融资成分，在确定交易价格时，应当对合同承诺的对价金额进行调整，以反映该重大融资成分的影响。假定该融资费用不符合借款费用资本化的要求。聚恒机械的账务处理为：

（1）20×0年1月1日收到货款：

借：银行存款   5 000 000

  未确认融资费用   788 125

  贷：合同负债   5 788 125

（2）20×0年12月31日确认融资成分的影响：

借：财务费用（5 000 000×5%）   250 000

  贷：未确认融资费用   250 000

（3）20×1年12月31日确认融资成分的影响：

借：财务费用（5 250 000×5%）   262 500

  贷：未确认融资费用   262 500

（4）20×2年12月31日交付产品：

借：财务费用（5 512 500×5%）   275 625

  贷：未确认融资费用   275 625

借：合同负债   5 788 125

  贷：主营业务收入   5 788 125

【例28B】企业如何确定该重大融资成分的金额及重大融资成分的摊销——延期付款

巨力机械为一家从事大型机器设备制造和销售的公司。20×0年4月，巨力机械向客户大能工业销售一台大型机器设备，合同价款为66.55万元（不包含税费），约定该款项在交货后3年内支付。大能工业在合同开始时便获得该设备的控制权。合同规定客户可以在60天内退回产品。由于这是最新研发出的设备，因此没有有关该设备及相似产品的退货历史经验或其他可获得的市场证据。已知该设备的现销价格为50万元，成本为40万元。

根据以上信息，巨力机械不应在将设备转移给时确认收入，而应当于无条件退货期满后，即 60 天后确认设备销售收入。这是由于退货权的存在，且巨力机械缺乏相关的历史证据，这表明巨力机械无法确定已累计确认收入金额是否极可能不会发生重大转回。

除此之外，在本案例中，合同价款 66.55 万元与现金售价 50 万元之间存在差额，表明该合同包含重大融资成分，隐含利率为 10%。若巨力机械认为该利率与在合同开始时与大能工业进行单独的融资交易所使用的利率一致，那么折现率即为 10%。

假定不考虑相关税费，巨力机械会计分录如下：

（1）在合同开始，向大能工业转移设备时：

借：发出商品 400 000

　贷：库存商品 400 000

（2）60 天退货期满后，按折现后合同对价确认收入：

借：应收账款 500 000

　贷：主营业务收入 500 000

借：主营业务成本 400 000

　贷：发出商品 400 000

（3）在付款期限内，按实际利率 10% 分期确认利息收入：

借：应收账款 165 500

　贷：财务费用——利息收入 165 500

（4）大能工业实际支付款项时：

借：银行存款 665 500

　贷：应收账款 665 500

【例 28C】企业如何确定该重大融资成分的金额及重大融资成分的摊销——分期付款

互智科技为一家高科技设备制造和销售公司。20×0 年 1 月 1 日，互智科技与智通公司签订了一项高科技设备销售合同。合同约定，互智科技采用分期收款方式销售商品，该合同价款总计 112.23 万元，智通公司应于 20×0～20×2 年的 3 年内每年支付 37.41 万元。该设备的控制权在合同签订时即转移给客户，成本为 60 万元，在现销方式下，该设备价格为 100 万元。假定不考虑相关税费。

根据本例的资料，互智科技应当确认销售收入 100 万元。

根据下列公式：

未来 3 年收款额的现值 = 现销方式下应收款金额

可以得出：$37.41 \times (P/A, r, 3) = 100$

应用插值法可以算出折现率：$r = 6\%$

互智科技的会计处理如下：

（1）20×0年1月1日，销售设备时：

借：长期应收款　　　　　　　　　　　　　　　　　　1 122 300

　　贷：主营业务收入　　　　　　　　　　　　　　　　1 000 000

　　　　未实现融资收益　　　　　　　　　　　　　　　　122 300

借：主营业务成本　　　　　　　　　　　　　　　　　　600 000

　　贷：库存商品　　　　　　　　　　　　　　　　　　　600 000

（2）20×0年12月31日：

确认融资收益＝（112.23－12.23）×6%＝6（万元）

借：未实现融资收益　　　　　　　　　　　　　　　　　60 000

　　贷：财务费用　　　　　　　　　　　　　　　　　　　60 000

借：银行存款　　　　　　　　　　　　　　　　　　　　374 100

　　贷：长期应收款　　　　　　　　　　　　　　　　　　374 100

（3）20×1年12月31日：

确认融资收益＝［（112.23－37.41）－（12.23－6）］×6%＝4.12（万元）

借：未实现融资收益　　　　　　　　　　　　　　　　　41 200

　　贷：财务费用　　　　　　　　　　　　　　　　　　　41 200

借：银行存款　　　　　　　　　　　　　　　　　　　　374 100

　　贷：长期应收款　　　　　　　　　　　　　　　　　　374 100

（3）20×2年12月31日：

确认融资收益＝12.23－6－4.12＝2.11（万元）

借：未实现融资收益　　　　　　　　　　　　　　　　　21 100

　　贷：财务费用　　　　　　　　　　　　　　　　　　　21 100

借：银行存款　　　　　　　　　　　　　　　　　　　　374 100

　　贷：长期应收款　　　　　　　　　　　　　　　　　　374 100

【例29】确定折现率

沿用【例28C】，互智科技与智通公司签订了一项高科技设备销售合同。该设备的控制权在合同签订时即转移给客户智通公司。合同规定价格为100万元，合同利率为6%。合同价款分3年支付，每年须支付37.41万元。

（1）合同折现率反映单独的融资交易的利率。

若互智科技认为6%的合同利率反映在合同开始时与智通公司进行单独的融资交易所使用的利率（即6%的合同利率反映智通公司的信用特征），那么该项融资符合市场条款，意味着该设备的现销价格为100万元，应当在设备的控制权转移给智通公司时按该金额确认为收入及应收款项。

（2）合同折现率并未反映单独的融资交易的利率。

若互智科技公司认为6%的合同利率明显低于在同开始时与智通公司进行单独的融资交易所使用的10%利率（即6%的合同利率并未反映B公司的信用特

征）。这表明现金售价低于 100 万元。根据准则规定，互智科技应当使用反映客户信用的 10% 的利率调整反映合同付款额的已承诺对价金额来确定交易价格。因此互智科技应将交易价格调整为 93 万元[37.41×（P/A，10%，3）]，按 93 万元确认收入及应收款项。

第十八条 客户支付非现金对价的，企业应当按照非现金对价的公允价值确定交易价格[1][2]。非现金对价的公允价值不能合理估计的，企业应当参照其承诺向客户转让商品的单独售价间接确定交易价格[3]。非现金对价的公允价值因对价形式以外的原因而发生变动的，应当作为可变对价，按照本准则第十六条规定进行会计处理[4]。

单独售价，是指企业向客户单独销售商品的价格。

【注释】

①准则由来：IASB 和 FASB 决定，当企业因交付商品或服务而取得客户支付的现金时，交易价格（以及由此确定的收入金额）应为企业所取得的现金金额（即所取得资产的价值）。为与该方法保持一致，企业应按公允价值计量非现金对价。非现金形式的对价通常包括实物资产、无形资产、股权、客户提供的广告服务等。

②企业在向客户转让商品的同时，如果客户向企业投入材料、设备或人工等商品，以协助企业履行合同，企业应当评估其是否取得了对这些商品的控制权，取得这些商品控制权的，企业应当将这些商品作为从客户收取的非现金对价进行会计处理。

③准则联系：如果企业无法合理估计非现金对价的公允价值，则应参照为获取对价而承诺的商品或服务的单独售价来间接计量已承诺的对价。该方法与财政部 2019 年 5 月 9 日发布的修订后《企业会计准则第 7 号——非货币性资产交换》中，为换入资产而放弃的资产的公允价值能更可靠地估计的其他情况的要求均保持一致。此外，《企业会计准则第 11 号——股份支付》规定，"其他方服务的公允价值不能可靠计量但权益工具公允价值能够可靠计量的，应当按照权益工具在服务取得日的公允价值，计入相关成本或费用，相应增加所有者权益"。

④非现金对价的公允价值可能会因对价的形式而发生变动（例如，企业有权向客户收取的对价是股票，股票本身的价格会发生变动），也可能会因为其形式以外的原因而发生变动（例如，企业有权收取非现金对价的公允价值因企业的履约情况而发生变动）。合同开始日后，非现金对价的公允价值因对价形式以外的原因而发生变动的，应当作为可变对价，按照与计入交易价格的可变对价金额的限制条件相关的规定进行处理；合同开始日后，非现金对价的公允价值因对价形式而发生变动的，该变动金额不应计入交易价格。有关此类情况的例题详见【例 30】。

【例30】　合同开始日后，非现金对价的公允价值因对价形式而发生变动的，该变动金额不应计入交易价格

白云建设主要从事生态艺术道路的铺装，其与天河集团签订了固定造价合同，该合同约定由白云建设为天河集团在其园区内铺设一条生态艺术道路，并且如果该工程能获得优质工程奖，则可以额外获得 5 000 股天河集团的股票作为奖励。合同开始日，该股票的价格为每股 6 元；由于缺乏执行类似合同的经验，当日，白云建设估计，该 5 000 股股票的公允价值计入交易价格将不满足累计已确认的收入极可能不会发生重大转回的限制条件。次年，该工程获得了优质工程奖，白云建设因此获得了 5 000 股股票，该股票在此时的价格为每股 7 元。假定企业将该股票作为以公允价值计量且其变动计入当期损益的金融资产。

本例中，合同开始日，该股票的价格为每股 6 元，由于缺乏执行类似合同的经验，当日，白云建设估计，该 5 000 股股票的公允价值计入交易价格将不满足累计已确认的收入极可能不会发生重大转回的限制条件，因此，白云建设不应将该 5 000 股股票的公允价值 30 000 元计入交易价格。次年，白云建设获得了 5 000 股股票，该股票在此时的价格为每股 7 元。白云建设应当将股票（非现金对价）的公允价值因对价形式以外的原因而发生的变动，即 30 000 元（6 × 5 000）确认为收入，因对价形式原因而发生的变动，即 5 000 元（35 000 − 30 000）计入公允价值变动损益。

第十九条　企业应付客户（或向客户购买本企业商品的第三方，本条下同）对价的，应当将该应付对价冲减交易价格[①]，并在确认相关收入与支付（或承诺支付）客户对价二者孰晚的时点冲减当期收入[②]，但应付客户对价是为了向客户取得其他可明确区分商品的除外。

企业应付客户对价是为了向客户取得其他可明确区分商品的，应当采用与本企业其他采购相一致的方式确认所购买的商品[③]。企业应付客户对价超过向客户取得可明确区分商品公允价值的，超过金额应当冲减交易价格[④⑤]。向客户取得的可明确区分商品公允价值不能合理估计的，企业应当将应付客户对价全额冲减交易价格[⑥]。

【注释】

①这里的应付客户对价还包括可以抵减应付企业金额的相关项目金额，如优惠券、兑换券等。在某些情况下，企业将向客户或向客户购买本企业商品的第三方支付对价（这里的第三方通常指向企业的客户购买本企业商品的一方，即处于企业分销链上的"客户的客户"，例如，企业将其生产的产品销售给经销商，经销商再将这些产品销售给最终用户，最终用户即是第三方。有时，企业需要向其支付款项的第三方是本企业客户的客户，但处于企业分销链之外，如果企业认为该第三方也是本企业的客户，或者根据企业与其客户的合同约定，企业有义务向

该第三方支付款项，则企业向该第三方支付的款项也应被视为应付客户对价进行会计处理）。

②**准则由来**：IASB 指出，如果将应付客户对价的支付作为交易价格的抵减进行会计处理，企业会在其履行相关履约义务时确认较少的收入。然而在某些情况下，企业承诺仅当已履行其履约义务且已确认收入之后才向客户支付对价。如果属于这种情况，收入的抵减应立即予以确认。因此，收入的抵减应在以下二者中较晚发生的事件发生时确认：1）企业向客户转让商品或服务时；2）企业承诺支付对价时。通过使用"承诺支付"的表述，IASB 和 FASB 明确了企业应当在交易价格中反映取决于未来事件的应付客户对价。

例如，企业预先向客户承诺，如果客户购买商品达到 100 件，则企业向客户付款 10 万元，而客户购买量不一定会达到 100 件，那么，企业应该直到客户购买商品达到 100 件时，立即冲减当期收入 10 万元。又如，假设在客户购买量达到 100 件时，企业才承诺向客户付款 10 万元，则企业应在作出承诺时冲减当期收入 10 万元。

③**准则由来**：企业将向客户或向客户购买本企业商品的第三方支付的对价可采用下列形式：1）为换取客户提供的商品或服务而进行的支付；2）就向客户提供的商品或服务给予的折扣；3）上述两者的结合。

为协助企业区分上述形式的支付，IASB 和 FASB 规定，仅在所取得的商品或服务可明确区分的情况下，企业才应采用与向供应商进行的其他购买相同的方式来对此类商品或服务进行会计处理。

④**实施指引**：企业应付客户对价是为了自客户取得其他可明确区分商品的，应当采用与企业其他采购相一致的方式确认所购买的商品。企业应付客户对价超过自客户取得的可明确区分商品公允价值的，超过金额应当作为应付客户对价冲减交易价格。自客户取得的可明确区分商品公允价值不能合理估计的，企业应当将应付客户对价全额冲减交易价格。

⑤**准则由来**：就商品或服务从客户收取的对价金额与就商品或服务向该客户支付的对价金额之间可能相互关联。例如，假如客户不会取得企业的付款，该客户可能会为企业提供的商品或服务支付更高的金额。因此，IASB 和 FASB 规定，为在这种情况下如实地反映收入，作为就所取得的商品或服务支付给客户的付款处理的任何金额，应当以这些商品或服务的公允价值为限，任何超过公允价值的部分应确认为交易价格的抵减。

⑥**经济后果**：这样处理体现了避免高估收入的谨慎性原则。

【例 31】应付客户对价冲减交易价格

浪萍服饰与大型连锁商场万河集团签订了一项一年期的商品销售合同。万河集团承诺在年内购买至少 5 000 000 元的产品。合同同时规定浪萍服饰须在合同开始时向万河集团支付 500 000 元的不可返回款项。该笔 500 000 元的款项旨在就万河集团需更改场地设计风格以使其适合放置其服饰向万河集团作出补偿。浪萍服饰认为，向万河集团支付的该笔款项并非旨在取得万河集团向浪萍服饰转让的可明确区分的商品或服务。这是因为浪萍服饰并未取得对万河集团货架任何相关权利的控制。因此，浪萍服饰认为，该应付对价 500 000 元应在浪萍服饰确认转让商品的收入时作为交易价格的抵减进行会计处理。

浪萍服饰在向万河集团转让商品时，应将每一商品的交易价格减少 10%（500 000 ÷ 5 000 000）。因此，在浪萍服饰向万河集团转让商品的第一个月，浪萍服饰确认了 4 500 000 元的收入（发票金额 5 000 000 元，减去应付给万河集团的对价 500 000 元）。

第二十条[①]　合同中包含两项或多项履约义务的，企业应当在合同开始日，按照各单项履约义务所承诺商品的单独售价的相对比例，将交易价格分摊至各单项履约义务[②]。企业不得因合同开始日之后单独售价的变动而重新分摊交易价格[③]。

【注释】

①将交易价格分摊至各单项履约义务是收入确认"五步法"模型的第四步。

②**准则由来：**IASB 和 FASB 规定，企业通常应当在合同开始时，按照与每一项履约义务相关的商品或服务的单独售价的比例（即基于单独售价的相对比例）将交易价格分摊至所有履约义务，因为在大多数情况下，基于单独售价进行的分摊能够如实地反映适用于已承诺商品或服务的不同利润。

基于单独售价分摊交易价格的简单应用详见【例 32】。

③在合同开始后，交易价格可能因各种原因而发生变动，这些原因包括不确定事项的消除或导致企业预计因交付已承诺商品或服务而有权获得的对价金额改变的其他变化。企业应当运用在合同开始时所采用的基础将交易价格的后续变动分摊至合同中的履约义务。因此，企业不应重新分摊交易价格以反映单独售价在合同开始后的变动。在交易价格发生变动的期间，分摊至已履行的履约义务的金额应确认为收入的增加或减少。

【例 32】基于单独售价分摊交易价格

锦云服饰与惠资服装零售订立一项合同，以 600 元的价格出售产品 A、B 和 C 三种服饰。锦云服饰将在不同时点履行针对各项产品的履约义务。锦云服饰定期单独出售产品 A，因此单独售价可直接观察。产品 B 和 C 的单独售价不可直接观察。

由于产品 B 和 C 的单独售价不可直接观察，锦云服饰必须对其进行估计。为估计单独售价，企业针对产品 B 采用经调整的市场评估法，并针对产品 C 采用预计成本加毛利法。具体来说，产品 B 同类商品的市场售价为 300 元，锦云服饰为国内龙头企业，由于较好的信用和产品质量，深得消费者喜爱。因此其毛利率高于市场平均水平，公司认为 B 产品的估计交易价格可以在市场售价的基础上，上调 10%。产品 C 是最新推出的产品系列，既没有单独售价，也没有市场同类产品，公司决定采用成本加成法进行估计。产品 C 生产成本为 100 元，公司平均毛利率为 50%。

锦云服饰对这三种产品单独售价的估计如表 1-2 所示。

表 1-2 各产品的单独售价的估计

产品	单独售价（元）	方法
A	200	可直接观察
B	330	经调整的市场评估法
C	150	预计成本加毛利法
合计	680	—

由于单独售价之和（680 元）超过所承诺的对价（600 元），因此惠资服装零售实际上是因购买一揽子商品的而获得了折扣。锦云服饰考虑了其是否有关于全部折扣归属于哪一项履约义务的可观察证据，且得出其并没有相关可观察证据的结论。相应地，需要将折扣在产品 A、B 和 C 之间按比例进行分摊。因此，该折扣的分摊和分摊后的交易价格如表 1-3 所示。

表 1-3 各产品分摊后交易价格

产品	分摊后的交易价格（元）	依据
A	177	200÷680×600
B	291	330÷680×600
C	132	150÷680×600
合计	600	—

第二十一条 企业在类似环境下向类似客户单独销售商品的价格，应作为确定该商品单独售价的最佳证据[①]。单独售价无法直接观察的，企业应当综合考虑其能够合理取得的全部相关信息，采用市场调整法、成本加成法、余值法等方法合理估计单独售价。在估计单独售价时，企业应当最大限度地采用可观察的输入值，并对类似的情况采用一致的估计方法[②]。

市场调整法，是指企业根据某商品或类似商品的市场售价考虑本企业的成本和毛利等进行适当调整后，确定其单独售价的方法[③]。

成本加成法，是指企业根据某商品的预计成本加上其合理毛利后的价格，确定其单独售价的方法[④]。

余值法，是指企业根据合同交易价格减去合同中其他商品可观察的单独售价后的余值，确定某商品单独售价的方法⑤。

【注释】

①根据本准则第十八条规定，单独售价，是指企业向客户单独销售商品的价格。企业在类似环境下向类似客户单独销售某商品的价格，应作为确定该商品单独售价的最佳证据。合同或价目表上的标价可能是商品的单独售价，但不能默认其一定是该商品的单独售价。例如，企业为其销售的产品制定了标准价格，但是，在实务中经常以低于该标准价格的折扣价格对外销售，此时，企业在估计该产品的单独售价时，应当考虑这一因素。

②准则由来：IASB 和 FASB 认为，许多企业可能已具备完善的流程，基于合理可获得的数据点、市场对价和企业特定的因素的影响确定单独售价。然而，其他企业可能需要制定相应流程以估计通常不单独出售的商品或服务的单独售价。IASB 和 FASB 规定，在制定这些流程时企业应当基于特定事实和情况考虑所有合理可获得的信息。这些信息包括：1）合理可获得的数据点（例如商品或服务的单独售价、生产或提供商品或服务所发生的成本、相关的利润率、已公布的价格清单、第三方或行业定价，以及同一合同中其他商品或服务的定价）；2）市场状况（例如，市场内商品或服务的供求情况、竞争、限制和趋势）；3）企业特定的因素（例如，企业定价策略和实务）；4）有关客户或客户类型的信息（例如，客户类型、所在地区和分销渠道）。企业应当考虑上述因素，采用市场调整法、成本加成法、余值法等方法合理估计单独售价。

③市场调整法，是指企业根据某商品或类似商品的市场售价，考虑本企业的成本和毛利等进行适当调整后的金额，确定其单独售价的方法。企业可以对其销售商品的市场进行评估，进而估计客户在该市场上购买本企业的商品所愿意支付的价格，也可以参考其竞争对手销售类似商品的价格，并在此基础上进行必要调整以反映本企业的成本及毛利。

④成本加成法，是指企业根据某商品的预计成本加上其合理毛利后的金额，确定其单独售价的方法。其中，预计成本应当与企业在定价时通常会考虑的成本因素一致，既包括直接成本，也包括间接成本；企业在确定合理毛利时，应当考虑的因素包括类似商品单独售价的毛利水平、行业内的历史毛利水平、行业平均售价、市场情况及企业的利润目标等。

⑤有关余值法的解释与应用详见本准则第二十二条。

第二十二条　企业在商品近期售价波动幅度巨大，或者因未定价且未曾单独销售而使售价无法可靠确定时，可采用余值法估计其单独售价①②。

【注释】

①准则由来：IFRS15 规定，企业可以使用交易价格总额减去合同所承诺的其他商品或服务的可观察单独售价总和后的余额（即"余值法"）来估计相关商品的单独售价。但是，企业只有在满足下列标准之一时才可采用余值法估计商品的单独售价：1）企业（在同一时间或接近同一时间）以差异范围较大的金额向不同客户出售同一种商品或服务（即"近期售价波动幅度巨大"），此类情况下，企业无法从以往的交易或其他可观察的证据中识别出具有代表性的单独售价；2）企业尚未对该商品或服务进行定价，且该商品或服务之前未曾单独出售过，此类情况下，企业也无法确定销售价格（即"因未定价且未曾单独销售而使售价无法可靠确定"）。

在明确上述采用余值法的情况的讨论中，IASB 和 FASB 特别指出，企业在确定合同中的知识产权及其他无形产品单独售价时可能面临较大的挑战。在这一类安排中，价格的可变程度可能极高，因为企业在向客户提供这些商品或服务时没有或者只有很少的增量成本。在这种情况下，确定合同中单独售价的最可靠方式通常是使用余值法。出于同样的原因，IASB 和 FASB 指出，在企业确定之前没有单独出售过的商品的售价的情况下，余值法可能是适当的。

关于余值法的简单运用详见【例33】。

②大多数反馈意见者同意 IASB 和 FASB 关于余值法的建议，某些反馈意见者（尤其是软件行业的反馈意见者）要求 IASB 和 FASB 明确，在合同中有多于一个商品或服务具有可变程度极高或不确定的单独售价的情形下是否可使用余值法。例如，某项合同可能包括三项或以上的履约义务，并且其中至少一项履约义务具有可观察的单独售价。

IASB 和 FASB 决定，即使合同包括多于一个具有可变程度极高或不确定单独售价的商品或服务，也不应禁止企业应用余值法，因为其仍可能是确定单独售价的可靠方法。然而，IASB 和 FASB 认为，当存在两个或多个具有可变程度极高或不确定单独售价的商品或服务时，使用余值法可能要求企业结合运用多种方法来估计单独售价，具体操作如下：1）首先应用余值法估计具有可变程度极高或不确定的单独售价的所有已承诺商品或服务的单独售价的总和；2）随后使用另一种方法估计每一项具有可变程度极高或不确定的单独售价的已承诺商品或服务的单独售价。

【例33】余值法的简单运用

沿用【例32】情形，锦云服饰与惠资服装零售订立一项出售产品 A、B 和 C 的合同。合同同时包含转让产品 D 的承诺。

（1）适用余值法。

上述合同的总对价为 900 元。由于锦云服饰向不同客户出售产品 D 的价格差异范围较大（从 150～450 元不等），因此产品 D 的单独售价可变程度极高。据此，锦云服饰决定采用余值法估计产品 D 的单独售价。通过余值法，锦云服饰估计产品 D 的售价为 300 元，具体如表 1 - 4 所示。

表 1 - 4　　　　　　　　　余值法下 D 产品的单独售价

产品	单独售价（元）	方法
A	177	可直接观察
B	291	经调整的市场评估法
C	132	预计成本加毛利法
D	300	余值法
合计	900	—

（2）不适用余值法。

假定上述合同的交易价格为 650 元而非 900 元。相应地，采用余值法将导致产品 D 的单独售价为 50 元（650 - 600）。锦云服饰认为，50 元不能如实反映锦云服饰履行转让产品 D 的履约义务而预计有权获得的对价金额，因为 50 元并不接近产品 D 的单独售价，产品 D 的单独售价为 150 ~ 450 元。所以，锦云服饰复核其可观察数据（包括销售和利润报告），以采用其他合适的方法估计产品 D 的单独售价。

第二十三条　对于合同折扣，企业应当在各单项履约义务之间按比例分摊①。

有确凿证据表明合同折扣仅与合同中一项或多项（而非全部）履约义务相关的，企业应当将该合同折扣分摊至相关一项或多项履约义务②③。

合同折扣仅与合同中一项或多项（而非全部）履约义务相关，且企业采用余值法估计单独售价的，应当首先按照前款规定在该一项或多项（而非全部）履约义务之间分摊合同折扣，然后采用余值法估计单独售价④。

合同折扣，是指合同中各单项履约义务所承诺商品的单独售价之和高于合同交易价格的金额⑤。

【注释】

①当客户购买的一组商品中所包含的各单项商品的单独售价之和高于合同交易价格时，表明客户因购买该组商品而取得了合同折扣。

准则由来：IASB 指出，除本条规定的将合同折扣分摊至一项或多项（而非全部）履约义务的情况外，企业应将该折扣按比例分摊至合同中的所有履约义务。按比例分摊折扣的根本原因在于：企业须基于相关可明确区分的商品或服务单独售价的相对比例将交易价格分摊至每一项履约义务。

②**准则由来**：IFRS15 规定，如果符合下列所有标准，则企业应将折扣全部

分摊至合同中的一项或多项（而非全部）履约义务：

1）企业经常单独出售合同中每一项可明确区分的商品或服务（或每项可明确区分的一揽子商品或服务）。

2）企业也经常将其中部分可明确区分的商品或服务作为一揽子商品或服务单独出售，其售价相对于该一揽子商品或服务中各项商品或服务的单独售价而言是一个折扣价。

3）上述2）中所述的归属于每项一揽子商品或服务的折扣与合同中的折扣基本相同，且针对每项一揽子商品或服务中的商品或服务所作的分析就合同的全部折扣归属于哪一项（或哪几项）履约义务提供了可观察的证据。

关于如何对此类折扣的分摊进行认定详见【例34】。

③**准则由来**：某些反馈意见者质疑本条【注释】②中有关分摊折扣的要求是否过于严格，并会因此产生与某些交易的经济实质不一致的结果。然而，IASB和FASB指出，纳入这些要求是为了保持单独售价分摊的严谨性和规范性，从而适当限制折扣不应按比例分摊至合同中所有履约义务的情况。IASB和FASB同时指出，本条【注释】②通常适用于包含至少三项履约义务的合同。这是因为如果企业可获得一组已承诺商品或服务在共同出售时的单独售价的可观察信息，则企业将能够证明折扣涉及两项或多项履约义务。IASB和FASB指出，企业可能具备充足的证据以能够按照本条【注释】②的标准将折扣仅分摊至一项履约义务，但这种情况将极少发生。

④合同折扣仅与合同中一项或多项（而非全部）履约义务相关，且企业采用余值法估计单独售价的情况下，企业的处理详见【例35】。

⑤**编者语**：此处对于合同折扣的定义似乎存在某种逻辑上的悖论。试想这样一种情况：合同由一项具有单独售价 a 的A商品和一项需要以余值法估计单独售价的B商品构成，那么，B商品的单独售价 b 应由合同整体交易价格 c 减去A商品单独售价 a 确定，即 $b = c - a$。那么，合同中各单项履约义务所承诺商品的单独售价之和 $a + b = a + (c - a) = c$ 作为合同整体交易价格，**即合同折扣在余值法估计单独售价的情况下一般是不存在的**。

当然，上述示例存在一种例外情况，即合同条款中对折扣做出明确规范（例如5折）的情况。若折扣仅与A商品有关，则B商品的单独售价为 $b = c - 0.5a$，合同中各单项履约义务所承诺商品的单独售价之和为 $a + b = a + (c - 0.5a) = c + 0.5a$，合同折扣为 $(c + 0.5a) - c = 0.5a$。若折扣与A、B商品都有关，则B商品的单独售价为 $b = (c - 0.5a)/0.5 = 2c - a$，合同中各单项履约义务所承诺商品的单独售价之和为 $a + b = a + (2c - a) = 2c$，合同折扣为 $2c - c = c$。

【**例34**】对折扣分摊的认定

康泰保健是主营保健品的生产与销售的公司，与客户同健药品签订合同，向其销售A、B、C三种保健品，合同总价款为120万元，这三种产品构成三项履约义务。康泰保健经常以 50 万元单独出售保健品 A，其单独售价可直接观察；保健品 B 和保健品 C 的单独售价不可直接观察，康泰保健采用市场调整法估计的保健品 B 单独售价为 25 万元，采用成本加成法估计的保健品 C 单独售价为 75 万元。康泰保健通常以 50 万元的价格单独销售保健品 A，并将保健品 B 和保健品 C 组合在一起以 70 万元的价格销售。上述价格均不包含增值税。

本例中，三种保健品的单独售价合计为 150 万元，而该合同的价格为 120 万元，该合同的整体折扣为 30 万元。由于康泰保健经常将 B 产品和 C 产品组合在一起以 70 万元的价格销售，该价格与其单独售价之和（100 万元）的差额为 30 万元，与该合同的整体折扣一致，而保健品 A 单独销售的价格与其单独售价一致，证明该合同的整体折扣仅应归属于保健品 B 和保健品 C。因此，在该合同下，分摊至保健品 A 的交易价格为 50 万元，分摊至保健品 B 和保健品 C 的交易价格合计为 70 万元，康泰保健应当进一步按照保健品 B 和保健品 C 的单独售价的相对比例将该价格在二者之间进行分摊：保健品 B 应分摊的交易价格为 17.5 万元（$25 \div 100 \times 70$），C 产品应分摊的交易价格为 52.5 万元（$75 \div 100 \times 70$）。

【例35】合同折扣仅与合同中一项或多项（而非全部）履约义务相关，且企业采用余值法估计单独售价的情况下，企业如何进行处理

沿用【例34】情形，A、B、C 三种保健品的单独售价均不变，合计为 150 万元，B、C 保健品组合销售的折扣仍为 30 万元。但是，合同总价款为 160 万元，康泰保健与该客户签订的合同中还包括销售保健品 D。保健品 D 的价格波动巨大，康泰保健向不同的客户单独销售保健品 D 的价格在 20 万~60 万元。

本例中，由于保健品 D 价格波动巨大，康泰保健计划用余值法估计其单独售价。由于合同折扣 30 万元仅与保健品 B、C 有关，因此，康泰保健首先应当在保健品 B、C 之间分摊合同折扣。保健品 A、B 和 C 在分摊了合同折扣之后的单独售价分别为 50 万元、17.5 万元和 52.5 万元，合计为 120 万元。然后，康泰保健公司采用余值法估计保健品 D 的单独售价为 40 万元（160－120），该金额在康泰保健以往单独销售保健品 D 的价格区间之内，表明该分摊结果符合分摊交易价格的目标，即该金额能够反映康泰保健因转让保健品 D 而预期有权收取的对价金额。

假定合同总价款不是 160 万元，而是 125 万元时，康泰保健公司采用余值法估计的保健品 D 的单独售价仅为 5 万元（125－120），该金额在康泰保健过往单独销售保健品 D 的价格区间之外，表明该分摊结果可能不符合分摊交易价格的目标，即该金额不能反映康泰保健因转让保健品 D 而预期有权收取的对价金额。在这种情况下，用余值法估计保健品 D 的单独售价可能是不恰当的，康泰保健应当考虑采用其他的方法估计保健品 D 的单独售价。

第二十四条　对于可变对价及可变对价的后续变动额，企业应当按照本准则

第二十条至第二十三条规定，将其分摊至与之相关的一项或多项履约义务，或者分摊至构成单项履约义务的一系列可明确区分商品中的一项或多项商品①。

对于已履行的履约义务，其分摊的可变对价后续变动额应当调整变动当期的收入②。

【注释】

①合同中包含可变对价的，该可变对价可能与整个合同相关，也可能仅与合同中的某一特定组成部分有关，仅与合同中的某一特定组成部分相关包括两种情形：一是可变对价可能与合同中的一项或多项（而非全部）履约义务有关，例如，是否获得奖金取决于企业能否在指定时期内转让某项已承诺的商品；二是可变对价可能与企业向客户转让的构成单项履约义务的一系列可明确区分商品中的一项或多项（而非全部）商品有关，例如，为期两年的保洁服务合同中，第二年的服务价格将根据指定的通货膨胀率确定。

同时满足下列两项条件的，企业应当将可变对价及可变对价的后续变动额全部分摊至与之相关的某项履约义务，或者构成单项履约义务的一系列可明确区分商品中的某项商品：一是可变对价的条款专门针对企业为履行该项履约义务或转让该项可明确区分商品所作的努力（或者是履行该项履约义务或转让该项可明确区分商品所导致的特定结果）；二是企业在考虑了合同中的全部履约义务及支付条款后，将合同对价中的可变金额全部分摊至该项履约义务或该项可明确区分商品符合分摊交易价格的目标。对于不满足上述条件的可变对价及可变对价的后续变动额，以及可变对价及其后续变动额中未满足上述条件的剩余部分，企业应当按照分摊交易价格的一般原则，将其分摊至合同中的各单项履约义务。

②准则由来：IASB指出，企业应当运用在合同开始时所采用的基础将交易价格的后续变动分摊至合同中的履约义务。因此，企业不应重新分摊交易价格以反映单独售价在合同开始后的变动。在交易价格发生变动的期间，分摊至已履行的履约义务的金额应确认为收入的增加和减少。

【例36】分摊可变对价

20×0年11月20日，大成机械与晋城制造签订合同，将其拥有的两项专利技术 X 和 Y 授权给晋城制造使用。X 和 Y 两项授权分别构成单项履约义务，且均属于在某一时点履行的履约义务。合同约定，X 和 Y 两项专利技术分别于20×0年12月1日和20×1年2月1日授权给晋城制造。合同约定的对价包括100 000元的固定对价（X 单独售价为40 000元，Y 单独售价为60 000元）和估计金额为10 000元的可变对价。假定大成机械将10 000元的可变对价计入交易价格，满足本准则有关将可变对价金额计入交易价格的限制条件。因此，该合同的交易价格为110 000元。上述价格均不包含增值税。

本例中，在合同开始日，该合同包含两项履约义务，大成机械应当将估计的交易价格分摊至这两项履约义务。由于可变对价不符合分摊至其中一项履约义务的条件，因此，X 的交易价格为 44 000 元（40 000 + 40 000 ÷ 100 000 × 10 000），Y 的交易价格为 66 000 元（60 000 + 60 000 ÷ 100 000 × 10 000）。

20×0 年 12 月 1 日，将 X 授权给客户晋城制造时，大成机械相应确认收入44 000 元。

第二十五条　合同变更之后发生可变对价后续变动的，企业应当区分下列三种情形分别进行会计处理[①]：

（一）合同变更属于本准则第八条（一）规定情形的，企业应当判断可变对价后续变动与哪一项合同相关并按照本准则第二十四条规定进行会计处理[②]。

（二）合同变更属于本准则第八条（二）规定情形，且可变对价后续变动与合同变更前已承诺可变对价相关的，企业应当首先将该可变对价后续变动额以原合同开始日确定的基础进行分摊，然后再将分摊至合同变更日尚未履行履约义务的该可变对价后续变动额以新合同开始日确定的基础进行二次分摊[③]。

（三）合同变更之后发生除本条（一）、（二）规定情形以外的可变对价后续变动的，企业应当将该可变对价后续变动额分摊至合同变更日尚未履行的履约义务。[④]

【注释】

①本条规定的可变对价后续变动的处理，与合同变更的不同情形密切相关。

②根据本准则第八条（一）规定，此情形下合同的变更应当作为一份单独的合同进行会计处理。所以，对于可变对价的后续变动，应该确认其是归属于合同变更后产生的新合同还是原合同中的履约义务，并参照本准则第二十四条的规定进行处理。

③根据本准则第八条（二）规定，此情形下合同的变更应当视为原合同终止，同时，将原合同未履约部分与合同变更部分合并为新合同进行会计处理。如果可变对价后续变动与合同变更前的承诺有关，则企业应首先在原合同基础上，按照本准则第二十四条规定，在原合同已履约部分和未履约部分之间对可变对价的后续变动进行分摊。随后，企业应以上述分摊至原合同未履约部分的可变对价后续变动为基础，在新合同中包含的原合同未履约义务与新增履约义务之间进行二次分摊。

关于此类情形下可变对价后续变动的会计处理详见【例37】。

④本款描述情形包括：

1）本准则第八条（三）规定的合同变更部分应作为原合同组成部分的情形。此情形下，合同变更日已转让的商品与未转让的商品之间不可明确区分，因此企业应当将该可变对价后续变动额分摊至合同变更日尚未履行的履约义务。

2）虽然合同变更情形符合第八条（二）规定，但可变对价后续变动并非与合同变更前已承诺可变对价相关的情形。在此情况下，可变对价的后续变动可能与新承诺的履约义务相关，因此应当直接以新合同为基础进行分摊。

【例37】合同变更之后发生可变对价后续变动的情况

沿用【例36】情形，20×0年12月5日，双方对合同范围进行了变更，晋城制造向大成机械额外购买Z专利技术授权，合同价格增加10 000元，Z专利技术与X、Y可明确区分，但该增加的价格不反映Z专利技术的单独售价。Z专利的单独售价为60 000元。Z专利将于20×1年3月1日授权给晋城制造。

20×0年12月31日，企业预计有权收取的可变对价的估计金额由10 000元变更为15 000元，该金额符合将可变对价金额计入交易价格的限制条件。因此，合同的交易价格增加了5 000元，且大成机械认为该增加额与合同变更前已承诺的可变对价相关。

20×0年12月5日，双方进行了合同变更。该合同变更属于本准则第八条规定的第（二）种情形，因此该合同变更应当作为原合同终止，并将原合同的未履约部分与合同变更部分合并为新合同进行会计处理。在该新合同下，合同的交易价格为76 000元（66 000＋10 000），由于专利技术Z和Y的单独售价相同，分摊至专利技术Z和Y的交易价格的金额均为38 000元（如表1-5所示）。

表1-5 各项专利技术的固定价格分摊及依据

专利技术	固定价格分摊（元）	依据
X	—	该合同变更应当作为原合同终止
Y	38 000	（60 000÷120 000）×（66 000＋10 000）
Z	38 000	（60 000÷120 000）×（66 000＋10 000）
合计	76 000	—

20×0年12月31日，大成机械重新估计可变对价，增加了交易价格5 000元。由于该增加额与合同变更前已承诺的可变对价相关，因此应首先将该增加额分摊给X和Y两种专利技术，之后再将分摊给Y专利技术的部分在Y专利技术和Z专利技术形成的新合同中进行二次分摊。由于大成机械已经转让了X专利技术，在交易价格发生变动的当期即应将分摊至X专利技术的2 000元（40 000÷100 000×5 000），确认为收入。之后，大成机械将分摊至Y专利技术的3 000元平均分摊至Y专利技术和Z专利技术，即各自分摊的金额为1 500元（如表1-6所示）。经过上述分摊后，Y专利技术和Z专利技术的交易价格金额均为39 500元（38 000＋1 500）。因此，大成机械分别在Y专利技术和Z专利技术控制权转移时确认收入39 500元。

表 1－6　　　　　　　　各项专利技术的可变对价分摊及依据

专利技术	可变对价分摊（元）	依据
X	2 000	40 000 ÷ 100 000 × 5 000
Y	1 500	（60 000 ÷ 100 000 × 5 000）× 0.5
Z	1 500	（60 000 ÷ 100 000 × 5 000）× 0.5
合计	900	—

第四章 合同成本

第二十六条 企业为履行合同发生的成本不属于其他企业会计准则规范范围且同时满足下列条件的，应当作为合同履约成本确认为一项资产[①]：

（一）该成本与一份当前或预期取得的合同直接相关，包括直接人工、直接材料、制造费用（或类似费用）、明确由客户承担的成本以及仅因该合同而发生的其他成本[②]。

（二）该成本增加了企业未来用于履行履约义务的资源。

（三）该成本预期能够收回。[③④]

【注释】

①准则由来：根据IFRS15，只有能够形成用于在未来履行履约义务的资源、且预计可收回的成本才符合确认为资产的条件。这便确保了只有符合资产定义的成本才能确认为资产，从而使得企业不得仅为了利润平滑而递延成本。为了明确确认和准确计量履行合同的成本所形成的资产，IASB和FASB规定，只有与合同直接相关的成本才应纳入相关资产的成本。

②与合同直接相关的成本包括直接人工（例如，支付给直接为客户提供所承诺服务的人员的工资、奖金等）、直接材料（例如，为履行合同耗用的原材料、辅助材料、构配件、零件、半成品的成本和周转材料的摊销及租赁费用等）、制造费用（或类似费用，例如，组织和管理相关生产、施工、服务等活动发生的费用，包括管理人员的职工薪酬、劳动保护费、固定资产折旧费及修理费、物料消耗、取暖费、水电费、办公费、差旅费、财产保险费、工程保修费、排污费、临时设施摊销费等）、明确由客户承担的成本，以及仅因该合同而发生的其他成本（例如，支付给分包商的成本、机械使用费、设计和技术援助费用、施工现场二次搬运费、生产工具和用具使用费、检验试验费、工程定位复测费、工程点交费用、场地清理费等）。

③实施指引：企业应当设置"合同履约成本"会计科目，核算企业为履行当前或预期取得的合同所发生的、不属于其他企业会计准则规范范围且按照本准则应当确认为一项资产的成本。企业因履行合同而产生的毛利不在本科目核算。本科目可按合同，分别"服务成本""工程施工"等进行明细核算。主要账务处理：企业发生上述合同履约成本时，借记本科目，贷记"银行存款""应付职工

薪酬""原材料"等科目;对合同履约成本进行摊销时,借记"主营业务成本""其他业务成本"等科目,贷记本科目。涉及增值税的,还应进行相应的处理。本科目期末借方余额,反映企业尚未结转的合同履约成本。

④**实施指引**:企业应当设置"合同履约成本减值准备"会计科目,核算与合同取得成本有关的资产的减值准备。本科目可按合同进行明细核算。主要账务处理:与合同取得成本有关的资产发生减值的,按应减记的金额,借记"资产减值损失"科目,贷记本科目;转回已计提的资产减值准备时,做相反的会计分录。本科目期末贷方余额,反映企业已计提但尚未转销的合同取得成本减值准备。

【例38】确认合同履约成本为资产

财有公司是一家财务软件开发公司,与金恒公司签订合同,为金恒公司提供了一套财务操作系统,合同期限为10年。在向金恒公司提供服务之前,财有公司设计并搭建了一个财务信息平台供其内部使用,该财务信息平台由相关的硬件和软件组成。财有公司需要提供设计方案,将该财务信息平台与金恒公司现有的财务系统对接,并进行相关测试。该平台并不会转让给金恒公司,但是将用于向金恒公司提供服务。财有公司为该平台的设计、购买硬件和软件以及系统测试发生了成本。除此之外,财有公司专门指派两名员工,负责向金恒公司提供服务。

本例中,财有公司为履行合同发生的上述成本中,购买硬件和软件的成本应当分别按照固定资产和无形资产准则进行会计处理;设计服务成本和财务系统的测试成本不属于其他企业会计准则的规范范围,但是这些成本与履行该合同直接相关,并且增加了财有公司未来用于履行履约义务(即提供管理服务)的资源,如果财有公司预计该成本可通过未来提供服务收取的对价收回,则财有公司应当将这些成本确认为一项资产。财有公司向两名负责该项目的员工支付的工资费用,虽然与向金恒公司提供服务有关,但是由于其并未增加企业未来用于履行履约义务的资源,因此,应当于发生时计入当期损益。

第二十七条 企业应当在下列支出发生时,将其计入当期损益[①]:

(一)管理费用。

(二)非正常消耗的直接材料、直接人工和制造费用(或类似费用),这些支出为履行合同发生,但未反映在合同价格中。

(三)与履约义务中已履行部分相关的支出。

(四)无法在尚未履行的与已履行的履约义务之间区分的相关支出。

【注释】

①企业应当在下列支出发生时,将其计入当期损益:

1)管理费用,除非这些费用明确由客户承担。

2)非正常消耗的直接材料、直接人工和制造费用(或类似费用),这些支出为履行合同发生，但未反映在合同价格中。

3）与履约义务中已履行（包括已全部履行或部分履行）部分相关的支出，即该支出与企业过去的履约活动相关。

4）无法在尚未履行的与已履行（或已部分履行）的履约义务之间区分的相关支出。

第二十八条 企业为取得合同发生的增量成本预期能够收回的，应当作为合同取得成本确认为一项资产；但是，该资产摊销期限不超过一年的，可以在发生时计入当期损益[1][2][3][4][5]。

增量成本，是指企业不取得合同就不会发生的成本（如销售佣金等）。

企业为取得合同发生的、除预期能够收回的增量成本之外的其他支出（如无论是否取得合同均会发生的差旅费等），应当在发生时计入当期损益，但是，明确由客户承担的除外。

【注释】

[1]**准则由来**：IASB 和 FASB 决定，如果企业预计能够收回为取得客户合同而发生的增量成本，则应将增量成本确认为一项资产。IASB 和 FASB 将取得合同的增量成本定义为：企业为取得合同而发生的、若未取得合同则不会发生的成本，具体情景可参见【例39】。在某些情况下，企业为确认增量成本所形成的资产而付出的努力，可能会超过财务报告的利益。因此为便于实务操作，IASB 和 FASB 决定：对于如果确认资产，资产的摊销期将为一年或更短期间的合同，企业可将取得合同的增量成本在发生时确认为费用。

[2]企业因现有合同续约或发生合同变更需要支付的额外佣金，也属于为取得合同发生的增量成本。实务中，当涉及合同取得成本的安排比较复杂时，企业需要运用判断，对发生的合同取得成本进行恰当的会计处理，例如，合同续约或合同变更时需要支付额外的佣金、企业支付的佣金金额取决于客户未来的履约情况或者取决于累计取得的合同数量或金额等（参见【例40】）。

[3]为取得合同需要支付的佣金在履行合同的过程中分期支付、且客户违约时企业无须支付剩余佣金的，如果该合同在合同开始日即满足本准则第五条规定的五项条件，该佣金预期能够从客户支付的对价中获得补偿，且取得合同后，收取佣金的一方不再为企业提供任何相关服务，则企业应当将应支付的佣金全额作为合同取得成本确认为一项资产。后续期间，如果客户的履约情况发生变化，企业应当评估该合同是否仍然满足本准则第五条规定的五项条件，以及确认为资产的合同取得成本是否发生减值，并进行相应的会计处理。这一处理也同样适用于客户违约可能导致企业收回已经支付的佣金的情况。当企业发生的合同取得成本与多份合同相关（例如，企业支付的佣金取决于累计取得的合同数量或金额）时，情况可能更为复杂，企业应当根据实际情况进行判断，并进行相应的会计处理。

④**实施指引**：企业应当设置"合同取得成本"科目，核算企业取得合同发生的、预计能够收回的增量成本。主要账务处理：企业发生上述合同取得成本时，借记本科目，贷记"银行存款""其他应付款"等科目；对合同取得成本进行摊销时，按照其相关性借记"销售费用"等科目，贷记本科目。涉及增值税的，还应进行相应的处理。本科目期末借方余额，反映企业尚未结转的合同取得成本。

⑤根据 IFRS15，如果企业预计将收回取得与客户之间的合同的增量成本，则企业应将这些成本确认为一项资产。取得合同的增量成本是企业为取得与客户之间的合同而发生的、若未取得合同则不会发生的成本（例如，销售佣金）。无论是否取得合同均会发生的取得合同的成本应在发生时确认为费用，除非已明确是可向客户收取的。为便于实务操作，如果本应确认的资产的摊销期为一年或更短期间，则企业可将取得合同的增量成本在发生时确认为费用。

【例 39】合同取得成本的判断

绿城房地产公司通过竞标赢得了一个房地产开发项目工程，为取得该合同，公司聘请外部律师进行尽职调查支付相关费用为 20 000 元，为投标而发生的差旅费为 30 000 元，支付项目负责人佣金 50 000 元。绿城房地产公司预期这些支出未来均能够收回。此外，绿城房地产公司根据其年度施工进度目标、整体盈利情况等，向建造部门经理支付年度奖金 10 000 元。

本例中，绿城房地产公司因签订该客户合同而向项目负责人支付的佣金属于为取得合同发生的增量成本，应当将其作为合同取得成本确认为一项资产。绿城房地产公司聘请外部律师进行尽职调查发生的支出、为投标发生的差旅费，无论是否取得合同都会发生，不属于增量成本，因此，应当于发生时直接计入当期损益。绿城房地产公司向建造部门经理支付的年度奖金也不是为取得合同发生的增量成本，这是因为该奖金发放与否以及发放金额还取决于其他因素（包括公司的盈利情况和个人业绩），并不能直接归属于可识别的合同。

【例 40】续约合同的取得成本判断

安平保险公司为了激励保险销售员，根据公司最新规定，业务员每与客户签订一份新的合同，可以获得提成 2 000 元，现有合同每续约一次，业务员可以获得提成 1 000 元。公司预期上述提成均能够收回。

本例中，安平保险公司为取得新合同支付给业务员的提成 2 000 元，属于为取得合同发生的增量成本，且预期能够收回，因此，应当确认为一项资产。同样地，安平保险公司为现有合同续约支付给员工的提成 1 000 元，也属于为取得合同发生的增量成本，这是因为如果不发生合同续约，就不会支付相应的提成，由于该提成预期能够收回，公司应当在每次续约时将应支付的相关提成确认为一项资产。

假定：除上述规定外，安平保险公司相关政策规定，当合同变更时，如果客户在原合同的基础上，向公司支付额外的对价以购买额外的保险产品，则公司需根据该新增的合同金额向业务员支付一定的提成。在这种情况下，无论相关合同变更属于本准则第八条规定的哪一种情形，公司均应当将应支付的提成视同为取得合同（变更后的合同）发生的增量成本进行会计处理。

第二十九条 按照本准则第二十六条和第二十八条规定确认的资产（以下简称"与合同成本有关的资产"），应当采用与该资产相关的商品收入确认相同的基础进行摊销，计入当期损益[①②③④]。

【注释】

①**实施指引**：根据本准则第二十六条和第二十八条分别确认的与合同履约成本和合同取得成本有关的企业资产，准则规定企业应采用与该资产相关的商品收入确认相同的基础（即，在履约义务履行的时点或按照履约义务的履约进度）进行摊销，计入当期损益。如果该资产与一份预期将要取得的合同（如续约后的合同）相关，在确定相关摊销期限和方式时，应当考虑该预期合同的影响。例如，对于合同取得成本而言，如果合同续约时，企业可以免除续约合同的佣金，这表明取得原合同时支付的佣金与未来预期取得的合同相关，该佣金应在原合同和续约合同的总期限内进行摊销。反之，如果合同续约时，企业仍需要支付与取得原合同相当的佣金，则该佣金只能在原合同期限内摊销。

企业为合同续约仍需支付的佣金是否与原合同相当，需要根据具体情况进行判断。例如，如果两份合同的佣金按照各自合同金额的相同比例计算，通常表明这两份合同的佣金水平是相当的，但是，实务中，与取得原合同相比，现有合同续约的难度可能较低，因此，即使合同续约时应支付的佣金低于取得原合同的佣金，也可能表明这两份合同的佣金水平是相当的。

②**实施指引**：企业应将为取得某份合同发生的增量成本确认为一项资产。但是如果该合同中包含多项履约义务，且这些履约义务在不同的时点或时段内履行，则需要将该项资产进行摊销。在确定该项资产的摊销方式时，企业可以基于各项履约义务分摊的交易价格的相对比例将该项资产分摊至各项履约义务，再以与该履约义务（可明确区分的商品）的收入确认相同的基础进行摊销；或者，企业可以考虑合同中包含的所有履约义务，采用恰当的方法确定合同的完成情况，即应当最能反映该资产随相关商品的转移而被"耗用"的情况，并以此为基础对该资产进行摊销。通常情况下，上述两种方法的结果可能是近似的，但是，后者无须将合同取得成本特别分摊至合同中的各项履约义务，参照【例41】。

③**准则联系**：企业当根据向客户转让与上述资产相关的商品的预期时间变化，对资产的摊销情况进行复核并更新，以反映该预期时间的重大变化。此类变化应当作为会计估计变更，按照《企业会计准则第28号——会计政策、会计估计变更和差错更正》进行会计处理。

④**准则由来**：IASB 和 FASB 决定因取得合同和履行合同的成本而确认的资产，应当按照与该资产相关的商品或服务的转让模式进行摊销。

【例 41】成本两种摊销方式案例

华拓公司为一家位于深圳的电子商品零售企业，20×0 年 9 月 24 日与客户甲签订协议，拟出售一批 P30 手机并提供相关服务。销售合同总价为 100 万元，合同约定 20×0 年 10 月 1 日华拓公司向客户甲交付 190 台 P30 手机（单独售价折合 95 万元），另外在随后的两年内提供手机屏幕保修服务（服务类保证，构成单独履约义务），因屏幕保修服务的单独售价无法直接观察，按照余值法估算，该服务单独售价为 5 万元。已知华拓公司合同签订当日华拓公司已收取合同对价，并向销售人员小王支付 2 万元奖励佣金，为合同取得成本。假定不考虑相关税费。

方式一，按照交易价格分摊。合同取得成本按照各项履约义务分摊的交易价格的相对比例将该项资产分摊至各项履约义务，会计处理如下：

（1）20×0 年 9 月 24 日，合同签订时：

借：合同取得成本——手机（950 000÷1 000 000×2）　　19 000

　　　　　　　　——屏保服务（50 000÷1 000 000×2）　　1 000

　　贷：银行存款等　　　　　　　　　　　　　　　　　20 000

借：银行存款　　　　　　　　　　　　　　　　　　1 000 000

　　贷：合同负债　　　　　　　　　　　　　　　　　1 000 000

（2）20×0 年 10 月 1 日，华拓公司交付手机。

①确认收入：

借：合同负债　　　　　　　　　　　　　　　　　　950 000

　　贷：主营业务收入　　　　　　　　　　　　　　　950 000

②假定手机采购成本为 70 万元，结转成本：

借：主营业务成本——手机　　　　　　　　　　　　700 000

　　贷：库存商品——手机　　　　　　　　　　　　　700 000

③同时，摊销合同取得成本：

借：主营业务成本——手机　　　　　　　　　　　　19 000

　　贷：合同取得成本——手机　　　　　　　　　　　19 000

（3）20×1 年 10 月 1 日，确认屏保服务收入，并分摊成本。

借：合同负债　　　　　　　　　　　　　　　　　　25 000

　　贷：主营业务收入　　　　　　　　　　　　　　　25 000

借：主营业务成本——屏保服务　　　　　　　　　　500

　　贷：合同取得成本——屏保服务　　　　　　　　　500

（4）20×2 年 10 月 1 日，确认屏保服务收入，并分摊成本。

借：合同负债　　　　　　　　　　　　　　　　　　25 000

　　　　贷：主营业务收入　　　　　　　　　　　　　　　　　25 000
　　借：主营业务成本——屏保服务　　　　　　　　　　　　　　500
　　　　贷：合同取得成本——屏保服务　　　　　　　　　　　　　　500

方式二，合同取得成本按照履约总进度分摊至各项履约义务。

（1）20×0年9月24日，合同签订时：

　　借：银行存款　　　　　　　　　　　　　　　　　　　1 000 000
　　　　贷：合同负债　　　　　　　　　　　　　　　　　　　1 000 000
　　借：合同取得成本　　　　　　　　　　　　　　　　　　　20 000
　　　　贷：银行存款等　　　　　　　　　　　　　　　　　　　20 000

（2）20×0年10月1日交付手机时，合同履约总进度95%（950 000÷1 000 000）。

①确认销售手机收入，结转相关成本。

　　借：合同负债　　　　　　　　　　　　　　　　　　　950 000
　　　　贷：主营业务收入　　　　　　　　　　　　　　　　　　950 000

②假定手机采购成本为70万元，结转相关成本。

　　借：主营业务成本——手机　　　　　　　　　　　　　700 000
　　　　贷：库存商品——手机　　　　　　　　　　　　　　　700 000
　　借：主营业务成本——手机　　　　　　　　　　　　　19 000
　　　　贷：合同取得成本　　　　　　　　　　　　　　　　　19 000

（3）20×1年10月1日，合同履约总进度97.5%［（950 000+25 000）÷1 000 000］，确认屏保服务收入，结转相关成本。

　　借：合同负债　　　　　　　　　　　　　　　　　　　25 000
　　　　贷：主营业务收入　　　　　　　　　　　　　　　　　25 000
　　借：主营业务成本——屏保服务　　　　　　　　　　　　　500
　　　　贷：合同取得成本　　　　　　　　　　　　　　　　　　500

（4）20×2年10月1日，合同履约总进度100%［（950 000+50 000）÷1 000 000］，确认屏保服务收入，结转相关成本。

　　借：合同负债　　　　　　　　　　　　　　　　　　　25 000
　　　　贷：主营业务收入　　　　　　　　　　　　　　　　　25 000
　　借：主营业务成本——屏保服务　　　　　　　　　　　　　500
　　　　贷：合同取得成本　　　　　　　　　　　　　　　　　　500

　　第三十条　与合同成本有关的资产，其账面价值高于下列两项的差额的，超出部分应当计提减值准备，并确认为资产减值损失：

　　（一）企业因转让与该资产相关的商品预期能够取得的剩余对价。

　　（二）为转让该相关商品估计将要发生的成本[①]。

　　以前期间减值的因素之后发生变化，使得前款（一）减（二）的差额高于该资产账面价值的，应当转回原已计提的资产减值准备，并计入当期损益，但转回后的资产账面价值不应超过假定不计提减值准备情况下该资产在转回日的账面价值[②③④⑤]。

【注释】

①**实施指引**：与合同成本有关的资产，若其账面价值高于（一）中的剩余对价减去（二）中估计的成本的差额，则超出部分应当计提减值准备，并确认为资产减值损失。在确定（一）时，企业应当按照确定交易价格的原则（关于可变对价估计的限制要求除外，详见本条准则注释）预计其能够取得的剩余对价；（二）中为转让该相关商品估计将要发生的成本主要包括直接人工、直接材料、制造费用（或类似费用）、明确由客户承担的成本以及仅因该合同而发生的其他成本等。

②与合同成本有关的资产计提的减值准备具有可转回的性质。以前期间减值的因素之后发生变化，使得企业上述（一）的剩余对价减去（二）中估计的发生成本的差额高于该资产账面价值的，应当转回原已计提的资产减值准备，并计入当期损益，但转回后的资产账面价值不应超过假定不计提减值准备情况下该资产在转回日的账面价值，即转回的资产减值准备不超过原计提的资产准备余额。

③**准则由来**：根据 IFRS15，在执行减值测试时，企业应考虑可能因不确定性过大而无法纳入收入确认的未来现金流量，即消除关于可变对价估计的限制要求。这是因为，取得合同和履行合同成本的减值的计量和确认目标不同于收入的计量目标。减值的目标是确定因取得合同和履约的成本形成的资产账面金额是否可以收回。

④**拓展知识**：IFRS 和 GAAP 对企业对与合同成本有关的资产的减值损失是否应转回有着不同的规定，GAAP 规定，当发生减值的理由不复存在时，企业不应转回减值损失。

⑤**编者语**：若一项与合同成本有关的资产同时包括合同履约成本和合同取得成本，则需将资产减值损失总额在合同履约成本和合同取得成本中，按照各自金额比例进行分摊。

【例 42】　成本减值案例

美味多餐饮公司预期向某客户连续提供 100 个工作日的实质相同、转让模式相同的餐饮供应服务，根据本准则第九条规定，此服务构成符合时段法确认收入的单项履约义务。合同总价为 30 万元，不考虑相关税费，合同取得成本为 2 万元。在连续提供 40 个工作日餐饮供应服务后，公司经测算发现：该单项履约义务的剩余对价为 18 万元；由于餐饮成本提高，为转让该相关商品估计将要发生的成本为 16.6 万元。合同取得成本 2 万元超过了上述剩余对价和估计要发生的成本差额（1.4 万元），故该餐饮公司应对该合同取得成本计提减值 0.6 万元。

第三十一条 在确定与合同成本有关的资产的减值损失时，企业应当首先，对按照其他相关企业会计准则确认的、与合同有关的其他资产确定减值损失；然后，按照本准则第三十条规定确定与合同成本有关的资产的减值损失[①]。

企业按照《企业会计准则第 8 号——资产减值》测试相关资产组的减值情况时，应当将按照前款规定确定与合同成本有关的资产减值后的新账面价值计入相关资产组的账面价值。[②]

【注释】

①准则联系：在确定与合同成本有关的资产的减值损失时，企业应当首先，对按照《企业会计准则第 1 号——存货》等相关企业会计准则确认的、与合同有关的其他资产确定减值损失；然后，按照本准则第三十条的要求确定与合同成本有关的资产的减值损失。

②编者语：根据《企业会计准则第 8 号——资产减值》规定，"资产组是指企业可以认定的最小资产组合，其产生的现金流入应当基本上独立于其他资产或者资产组产生的现金流入"，如果合同成本属于该资产组的一部分，根据本准则第三十条，与合同成本相关的资产具有单独可辨认的现金流量的特点，则和该定义中"最小资产组合"的概念是矛盾的。

第五章 特定交易的会计处理

第三十二条 对于附有销售退回条款的销售，企业应当在客户取得相关商品控制权时，按照因向客户转让商品而预期有权收取的对价金额（即，不包含预期因销售退回将退还的金额）确认收入，按照预期因销售退回将退还的金额确认负债[①]；同时，按照预期将退回商品转让时的账面价值，扣除收回该商品预计发生的成本（包括退回商品的价值减损）后的余额，确认为一项资产，按照所转让商品转让时的账面价值，扣除上述资产成本的净额结转成本[②]。

每一资产负债表日，企业应当重新估计未来销售退回情况，如有变化，应当作为会计估计变更进行会计处理[③④⑤⑥]。

【注释】

①**准则由来**：在某些合同中，企业在向客户转让商品的同时还赋予客户退货的权利。从概念上而言，附带退货权的合同应至少包含两项履约义务：1）向客户提供商品的履约义务；2）针对退货权服务的履约义务，即在退货期内随时接受客户退回商品的义务。IASB 和 FASB 认为附带退货权的合同实际上是企业进行了不确定数量的销售，因为只有在退货权失效后，企业才能确切获悉销售的数量。因此，IASB 和 FASB 决定，企业对预期因客户行使退货权而失败的销售不应确认收入，反之应将向客户退款的义务确认一项负债。在确定应当确认的收入金额（即退款义务的金额）时，企业应使用确认和计量可变对价的原则。根据这些原则，企业仅在与退货权相关的不确定性随后被消除时，已确认的累计收入金额极可能不会发生重大转回的情况下才应确认收入。如果企业确定无法将附带退货权的商品销售所取得的全部对价确认为收入，企业应将所取得的部分对价确认为一项退款负债。

②**准则由来**：如果客户行使其退回商品的选择权并获得退款，退货权将赋予企业向客户收回商品的合同权利。IASB 和 FASB 决定，收回商品的权利应确认为一项资产，不应与退款负债相抵销。IASB 和 FASB 认为，将该资产与退款负债分开确认将提供更大的透明度，并确保在减值测试时可对该资产进行考虑。

③根据 IFRS15，在某些合同中，企业在向客户转移对产品控制权的同时还赋予客户基于各类原因（如对产品不满意）退回产品及取得以下各项的任一组合的权利：1）全部或部分返还已支付的对价；2）可与已欠或将欠企业的金额相抵

扣的抵免；3）换取另一产品。

为对转让附带退货权的产品（以及某些可予退款的服务）进行会计处理，企业应当确认下列各项：1）按照企业预计有权获得的对价金额，确认转让产品所形成的收入（对于预计退回的产品不会确认收入）；2）确认一项退款负债；3）就结算退款负债时向客户收回产品的权利确认一项资产（并相应调整销售成本）。

企业在退货期内随时准备接受所退回产品的承诺，不应作为提供退款的义务之外的履约义务进行会计处理。企业应当确定企业预计有权获得的对价金额（即不包括预计退回的产品），对于预计其无权获得的已收（或应收）金额，企业在向客户转让产品时不应当确认收入，而是应当将此类已收（或应收）金额确认为一项退款负债。在后续的每一个报告期末，企业应重新评估其因转让产品而预计有权获得的金额，并相应变更交易价格，进而变更已确认的收入金额。同时企业还应当按照预计退款金额的变动，对退款负债的计量进行更新，确认或减少相应的收入。

④实施指引：企业应设置"应收退货成本"用于核算附有销售退回条款的销售（具体情形及处理参见【例43】）。

发生附有销售退回条款的销售的，应在客户取得相关商品控制权时，按照已收或应收合同价款，借记"银行存款""应收账款""应收票据""合同资产"等科目，按照因向客户转让商品而预期有权收取的对价金额（即，不包含预期因销售退回将退还的金额），贷记"主营业务收入""其他业务收入"等科目，按照预期因销售退回将退还的金额，贷记"预计负债——应付退货款"等科目；结转相关成本时，按照预期将退回商品转让时的账面价值，扣除收回该商品预计发生的成本（包括退回商品的价值减损）后的余额，借记"应收退货成本"科目，按照已转让商品转让时的账面价值，贷记"库存商品"等科目，按其差额，借记"主营业务成本""其他业务成本"等科目。涉及增值税的，还应进行相应处理。

"应收退货成本"科目期末借方余额，反映企业预期将退回商品转让时的账面价值，扣除收回该商品预计发生的成本（包括退回商品的价值减损）后的余额，在资产负债表中按其流动性计入"其他流动资产"或"其他非流动资产"项目。

⑤实施指引：附有销售退回条款的销售，在客户要求退货时，如果企业有权向客户收取一定金额的退货费，则企业在估计预期有权收取的对价金额时，应当将该退货费包括在内（具体情形及处理参见【例44】）。

⑥客户以一项商品换取类型、质量、状况及价格均相同的另一项商品，不应被视为退货。此外，如果合同约定客户可以将质量有瑕疵的商品退回以换取正常的商品，企业应当按照附有质量保证条款的销售进行会计处理。对于具有类似特征的合同组合，企业也可以在确定退货率、坏账率、合同存续期间等方面运用组合法进行估计。

【例 43】附有销售退回条款的销售的会计处理

华讯公司是一家位于深圳的电子商品零售公司。20×0 年 10 月 1 日，华讯公司向约克公司销售 1 000 部手机，单位销售价格为 1 300 元，单位成本为 700 元，开出的增值税专用发票上注明的销售价格为 130 万元，增值税额为 16.9 万元。华讯公司货物已经发出，但款项尚未收到。根据协议约定，约克公司应于 20×0 年 12 月 1 日之前支付货款，在 20×1 年 3 月 31 日之前有权退还手机。发出手机时，华讯公司根据过去的经验，估计该批手机的退货率约为 15%；在 20×0 年 12 月 31 日，华讯公司对退货率进行了重新评估，认为只有 8% 的手机会被退回。华讯公司为增值税一般纳税人（增值税税率适用 13%），手机发出时纳税义务已经发生，实际发生退回时取得税务机关开具的红字增值税专用发票。假定手机发出时控制权转移给约克公司。华讯公司的账务处理如下：

（1）20×0 年 10 月 1 日发出手机：

借：应收账款		1 469 000
贷：主营业务收入		1 105 000
预计负债——应付退货款		195 000
应交税费——应交增值税（销项税额）		169 000
借：主营业务成本		595 000
应收退货成本		105 000
贷：库存商品		700 000

（2）20×0 年年 12 月 1 日前收到货款：

借：银行存款		1 469 000
贷：应收账款		1 469 000

（3）20×0 年 12 月 31 日，华讯公司对退货率进行重新评估：

借：预计负债——应付退货款		91 000
贷：主营业务收入		91 000
借：主营业务成本		49 000
贷：应收退货成本		49 000

（4）20×1 年 3 月 31 日发生销售退回，实际退货量为 50 部，退货款项已经支付。

借：库存商品		35 000
应交税费——应交增值税（销项税额）		8 450
预计负债——应付退货款		104 000
贷：应收退货成本		35 000
主营业务收入		39 000
银行存款		73 450
借：主营业务成本		21 000
贷：应收退货成本		21 000

【例 44】 有权收取退货费的销售退回的会计处理

承接【例 43】，假设约克公司有权在 20×0 年 3 月 31 日之前退还手机，但是需要向华讯公司支付 10% 的退货费（即每台手机为 130 元）。根据历史经验，华讯公司预计的退货率为 15%，且退货过程中，华讯公司预计为每台退货的手机发生的成本为 100 元。华讯公司在将手机的控制权转移给约克公司时的账务处理为：

借：应收账款   1 469 000
  贷：主营业务收入（850×1 300 + 150×130）   1 124 500
    预计负债——应付退货款（150×1 300 − 150×130） 175 500
    应交税费——应交增值税（销项税额）   169 000
借：主营业务成本（850×700 + 150×100）   610 000
  应收退货成本   90 000
  贷：库存商品   700 000

【例 45】 无法估计退货率的销售退回的会计处理

海科公司为一家新兴行业的初创公司，20×0 年 1 月 1 日，与客户签订合同，向其销售公司独立研发制造的 A 产品。客户在合同开始日即取得了 A 产品的控制权，并有权在 30 天内退货。由于 A 产品是最新推出的产品，市场上没有同类产品，海科公司尚无有关该产品退货率的历史数据，也没有其他可以参考的市场信息。该合同对价为 25 000 元，根据合同约定，客户应于合同开始日后的第三年年末付款。A 产品在合同开始日的现销价格为 23 000 元。A 产品的成本为 18 000 元。退货期满后，未发生退货。上述价格均不包含增值税，假定不考虑相关税费影响。

本例中，客户有退货权，因此，该合同的对价是可变的。由于海科公司缺乏有关退货情况的历史数据，考虑将可变对价计入交易价格的限制要求，在合同开始日不能将可变对价计入交易价格，因此，海科公司在 A 产品控制权转移时确认的收入为 0，其应当在退货期满后，根据实际退货情况，按照预期有权收取的对价金额确定交易价格。此外，考虑到 A 产品控制权转移与客户付款之间的时间间隔，以及该合同对价与 A 产品现销价格之间的差异等因素，海科公司认为该合同存在重大融资成分。海科公司的账务处理如下。

（1）在合同开始日，海科公司将 A 产品的控制权转移给客户时：

借：应收退货成本   18 000
  贷：库存商品   18 000

（2）在 30 天的退货期内，海科公司尚未确认合同资产和应收款项，因此，无须确认重大融资成分的影响。

（3）退货期满日（假定应收款项在合同开始日和退货期满日的公允价值无重大差异）：

借：长期应收款　　　　　　　　　　　　　　　　　　25 000
　　贷：主营业务收入　　　　　　　　　　　　　　　　23 000
　　　　未实现融资收益　　　　　　　　　　　　　　　 2 000
借：主营业务成本　　　　　　　　　　　　　　　　　 18 000
　　贷：应收退货成本　　　　　　　　　　　　　　　　18 000

在后续期间，海科公司应当考虑在剩余合同期限确定实际利率，将上述应收款项的金额与合同对价之间的差额（2 000元）按照实际利率法进行摊销，确认相关的利息收入。此外，海科公司还应当按照金融工具相关会计准则评估上述应收款项是否发生减值，并进行相应的会计处理。

第三十三条　对于附有质量保证条款的销售，企业应当评估该质量保证是否在向客户保证所销售商品符合既定标准之外提供了一项单独的服务。企业提供额外服务的，应当作为单项履约义务，按照本准则规定进行会计处理[①]；否则，质量保证责任应当按照《企业会计准则第13号——或有事项》规定进行会计处理[②]。在评估质量保证是否在向客户保证所销售商品符合既定标准之外提供了一项单独的服务时，企业应当考虑该质量保证是否为法定要求[③]、质量保证期限以及企业承诺履行任务的性质等因素[④]。客户能够选择单独购买质量保证的，该质量保证构成单项履约义务[⑤⑥]。

【注释】

①准则由来：企业在向客户销售产品（不论是商品还是服务）时，可能同时向客户提供产品的质保。IASB和FASB将质保作为一项需分摊收入的履约义务。但是有反馈意见者指出，对质保的会计处理应当反映某些产品质保不同于其他产品质保的事实。例如，某些质保是保护客户免遭产品转让时存在的瑕疵，而其他质保则是保护客户免遭产品转移后发生的故障。反馈意见者认为，如果质保仅保护客户免遭产品销售时存在的瑕疵，则客户并未取得单独的服务。因此，为修正这些瑕疵的任何后续维修或更换是提供产品的追加成本，与企业过往的履约相关。考虑到上述反馈意见，IASB和FASB决定基于质保是否向客户提供保证相关产品符合约定规格之外的服务来区分质保。特别是，当质保提供一项服务时（即服务类质保），质保应作为一项履约义务进行会计处理。

例如，为保护消费者的合法权益，国家质检总局、国家工商总局、信息产业部颁布了《移动电话机商品修理更换退货责任规定》，移动电话机商品实行谁经销谁负责"三包"的原则。销售者与生产者或供货者、销售者与修理者、生产者或供货者与修理者之间订立的合同，不得免除该规定的"三包"责任和义务。该"三包"规定便是一项保证类质保，企业不应将其单独确认为一项履约义务。

②企业应当对其所提供的质量保证的性质进行分析，对于客户能够选择单独购买质量保证的，表明该质量保证构成单项履约义务；有时客户虽然不能选择单

独购买质量保证，但是该质量保证在向客户保证所销售的商品符合既定标准之外提供了一项单独服务的，也应当作为单项履约义务。作为单项履约义务的质量保证应当按本准则规定进行会计处理，并将部分交易价格分摊至该项履约义务。对于不能作为单项履约义务的质量保证，企业应当按照《企业会计准则第13号——或有事项》的规定进行会计处理。

③准则由来：在某些司法管辖区，法律要求企业对其产品的销售提供质保。法律可能规定企业必须维修或更换自销售起的规定期间内发生缺陷的产品。因此，这类法定质保因为其涵盖销售发生之后产生的缺陷，而不仅仅是销售发生时存在的瑕疵，可能看似是服务类质保。但是，IASB和FASB决定，这项法律可被视为仅为保证这类质保的实施。换言之，这类法定质保的目标是保护客户免于承担购买有瑕疵产品的风险。然而这项法律并非要求企业确定在销售时产品是否存在瑕疵，而是假定如果产品在规定的期间内产生缺陷，则在销售时就存在瑕疵。因此，这类法定质保应作为保证类质保进行会计处理，即不作为一项单独履约义务。

④实施指引：在评估质保是否提供产品符合约定规格的保证之外的服务时，企业应当考虑诸如下列因素：

1）质保是否为法律要求：当法律要求企业提供质量保证时，该法律规定通常表明企业承诺提供的质量保证不是单项履约义务，这是因为，这些法律规定通常是为了保护客户，以免其购买瑕疵或缺陷商品，而并非为客户提供一项单独的服务。（详见本条【注释】③）

2）质保涵盖期间的长度：企业提供质量保证的期限越长，越有可能表明企业向客户提供了保证商品符合既定标准之外的服务。因此，企业承诺提供的质量保证越有可能构成单项履约义务。

3）企业承诺履行任务的性质：如果企业必须履行某些特定的任务以保证所销售的商品符合既定标准（例如，企业负责运输被客户退回的瑕疵商品），则这些特定的任务可能不构成单项履约义务。

⑤实施指引：企业提供的质量保证同时包含保证类质量保证和服务类质量保证的，应当分别对其进行会计处理；无法合理区分的，应当将这两类质量保证一起作为单项履约义务按照本准则进行会计处理。

⑥准则联系：当企业销售的商品对客户造成损害或损失时，如果相关法律法规要求企业需要对此进行赔偿，该法定要求不会产生单项履约义务。如果企业承诺，当企业向客户销售的商品由于专利权、版权、商标或其他侵权等原因被索赔而对客户造成损失时，向客户赔偿该损失，该承诺也不会产生单项履约义务。企业应当按照《企业会计准则第13号——或有事项》的规定对上述义务进行会计处理。

【例46】附有质量保证条款的销售案例

市民小王通过一家紫米线下体验店购买了一部紫米手机。该门店承诺,该手机自售出起一年内如果发生质量问题,门店负责提供质量保证服务。此外,在此期间内,由于客户使用不当(例如手机进水)等原因造成的产品故障,门店也免费提供维修服务。该维修服务不能单独购买。

本例中,该门店的承诺包括:销售手机、提供质量保证服务及维修服务。该门店针对产品的质量问题提供的质量保证服务是为了向客户保证所销售商品符合既定标准,因此不构成单项履约义务;对由于客户使用不当而导致的产品故障提供的免费维修服务,属于在向客户保证所销售商品符合既定标准之外提供的单独服务,尽管其没有单独销售,该服务与手机可明确区分,应该作为单项履约义务。因此,在该合同下,该门店的履约义务有两项:销售手机和提供维修服务,该门店应当按照其各自单独售价的相对比例,将交易价格分摊至这两项履约义务,并在各项履约义务履行时分别确认收入。该门店提供的质量保证服务,应当按照《企业会计准则第13号——或有事项》的规定进行会计处理。

第三十四条 企业应当根据其在向客户转让商品前是否拥有对该商品的控制权,来判断其从事交易时的身份是主要责任人还是代理人。企业在向客户转让商品前能够控制该商品的,该企业为主要责任人,应当按照已收或应收对价总额确认收入;否则,该企业为代理人[①],应当按照预期有权收取的佣金或手续费的金额确认收入,该金额应当按照已收或应收对价总额扣除应支付给其他相关方的价款后的净额,或者按照既定的佣金金额或比例等确定[②]。企业向客户转让商品前能够控制该商品的情形包括:

(一)企业自第三方取得商品或其他资产控制权后,再转让给客户[③]。

(二)企业能够主导第三方代表本企业向客户提供服务[④]。

(三)企业自第三方取得商品控制权后,通过提供重大的服务将该商品与其他商品整合成某组合产出转让给客户[⑤]。

在具体判断向客户转让商品前是否拥有对该商品的控制权时,企业不应仅局限于合同的法律形式,而应当综合考虑所有相关事实和情况,这些事实和情况包括:

(一)企业承担向客户转让商品的主要责任[⑥]。

(二)企业在转让商品之前或之后承担了该商品的存货风险[⑦]。

(三)企业有权自主决定所交易商品的价格[⑧]。

(四)其他相关事实和情况。

【注释】

①**实施指引:** IFRS15 规定:企业是代理人的判断依据包括:1)另一方对合同的履行承担主要责任;2)在客户订购商品之前或之后、运输过程中或退货时,企业均不承担存货风险;3)企业对另一方的商品或服务没有自主定价权,因此,

企业能够从此类商品或服务中获得的利益是有限的；4）企业的对价是佣金的形式；5）对于因交付另一方的商品或服务而应收客户的金额，企业不承担信用风险。

如果企业对应的另一方承担了企业的履约义务并享有了合同中的合同权利，从而企业无须履行向客户转让已承诺商品或服务的履约义务（即企业不再作为当主要责任人），则企业不应就该履约义务确认收入。相反，企业应当评价是否会就履行为另一方取得合同的履约义务确认收入（即企业是否作为代理人）。

②准则由来：IFRS15 要求企业在向客户转让商品或服务时评估其是作为当事人（即主要责任人）还是代理人。这对确定企业是应按客户对价的总额（如果企业被确定为当事人）、还是按偿付供应商的商品或服务后的净额（如果企业被确定为代理人）确认收入是十分必要的，因为当事人和代理人的履约义务不同。当事人在商品或服务被转让给客户之前控制商品或服务，因此当事人的履约义务是向客户转让这些商品或服务。所以，按客户对价的总额确认收入将如实反映企业因转让商品或服务而有权获得的对价。相反，代理人在商品或服务被转让给客户之前未控制商品或服务，仅协助在当事人与客户之间出售商品或服务。因此，代理人的履约义务是安排另一方向客户提供商品或服务。所以，归属于代理人履约义务的交易价格是代理人因提供此类服务而收取的费用或佣金。

③这里的商品或其他资产也包括企业向客户转让的未来享有由其他方提供服务的权力。企业应当评估该权利在转让给客户前，企业是否控制该权利。在进行上述评估时，企业应当考虑该权利是仅在转让给客户时才产生，还是在转让给客户之前就已经存在，且企业一直能够主导其使用。如果该权利在转让给客户之前不存在，则企业实质上并不能在该权利转让给客户之前控制该权利。

例如，京东商城下有自营与非自营两种模式。其中，京东自营是京东 B2C，即商家直接到买家模式，货物由京东商城采购，并负责配送、售后，货品质量由京东保障。非自营模式是京东商城提供销售平台，由厂家或者其他商家发货，京东商城向商家收取平台使用费用。其中：在自营模式下，京东商城将货物销售给客户之前，能够控制该货物，因此京东商城在向客户销售货物的交易中的身份是主要责任人。在非自营模式下，京东商城并未控制这些商品，其履约义务是安排零商家向消费者提供相关商品，而非自行提供这些商品，因此京东商城在该交易中的身份是代理人。

④当企业承诺向客户提供服务，并委托第三方（例如分包商、其他服务提供商等）代表企业向客户提供服务时，如果企业能够主导该第三方代表本企业向客户提供服务，则表明企业在相关服务提供给客户之前能够控制该相关服务（具体情形及处理参见【例47】）。

⑤此时，企业承诺提供的特定商品就是合同约定的组合产出。企业只有获得为生产该特定商品所需要的投入（包括从第三方取得的商品）的控制权，才能够将这些投入加工整合为合同约定的组合产出（具体情形及处理参见【例48】）。

⑥该主要责任包括就特定商品的可接受性（例如，确保商品的规格满足客户的要求）承担责任等。当存在第三方参与向客户提供特定商品时，如果企业就该特定商品对客户承担主要责任，则可能表明该第三方是在代表企业提供该特定商品。企业在评估是否承担向客户转让商品的主要责任时，应当从客户的角度进行评估，即客户认为哪一方承担了主要责任。例如，客户认为谁对商品的质量或性能负责、谁负责提供售后服务、谁负责解决客户投诉等。

⑦当企业在与客户订立合同之前已经购买或者承诺将自行购买特定商品时，这可能表明企业在将该特定商品转让给客户之前，承担了该特定商品的存货风险，企业有能力主导特定商品的使用并从中取得几乎全部的经济利益。在附有销售退回条款的销售中，企业将商品销售给客户之后，客户有权要求向该企业退货，这可能表明企业在转让商品之后仍然承担了该商品的存货风险。

⑧企业有权决定与客户交易的特定商品的价格，说明企业有能力主导该商品的使用并从中获得几乎全部的经济利益。然而，在某些情况下，代理人可能在一定程度上也拥有定价权（例如，在主要责任人规定的某一价格范围内决定价格），以便其在代表主要责任人向客户提供商品时，能够吸引更多的客户，从而赚取更多的收入。例如，当代理人向主要责任人的客户提供一定折扣优惠，以激励该客户购买主要责任人的商品时，即使代理人有一定的定价能力，也并不表明其是主要责任人，代理人只是放弃了一部分自己应当赚取的佣金或手续费而已。

【例47】主要责任人和代理人的判断

新天地公司是一家节日庆祝活动策划公司，与某儿童公园签订合同，为其在儿童节当天组织一场亲子活动，包括提供活动所需的亲子午餐，并商定了服务范围及其价格。新天地公司按照约定的价格向公园开具发票，公园按照约定的日期向新天地公司付款。双方签订合同后，新天地公司委托某饭店为公园提供活动当天的亲子午餐，并与其签订了合同。新天地公司和该饭店商定了服务价格，双方签订的合同付款条款大致上与新天地公司和公园约定的午餐供应的付款条款一致。当饭店按照与新天地公司的合同约定提供了服务时，无论公园是否向新天地公司付款，新天地公司都必须向饭店付款。公园无权主导饭店提供未经新天地公司同意的服务。

本例中，新天地公司向公园提供的特定服务是活动组织服务，除此之外，新天地公司并没有向公园承诺任何其他的商品。根据新天地公司与饭店签订的合同，新天地公司能够主导饭店所提供的服务，包括要求饭店代表新天地公司向公园提供亲子午餐，相当于新天地公司利用其自身资源履行了该合同。公园无权主导饭店提供未经新天地公司同意的服务。因此，新天地公司在饭店向公园提供亲子午餐之前控制了该服务，新天地公司在该交易中的身份为主要责任人。

【例48】企业自第三方取得商品控制权后与其他商品整合转让的交易案例

民丰公司为一家专门生产特种设备的机械制造公司。民丰公司与客户甲签订合同，向其销售一台特种设备，并商定了该设备的具体规格和销售价格，民丰公司负责按照约定的规格设计该设备，并按双方商定的销售价格向客户甲开具发票。该特种设备的设计和制造高度相关。为履行该合同，民丰公司与其供应商乙公司签订合同，委托乙公司按照其设计方案制造该设备，并安排乙公司直接向客户甲交付设备。乙公司将设备交付给客户甲后，民丰公司按与乙公司约定的价格向乙公司支付制造设备的对价；乙公司负责设备质量问题，民丰公司负责设备由于设计原因引致的问题。

本例中，民丰公司向客户甲提供的特定商品是其设计的专用设备。虽然民丰公司将设备的制造工作分包给乙公司进行，但是，民丰公司认为该设备的设计和制造高度相关，不能明确区分，应当作为单项履约义务。由于民丰公司负责该合同的整体管理，如果在设备制造过程中发现需要对设备规格作出任何调整，民丰公司需要负责制订相关的修订方案，通知乙公司进行相关调整，并确保任何调整均符合修订后的规格要求。民丰公司主导了乙公司的制造服务，并通过必需的重大整合服务，将其整合作为向客户甲转让的组合产出（专用设备）的一部分，在该专用设备转让给客户前控制了该专用设备。因此，民丰公司在该交易中的身份为主要责任人。

第三十五条 对于附有客户额外购买选择权的销售，企业应当评估该选择权是否向客户提供了一项重大权利[①②]。企业提供重大权利的，应当作为单项履约义务，按照本准则第二十条至第二十四条规定将交易价格分摊至该履约义务，在客户未来行使购买选择权取得相关商品控制权时或者该选择权失效时确认相应的收入[③④⑤]。客户额外购买选择权的单独售价无法直接观察的，企业应当综合考虑客户行使和不行使该选择权所能获得的折扣的差异、客户行使该选择权的可能性等全部相关信息后，予以合理估计[⑥]。

客户虽然有额外购买商品选择权，但客户行使该选择权购买商品时的价格反映了这些商品单独售价的，不应被视为企业向该客户提供了一项重大权利[⑦⑧]。

【注释】

①企业向客户授予的额外购买选择权的形式包括销售激励措施、客户奖励积分、未来购买商品或服务的折扣券，以及合同续约选择权等。

②在这种情况下，客户在该合同下支付的价款实际上购买了两项单独的商品：一是客户在该合同下原本购买的商品；二是客户可以免费或者以折扣价格购买额外商品的权利。企业应当将交易价格在这两项商品之间进行分摊。其中，分摊至后者的交易价格与未来的商品交易相关。因此，企业应当在客户未来行使该选择权取得相关商品的控制权时，或者在该选择权失效时确认为收入。

③**实施指引**：当客户只能通过与企业订立特定合同才能获得该选择权，客户

行使该选择权购买额外商品时，能够享受到超过该地区或该市场中其他同类客户所能够享有的折扣，即如果满足客户通常倾向于行使该项权利的条件，则认为该选择权向客户提供了一项重大权利。

在考虑授予客户的该项权利是否重大时，应根据其金额和性质综合判断。例如，企业实施一项奖励积分计划，客户每消费 10 元便可获得 1 个积分，每个积分的单独售价为 0.1 元，该积分可累积使用，用于换取企业销售的产品，虽然客户每笔消费所获取的积分的价值相对于消费金额而言并不重大，但是由于该积分可以累积使用，基于企业的历史数据，客户通常能够累积足够的积分来免费换取产品，这可能表明该积分向客户提供了重大权利（具体情形参照【例50】）。

④**编者语**：附有客户额外选择权的销售通常被认为销售了两项单独的商品：一件是本身购买的商品，另一件是未来可以行使的选择权。会计处理上，销售方应当将交易价格在这两项商品之间进行分摊，其中，分摊至后者的交易价格与未来的商品相关，因此，不能确认收入，而是确认为"合同负债"。销售方应当在客户未来行使该选择权取得相关商品的控制权时，或者在该选择权失效时，再将原来确认的"合同负债"转到"主营业务收入"，从而确认收入。新收入准则设置会计科目"合同负债"取代原准则中"递延收益"科目来记录尚未行权的奖励积分，更加强调收入确认的合同观，使得会计处理与交易实质更加契合。

⑤**实施指引**：企业向客户授予奖励积分，该积分可能有多种使用方式，例如该积分可用于抵减购买价款、用于兑换本企业提供的商品、用于兑换第三方的商品，或者客户可以在二者中进行选择。1）该积分只能用于兑换本企业提供的商品的，企业通常只能在将相关商品转让给客户或该积分失效时，确认与积分相关的收入；2）如果该积分只能用于兑换第三方提供的商品的，企业应当分析，对于该项履约义务而言，其身份是主要责任人还是代理人，企业是代理人的，通常应在完成代理服务时（例如协助客户自第三方兑换完积分时）按照其有权收取的佣金等确认收入（责任人和代理人的收入确认要求参照本准则第三十四条规定）；3）如果客户可以在本企业或第三方提供的商品中选择的，在客户选择如何兑换积分或该积分失效之前，企业需要随时准备为客户兑换积分提供商品，当客户选择兑换本企业的商品时，企业通常只能在将相关商品转让给客户或该积分失效时确认相关收入，当客户选择兑换第三方提供的商品时，企业需要分析其是主要责任人还是代理人，并进行相应的会计处理。

⑥客户额外购买选择权的单独售价无法直接观察的，企业应当综合考虑客户行使和不行使该选择权所能获得的折扣的差异，以及客户行使该选择权的可能性等全部相关信息后，予以合理估计。

⑦**实施指引**：如果客户在行使该选择权购买商品的价格反映了该商品的单独售价时，即使客户只能通过与企业订立特定合同才能获得该选择权，该选择权也不应被视为企业向该客户提供了一项重大权利。

例如，电信公司与客户签订合同，以套餐的方式向客户销售一部手机和两年的通信服务，包括每月若干分钟的语音服务和5G的数据流量，并按月收取固定费用；同时，客户可以根据需要，在任何月份按照约定的价格购买额外的语音服务和数据流量。如果该约定的价格与其他客户单独购买语音服务和数据流量时的价格相同，则表明电信公司向客户提供的该额外购买选择权并不构成一项重大权利，企业无须分摊交易价格。

再如，某健身公司与客户签订合同，以套餐的方式向客户销售一套健身服饰和一年的某项健身课程，包括每月4次专业教学课程和8次健身活动，并按月收取固定费用；同时，客户可以根据需要，在任何月份按照约定的价格购买额外的舞蹈课程。如果该约定的价格与其他客户单独购买舞蹈课程的价格相同，则表明健身公司向客户提供的该额外购买选择权并不构成一项重大权利，企业无须分摊交易价格，只有在客户行使选择权购买额外的商品时才需要进行相应的会计处理。

⑧**实施指引**：图1-2为附有额外购买选择权的销售的会计处理过程。

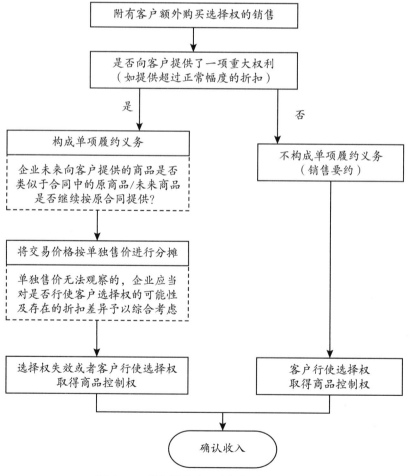

图1-2　附有额外购买选择权收入的确认

⑨当客户享有的额外购买选择权是一项重大权利时，如果客户行使该权利购买的额外商品与原合同下购买的商品类似，且企业将按照原合同条款提供该额外商品的，则企业可以无须估计该选择权的单独售价，而是直接把其预计将提供的额外商品的数量及预计将收取的相应对价金额纳入原合同，并进行相应的会计处理。这是一种便于实务操作的简化处理方式，常见于企业向客户提供续约选择权的情况（具体案例参照【例51】）。

【例49】未来购买商品的折扣券情况下的额外购买选择权

GM公司以100元的价格向客户销售D商品，购买该商品的客户可得到一张30%的折扣券，客户可以在未来的30天内使用该折扣券购买GM公司原价不超过100元的任一商品。同时，GM公司计划推出季节性促销活动，在未来30天内针对所有产品均提供5%的折扣。上述两项优惠不能叠加使用。根据历史经验，GM公司预计有70%的客户会使用该折扣券，额外购买的商品的金额平均为60元。上述金额均不包含增值税，且假定不考虑相关税费影响。

本例中，购买D商品的客户能够取得30%的折扣券，其远高于所有客户均能享有的5%的折扣，因此，GM公司认为该折扣券向客户提供了重大权利，应当作为单项履约义务。考虑到客户使用该折扣券的可能性及额外购买的金额，GM公司估计该折扣券的单独售价为10.5元[60×70%×(30%–5%)]。GM公司按照D产品和折扣券单独售价的相对比例对交易价格进行分摊，D商品分摊的交易价格为90.5元[100÷(100+10.5)×100]，折扣券选择权分摊的交易价格为9.5元[10.5÷(100+10.5)×100]。GM公司在销售D商品时的账务处理如下：

借：银行存款 100
　贷：主营业务收入 90.5
　　　合同负债 9.5

【例50】销售奖励积分计划下的额外购买选择权

20×8年1月1日，甲公司开始推行一项销售奖励积分计划。根据该计划，客户在甲公司每消费10元可获得1个积分，每个积分从次月开始在购物时可以抵减1元。截至2×18年1月31日，客户共消费400 000元，可获得40 000个积分，根据历史经验，甲公司估计该积分的兑换率为95%。上述金额均不包含增值税，且假定不考虑相关税费影响。

本例中，甲公司认为其授予客户的积分为客户提供了一项重大权利，应当作为单项履约义务。客户购买商品的单独售价合计为400 000元，考虑积分的兑换率，甲公司估计积分的单独售价为38 000元（1×40 000×95%）。甲公司按照商品和积分单独售价的相对比例对交易价格进行分摊：

商品分摊的交易价格 =[400 000÷(400 000+38 000)]×400 000 =365 297(元)

积分分摊的交易价格 =[38 000÷(400 000+38 000)]×400 000 =34 703(元)

因此，甲公司应当在商品的控制权转移时确认收入 365 297 元，同时，确认合同负债 34 703 元。账务处理如下：

借：银行存款 400 000

　　贷：主营业务收入 365 297

　　　　合同负债 34 703

截至 20×8 年 12 月 31 日，客户共兑换了 20 000 个积分，甲公司对该积分的兑换率进行了重新估计，仍然预计客户将会兑换的积分总数为 38 000 个。因此，甲公司以客户兑换的积分数占预期将兑换的积分总数的比例为基础确认收入。积分当年应当确认的收入为 18 265 元（20 000÷38 000×34 703）；剩余未兑换的积分为 16 438 元（34 703－18 265），仍然作为合同负债。账务处理如下：

借：合同负债 18 265

　　贷：主营业务收入 18 265

截至 20×9 年 12 月 31 日，客户累计兑换了 30 000 个积分。甲公司对该积分的兑换率进行了重新估计，预计客户将会兑换的积分总数为 40 000 个。积分当年应当确认的收入为 7 762 元（30 000÷40 000×34 703－18 265）；剩余未兑换的积分为 8 676 元（34 703－18 265－7 762），仍然作为合同负债。

借：合同负债 7 762

　　贷：主营业务收入 7 762

【例 51】销售奖励积分计划下的额外购买选择权

尚智公司为一家专门提供法律咨询服务的商业公司，20×0 年 1 月 1 日，尚智公司与 100 位客户签订为期一年的服务合同，每份合同的价格均为 5 000 元，并在当日全额支付了款项。该项服务是尚智公司推出的一项新业务。为推广该业务，该合同约定，客户有权在 20×0 年年末选择以同样的价格续约一年并立即支付 5 000 元；选择在 20×0 年年末续约的客户还有权在 20×1 年年末选择以同样的价格再续约一年并立即支付 5 000 元。尚智公司在 20×1 年和 20×2 年将对该项服务的价格分别提高至每年 10 000 元和 20 000 元。20×0 年年末及其后，没有续约但之后又向尚智公司购买该项服务的客户及新客户都将适用当年涨价后的价格。假定尚智公司提供该服务属于在一段时间内履行的履约义务，并按照成本法确定履约进度。上述金额均不包含增值税。合同开始日即 20×0 年 1 月 1 日，尚智公司估计有 80% 的客户（即 80 位客户）会在 20×0 年年末选择续约，其中又有 90% 的客户（即 72 位客户）会在 20×1 年年末再次选择续约。20×0～20×2 年的合同预计成本分别为 3 000 元、4 000 元和 5 000 元。

本例中，只有签订了该合同的客户才有权选择续约，且客户行使该权利续约时所能够享受的价格远低于该项服务当时的市场价格，因此，尚智公司认为该续约选择权向客户提供了重大权利，且符合简化处理的条件，即尚智公司无须估计该续约选择权的单独售价，而是直接把其预计将提供的额外服务及预计将收取的相应对价金额纳入原合同，进行会计处理。

在合同开始日，尚智公司根据其对客户续约选择权的估计，估计每份合同的交易价格为 12 600 元（5 000 + 5 000×80% + 5 000×72%），预计每份合同各年应分摊的交易价格如表 1-7 所示。

表 1-7　　　　　　　　每份合同各年应分摊的交易价格　　　　　　　单位：元

年度	预计成本	考虑续约可能性调整后	分摊的交易价格
20×0	3 000	3 000（3 000×100%）	3 857［（3 000÷9 800）×12 600］
20×1	4 000	3 200（4 000×80%）	4 114［（3 200÷9 800）×12 600］
20×2	5 000	3 600（5 000×72%）	4 629［（3 600÷9 800）×12 600］
合计	12 000	9 800	12 600

假定客户实际选择续约的情况与尚智公司的估计一致。尚智公司在各年收款、确认收入以及年末合同负债的情况如表 1-8 所示。

表 1-8　　　　尚智公司各年收款、确认收入以及年末合同负债的情况　　　　单位：元

时间	收款	确认收入	合同负债
20×0 年初	500 000	0	500 000
20×0 年末	400 000	385 700	514 300
20×1 年末	360 000	411 400	426 900
20×2 年末	—	462 900	—
合计	1 260 000	1 260 000	

如果客户实际选择续约的情况与尚智公司的估计不一致，则尚智公司需要根据实际情况对于交易价格、履约进度及各年确认的收入进行相应调整。

第三十六条　企业向客户授予知识产权许可[①]的，应当按照本准则第九条和第十条规定评估该知识产权许可是否构成单项履约义务[②]，构成单项履约义务的，应当进一步确定其是在某一时段内履行还是在某一时点履行[③]。

企业向客户授予知识产权许可，同时满足下列条件时，应当作为在某一时段内履行的履约义务确认相关收入；否则，应当作为在某一时点履行的履约义务确认相关收入：

（一）合同要求或客户能够合理预期企业将从事对该项知识产权有重大影响的活动[④]。

（二）该活动对客户将产生有利或不利影响[⑤]。

（三）该活动不会导致向客户转让某项商品[⑥⑦⑧]。

【注释】

①知识产权许可确立了客户对企业知识产权享有的权利。知识产权许可包括但不限于：1）软件及技术；2）电影、音乐及其他媒体和娱乐形式；3）特许权；4）专利权、商标权和版权。除了承诺授予客户知识产权许可外，企业还可能承诺向客户转让其他商品或服务。这些承诺可能在合同中明确列示或隐含于企业的商业惯例、已公布的政策或特定声明中。如同其他类型的合同一样，如果与客户之间的合同除包括其他已承诺的商品或服务外，还承诺授予知识产权许可，则企业应当识别合同中的每一项履约义务。

②如果授予的知识产权许可无法与合同中其他已承诺的商品或服务明确区分，则不构成单项履约义务，企业应将该知识产权许可与其他已承诺的商品或服务合并为一项单一的履约义务进行会计处理。知识产权许可无法与合同中其他已承诺的商品或服务明确区分的情形包括：1）该知识产权许可是构成有形商品的组成部分并且对于该商品正常使用不可或缺；2）客户仅在同时使用相关服务与该知识产权许可时才能获益，例如，由企业提供的在线服务，通过授予知识产权许可使客户能够访问相关内容。

例如，甲公司为一家生物制药公司，将其拥有的某合成药的专利权许可证授予乙公司，授权期限为 10 年。同时，甲公司承诺为乙公司生产该种药品。除此之外，甲公司不会从事任何与支持该药品相关的活动。该药品的生产流程特殊性极高，没有其他公司能够生产该药品。本例中，甲公司向乙公司授予专利权许可，并为其提供生产服务。由于市场上没有其他公司能够生产该药品，客户将无法从该专利权许可中单独获益，因此，该专利权许可与生产服务不可明确区分，应当将其一起作为单项履约义务进行会计处理。相反，如果该药品的生产流程特殊性不高，其他公司也能够生产该药品，则该专利权许可与生产服务可明确区分，应当各自分别作为单项履约义务进行会计处理。

③如果知识产权许可不可明确区分，则企业应当确定该履约义务（包括承诺的许可证）是在一段时间内履行的履约义务还是在某一时点履行的履约义务。如果授予知识产权许可的承诺可与合同中其他已承诺的商品或服务明确区分，从而授予知识产权许可的承诺是一项单独的履约义务，则企业应当确定该知识产权许可是在某一时点还是在一段时间内转让给客户。在确定时，企业应当考虑向客户授予知识产权许可的承诺的性质是向客户提供以下哪一种权利：1）获取企业知识产权的权利，其存在于整个知识产权许可有效期内；2）使用企业知识产权的权利，其存在于授予知识产权许可的时点。

④合同要求或客户能够合理预期企业将从事对该项知识产权有重大影响的活动。企业向客户授予知识产权许可之后，还可能会从事一些后续活动，例如市场推广、知识产权的继续开发或者能够影响知识产权价值的日常活动等，这些活动可能会在企业与客户的合同中明确约定，也可能是客户基于企业公开宣布的政

策、特定声明或者企业以往的习惯做法而合理预期企业将会从事这些活动。如果企业与客户之间约定共享该知识产权的经济利益（例如，企业收取的特许权使用费基于客户的销售情况确定），虽然并非决定性因素，但是这可能表明客户能够合理预期企业将从事对该项知识产权有重大影响的活动。

企业从事的活动存在下列情况之一的，将会对该项知识产权有重大影响：一是这些活动预期将显著改变该项知识产权的形式（如知识产权的设计、内容）或者功能（如执行某任务的能力）；二是客户从该项知识产权中获益的能力在很大程度上来源于或者取决于这些活动，即，这些活动会改变该项知识产权的价值，例如企业授权客户使用其品牌，客户从该品牌获得的利益价值取决于企业为维护或提升其品牌价值而持续从事的活动。当该项知识产权具有重大的独立功能，且该项知识产权绝大部分的经济利益来源于该项功能时，客户从该项知识产权中获得的利益可能不受企业从事的相关活动的重大影响，除非这些活动显著改变了该项知识产权的形式或者功能。具有重大独立功能的知识产权主要包括软件、生物合成物或药物配方，以及已完成的媒体内容（例如电影、电视节目及音乐录音）版权等。

⑤该活动对客户将产生有利或不利影响。企业从事的这些后续活动将直接导致相关知识产权许可对客户产生影响，且这种影响既包括有利影响，也包括不利影响。如果企业从事的后续活动并不影响授予客户的知识产权许可那么企业的后续活动只是在改变其自己拥有的资产。虽然这些活动可能影响企业提供未来知识产权许可的能力，但将不会影响客户已控制或使用的内容。

⑥该活动不会导致向客户转让某项商品。企业向客户授予知识产权许可，并承诺从事与该许可相关的某些后续活动时，如果这些活动本身构成了单项履约义务，那么企业在评估授予知识产权许可是否属于在某一时段履行的履约义务时应当不予考虑。

⑦授予知识产权许可不属于在某一时段内履行的履约义务的，应当作为在某一时点履行的履约义务，在履行该履约义务时确认收入。在客户能够使用某项知识产权许可并开始从中获利之前，企业不能对此类知识产权许可确认收入。例如，企业授权客户在一定期间内使用软件，但是，在企业向客户提供该软件的密钥之前，客户都无法使用该软件，因此，企业在向客户提供该密钥之前虽然已经得到授权，但也不应确认收入。

⑧在判断某项知识产权许可是属于在某一时段内履行的履约义务还是在某一时点履行的履约义务时，企业不应考虑下列因素：一是该许可在时间、地域、排他性以及相关知识产权消耗和使用方面的限制，这是因为这些限制界定了已承诺的许可的属性，并不能界定企业是在某一时点还是在某一时段内履行其履约义务。二是企业就其拥有的知识产权的有效性以及防止未经授权使用该知识产权许可所提供的保证，这是因为保护知识产权的承诺并不构成履约义务，该保护行为是为了保护企业知识产权资产的价值，并且就所转让的知识产权许可符合合同约

定的具体要求而向客户提供保证。

【例52】授予知识产权许可属于在某一时段履行的履约义务示例

甲公司是一家3D动画制作公司，乙公司是一家周边制作公司。甲公司授权乙公司可在5年内使用其3部动画中的角色形象和名称，乙公司可以以不同的方式制作周边（例如，海报或卡贴）。甲公司的每部动画都有相应的主要角色，并会定期创造新的角色，角色的形象也会随时演变。合同要求乙公司必须使用最新的角色形象。在授权期内，甲公司每年向乙公司收取50万元。

本例中，甲公司除了授予知识产权许可外不存在其他履约义务。也就是说，与知识产权许可相关的额外活动并未向客户提供其他商品，因为这些活动是企业授予知识产权许可承诺的一部分，且实际上改变了客户享有知识产权许可的内容。甲公司基于下列因素的考虑，认为该许可的相关收入应当在某一时段内确认：一是乙公司合理预期（根据甲公司以往的习惯做法），甲公司将实施对该知识产权许可产生重大影响的活动，包括设计新的动画角色并推出包含这些角色动画等；二是合同要求乙公司必须使用甲公司创作的最新角色，这些角色塑造得成功与否，会直接对乙公司产生有利或不利影响；三是尽管乙公司可以通过该知识产权许可从这些活动中获益，但在这些活动发生时并没有导致向乙公司转让任何商品。

由于合同规定乙公司在一段固定期间内可无限制地使用其取得授权许可的角色，因此，甲公司按照时间进度确定履约进度。

【例53】授予知识产权许可属于在某一时点履行的履约义务示例

悦听音乐唱片公司将其拥有的一首经典民歌的版权授予华盛公司，并约定华盛公司在两年内有权在国内所有商业渠道（包括电视、广播和网络广告等）使用该经典民歌。因提供该版权许可，悦听公司每月收取1 000元的固定对价。除该版权之外，悦听公司无须提供任何其他的商品。该合同不可撤销。

本例中，悦听公司除了授予该版权许可外不存在其他履约义务。悦听公司并无任何义务从事改变该版权的后续活动，该版权也具有重大的独立功能（即民歌的录音可直接用于播放），华盛公司主要通过该重大独立功能获利，而非悦听公司的后续活动。因此，合同未要求悦听公司从事对该版权许可有重大影响的活动，华盛公司对此也没有形成合理预期，悦听公司授予该版权许可属于在某一时点履行的履约义务，应在华盛公司能够主导该版权的使用并从中获得几乎全部经济利益时，全额确认收入。此外，由于悦听公司履约的时间与客户付款时间（两年内每月支付）之间间隔较长，悦听公司需要判断该项合同中是否存在重大的融资成分，并进行相应的会计处理。

第三十七条 企业向客户授予知识产权许可，并约定按客户实际销售或使用情况收取特许权使用费的，应当在下列两项孰晚的时点确认收入[1][2]：

（一）客户后续销售或使用行为实际发生。

（二）企业履行相关履约义务。

【注释】

①准则由来：IASB 和 FASB 认为，对于其对价是以客户的后续销售或使用为基础的知识产权许可证，企业在不确定性被消除（即当客户发生后续销售或使用）之前不应针对可变金额确认任何收入。因为该方法必然要求企业在整个合同存续期内因具体情况的变化而报告对合同开始时确认的收入金额作出的重大调整，即使此类情况的变化与企业的履约并不相关，因而企业确认针对此类合同的最低收入金额无法提供有用的信息。

②本条是估计可变对价的一个例外规定，该例外规定只有在下列两种情形下才能使用：一是特许权使用费仅与知识产权许可相关。二是特许权使用费可能与合同中的知识产权许可和其他商品都相关，但是，与知识产权许可相关的部分占有主导地位。当企业能够合理预期，客户认为知识产权许可的价值远高于合同中与之相关的其他商品时，该知识产权许可可能是占有主导地位的。对于不适用该例外规定的特许权使用费，应当按照估计可变对价的一般原则进行处理（具体案例参照【例 54】）。

此外，企业使用上述例外规定时，应当对特许权使用费整体采用该规定，而不应当将特许权使用费进行分拆，即部分采用该例外规定进行处理，而其他部分按照估计可变对价的一般原则进行处理（具体案例参照【例 55】）。

【例 54】不适用例外规定的特许权使用费的会计处理示例

国映电影发行公司与甲公司签订合同，将其拥有的一部电影的版权授权给甲公司，甲公司可在其旗下的影院放映该电影，放映期间为 6 周。除了将该电影版权授权给甲公司之外，国映公司还同意在该电影放映之前，向甲公司提供该电影的片花，在甲公司的影院播放，并且在该电影放映期间在当地知名的广播电台播放广告。国映公司将获得甲公司播放该电影的票房分成。

本例中，国映公司的承诺包括授予电影版权许可、提供电影片花及提供广告服务。国映公司在该合同下获得的对价为按照甲公司实际销售情况收取的特许权使用费，与之相关的授予电影版权许可是占有主导地位的。这是因为，国映公司能够合理预期，客户认为该电影版权许可的价值远高于合同中提供的电影片花和广告服务。因此，国映公司应当在甲公司放映该电影的期间按照约定的分成比例确认收入。如果授予电影版权许可、提供电影片花及广告服务分别构成单项履约义务，国映公司应当将该取得的分成收入在这些履约义务之间进行分摊。

【例 55】 整体适用例外规定的特许权使用费的会计处理示例

某动漫公司授权某服装公司利用其某部动漫中的人物形象设计并销售 Cosplay 服装，授权期间为 3 年。合同约定，动漫公司收取的合同对价由两部分组成：一是 100 万元固定金额的使用费；二是按照服装公司销售 Cosplay 服装所取得销售额的 10% 计算的提成。服装公司预期随着该部动漫第二季、第三季的播出，将会吸引更多的粉丝。

本例中，该合同仅包括一项履约义务，即授予使用权许可，动漫公司播出动漫的第二季、第三季是该许可的组成部分。由于服装公司预期随着该部动漫后续系列的播出将会吸引更多的粉丝，会进一步影响服装的销量，动漫公司从事的上述活动并未向服装公司转让任何可明确区分的商品，因此，动漫公司授予的该使用权许可，属于在 3 年内履行的履约义务。动漫公司收取的 100 万元固定金额的使用费应当在 3 年内平均确认收入，按照服装公司销售相关商品所取得销售额的 10% 计算的提成应当在服装公司的销售发生时确认收入。

第三十八条 对于售后回购交易，企业应当区分下列两种情形分别进行会计处理[①]：

（一）企业因存在与客户的远期安排而负有回购义务或企业享有回购权利的，表明客户在销售时点并未取得相关商品控制权，企业应当作为租赁交易或融资交易进行相应的会计处理[②]。其中，回购价格低于原售价的，应当视为租赁交易，按照《企业会计准则第 21 号——租赁》的相关规定进行会计处理[③]；回购价格不低于原售价的，应当视为融资交易在收到客户款项时确认金融负债，并将该款项和回购价格的差额在回购期间内确认为利息费用等[④]。企业到期未行使回购权利的，应当在该回购权利到期时终止确认金融负债，同时确认收入。

（二）企业负有应客户要求回购商品义务的，应当在合同开始日评估客户是否具有行使该要求权的重大经济动因。客户具有行使该要求权重大经济动因的，企业应当将售后回购作为租赁交易或融资交易，按照本条（一）规定进行会计处理；否则，企业应当将其作为附有销售退回条款的销售交易，按照本准则第三十二条规定进行会计处理。[⑤]

售后回购，是指企业销售商品的同时承诺或有权选择日后再将该商品（包括相同或几乎相同的商品，或以该商品作为组成部分的商品）购回的销售方式。

【注释】

①一般来说，售后回购通常有三种形式：1）企业和客户约定企业有义务回购该商品，即存在远期安排；2）企业有权利回购该商品，即企业拥有回购选择权；3）三是当客户要求时，企业有义务回购该商品，即客户拥有回售选择权。本准则（一）中对应的为 1）和 2）的形式，（二）中对应的是 3）的形式。

②由于企业承诺回购或者有权回购该商品，导致客户主导该商品的使用并从

中获取几乎全部经济利益的能力受到限制，因此，在销售时点，客户并没有取得该商品的控制权。

③例如，20×0年4月1日，甲公司向乙公司销售一台设备，销售价格为200万元，同时双方约定两年之后，即20×2年4月1日，甲公司将以120万元的价格回购该设备。本例中，根据合同约定，甲公司负有在两年后回购该设备的义务，因此，乙公司并未取得该设备的控制权。假定不考虑货币时间价值，该交易的实质是乙公司支付了80万元（200－120）的对价取得了该设备2年的使用权。甲公司应当将该交易作为租赁交易进行会计处理。

④例如，20×0年2月1日，甲公司向乙公司销售一项固定资产，该固定资产销售价格为400万元，同时双方约定两年之后，即20×2年2月1日，甲公司将以500万元的价格回购该设备。本例中，假定不考虑货币时间价值，该交易的实质是甲公司以该设备作为质押取得了400万元的借款，2年后归还本息合计500万元。甲公司应当将该交易视为融资交易，不应当终止确认该设备，而应当在收到客户款项时确认金融负债，并将该款项与回购价格的差额在回购期间内确认为利息费用等。企业到期未行使回购权利的，应当在该回购权利到期时终止确认金融负债，同时确认收入。

⑤**实施指引**：在判断客户是否具有行权的重大经济动因时，企业应当综合考虑各种相关因素，包括回购价格与预计回购时市场价格之间的比较及权利的到期日等。当回购价格明显高于该资产回购时的市场价值时，通常表明客户有行权的重大经济动因。重大经济动因的判断的示例可参照【例56】。

【例56】重大经济动因的判断

甲公司向乙公司销售其生产的一台设备，销售价格为4 000万元，双方约定，乙公司在5年后有权要求甲公司以3 500万元的价格回购该设备。甲公司预计该设备在回购时的市场价值将远低于3 500万元。

本例中，假定不考虑时间价值的影响，甲公司的回购价格3 500万元低于原售价4 000万元，但远高于该设备在回购时的市场价值，甲公司判断乙公司有重大的经济动因行使其权利要求甲公司回购该设备。因此，甲公司应当将该交易作为租赁交易进行会计处理。

第三十九条　企业向客户预收销售商品款项的，应当首先将该款项确认为负债，待履行了相关履约义务时再转为收入①。当企业预收款项无须退回，且客户可能会放弃其全部或部分合同权利时，企业预期将有权获得与客户所放弃的合同权利相关的金额的，应当按照客户行使合同权利的模式按比例将上述金额确认为收入②；否则，企业只有在客户要求其履行剩余履约义务的可能性极低时，才能将上述负债的相关余额转为收入③④。

【注释】

①企业因销售商品向客户收取的预收款，赋予了客户一项在未来从企业取得该商品的权利，并使企业承担了向客户转让该商品的义务，因此，企业应当将预收的款项确认为合同负债，待未来履行了相关履约义务，即向客户转让相关商品时，再将该负债转为收入。

②实施指引：例如，某企业采用储蓄卡消费模式，客户预交款项办理储蓄卡，企业赋予了客户一项在未来从企业取得该商品的权利。当由于某种原因，客户放弃储值卡的使用时，企业预期将有权获得与客户所放弃的合同权利相关的金额，应当按照客户行使合同权利的模式按比例将上述金额确认为收入（具体情形及处理参照【例57】）。企业在确定其是否预期将有权获得与客户所放弃的合同权利相关的金额时，应当考虑将估计的可变对价计入交易价格的限制要求（参照本准则第十六条）。

③实施指引：在除了客户放弃其全部或部分合同权利之外的情况下，企业只有在客户要求其履行剩余履约义务的可能性极低时，才能将上述负债的相关余额转为收入，例如由于客户自身不可抗力因素无法进行消费（具体情形及处理参照【例58】）。

④实施指引：如果有相关法律规定，企业所收取的、与客户未行使权利相关的款项须转交给其他方的（例如，法律规定无人认领的财产需上交政府），企业不应将其确认为收入（具体情形及处理参照【例59】）。

【例57】客户放弃部分合同权利的具体情形及会计处理

甲公司经营连锁超市。20×0年，甲公司向客户销售了1 000张储值卡，每张卡的面值为100元，总额为100 000元。客户可在甲公司经营的任何一家超市门店使用该储值卡进行消费。根据历史经验，甲公司预期客户购买的储值卡中将有大约相当于储值卡面值金额5%（即5 000元）的部分不会被消费。截至20×0年12月31日，客户使用该储值卡消费的金额为40 000元。甲公司为增值税一般纳税人，在客户使用该储值卡消费时发生增值税纳税义务。

本例中，在甲公司销售储值卡时，甲公司收取现金的同时应确认合同负债，同时应确认待转销项税额，待转销项税额为11 504元[100 000÷（1+13%）×13%]。而甲公司预期将有权获得与客户未行使的合同权利相关的金额为5 000元，该金额应当按照客户行使合同权利的模式按比例确认为收入。在20×0年，甲公司销售的储值卡消费金额为40 000元，消费的金额以及与客户未行使的合同权利相关的金额共同应当确认的收入金额为37 261元[（40 000+5 000×40 000÷95 000）÷（1+13%）]，同时应将对应的待转销项税额确认为销项税额。

甲公司的账务处理为：

（1）销售储值卡：

借：银行存款　　　　　　　　　　　　　　　　100 000

贷：合同负债	88 486
应交税费——待转销项税额	11 504

（2）根据储值卡的消费金额及与客户未行使的合同权利相关的金额确认收入，同时将对应的待转销项税额确认为销项税额：

借：合同负债	37 261
应交税费——待转销项税额	4 844
贷：主营业务收入	37 261
应交税费——应交增值税（销项税额）	4 844

【例58】在客户要求企业履行剩余履约义务的可能性极低时的具体情形及会计处理

乙公司经营连锁美容院。20×0年，乙公司向客户丁销售了1张储值卡，这张卡的总额为10 000元。客户丁可在乙公司经营的任何一家美容院使用该储值卡进行消费。在销售时乙公司与客户丁约定，该储值卡仅限本人使用，不可继承与赠与。20×1年年底，客户丁突遭车祸意外死亡。此时，该储值卡已消费金额为8 000元。乙公司为增值税一般纳税人，在客户使用该储值卡消费时发生增值税纳税义务。

销售储值卡时，乙公司在收取现金的同时应确认合同负债，同时应确认待转销项税额，待转销项税额为1 150元［10 000÷（1 + 13%）×13%］。在20×0年，乙公司销售的储值卡消费金额为8 000元，因此根据消费的金额应当确认的收入金额为7 080元［8 000÷（1 + 13%）］，同时应将对应的待转销项税额确认为销项税额。同时，因为客户突遭车祸死亡，且之前有约定储值卡仅限本人使用。因此客户要求乙公司履行其剩余履约义务的可能性极低，乙公司可将合同负债的相关余额转为收入，同时将对应的待转销项税额确认为销项税额。

乙公司的账务处理为：

（1）销售储值卡：

借：库存现金	10 000
贷：合同负债	8 850
应交税费——待转销项税额	1 150

（2）根据消费金额确认收入，同时将对应的待转销项税额确认为销项税额：

借：合同负债	7 080
应交税费——待转销项税额	920
贷：主营业务收入	7 080
应交税费——应交增值税（销项税额）	920

（3）将合同负债的相关余额转为收入：

借：合同负债	1 770
应交税费——待转销项税额	230

```
贷：主营业务收入                                    1 770
    应交税费——应交增值税（销项税额）                 230
```

【例59】按规定需将相关款项转交给其他方的具体情形及会计处理

丙百货商店为连锁百货商店。20×0年，丙百货商店向客户戊销售了1张储值卡，这张卡的总额为10 000元，客户戊可在任意一家丙百货商店公司使用该储值卡进行消费。戊为己公司的采购员，己公司授权戊使用公司公款购买了该储值卡，专用于公司日常物资采购。20×1底，客户戊突遭车祸意外死亡，己公司委派了新的采购员庚接手此储值卡继续用于公司日常物资采购。此时，该储值卡已消费金额为8 000元。乙公司为增值税一般纳税人，在客户使用该储值卡消费时发生增值税纳税义务。

销售储值卡时，丙百货商店在收取现金的同时应确认合同负债，同时应确认待转销项税额，待转销项税额为1 150元[10 000÷(1+13%)×13%]。在20×0年，丙百货商店销售的储值卡消费金额为8 000元，因此根据消费的金额应当确认的收入金额为7 080元[8 000÷(1+13%)]，同时应将对应的待转销项税额确认为销项税额。尽管客户戊突遭车祸死亡，但该储值卡是戊经己公司授权使用公款购买的，且己公司在戊死亡后委派了新的采购员接手。因此，丙百货商店不可将合同负债的相关余额确认为收入。

丙百货商店的账务处理为：

（1）销售储值卡：

```
借：库存现金                                      10 000
    贷：合同负债                                    8 850
        应交税费——待转销项税额                       1 150
```

（2）根据消费金额确认收入，同时将对应的待转销项税额确认为销项税额：

```
借：合同负债                                       7 080
    应交税费——待转销项税额                            920
    贷：主营业务收入                                  7 080
        应交税费——应交增值税（销项税额）                  920
```

第四十条 企业在合同开始（或接近合同开始）日向客户收取的无须退回的初始费（如俱乐部的入会费等）应当计入交易价格[①]。企业应当评估该初始费是否与向客户转让已承诺的商品相关。该初始费与向客户转让已承诺的商品相关并且该商品构成单项履约义务的，企业应当在转让该商品时，按照分摊至该商品的交易价格确认收入；该初始费与向客户转让已承诺的商品相关，但该商品不构成单项履约义务的，企业应当在包含该商品的单项履约义务履行时，按照分摊至该单项履约义务的交易价格确认收入；该初始费与向客户转让已承诺的商品不相关的，该初始费应当作为未来将转让商品的预收款，在未来转让该商品时确认为收入[②]。

企业收取了无须退回的初始费且为履行合同应开展初始活动，但这些活动本身并没有向客户转让已承诺的商品的，该初始费与未来将转让的已承诺商品相关，应当在未来转让该商品时确认为收入，企业在确定履约进度时不应考虑这些初始活动；企业为该初始活动发生的支出应当按照本准则第二十六条和第二十七条规定确认为一项资产或计入当期损益。

【注释】

①在某些合同中，企业在合同开始时或接近合同开始时会向客户收取一笔不可返还的预付费用。例如，健身俱乐部会员合同的入会费、电信合同中的开通费、某些服务合同中的准备费及某些供货合同中的先期费用。这些不可返还的预付费用与企业为履行合同而在合同开始时或临近合同开始时开展的活动相关，但需注意这些活动并不会导致向客户转让已承诺的商品或服务。

②**实施指引**：为识别这类合同中的履约义务，企业应当评估该费用是否与转让已承诺的商品或服务有关，此处应当分为三种情况考虑。第一，该初始费与企业向客户转让商品相关且该商品构成单项履约义务的（是否构成单项履约义务的判断参见本准则第九条【注释】），在这种情况下在企业转让上述商品的时候，将包含该初始费用的合同总价按照商品的交易价格分摊至该商品（即"单项履约义务"），并确认为收入，此时初始费用即确认为收入（具体情形参照【例60】）；第二，该初始费与向客户转让已承诺的商品相关，但该商品不构成单项履约义务的，企业应识别包含该商品的单项履约义务，并在履行该单项履约义务的时候，将合同总价按照该单项履约义务的交易价格分摊至该项履约义务，并确认收入（具体情形参照【例61】）；第三，该初始费与向客户转让已承诺的商品不相关的，该初始费应当作为未来将转让商品的预收款，在未来转让该商品时确认为收入（具体情形参照【例62】）。

【例60】初始费与向客户转让已承诺的商品相关且该商品构成单项履约义务

智尚教育公司为一家社会职业教育中心。智尚教育公司与甲客户签订了为期2年的优惠职业教育套餐合同，甲客户在这两年内可在此职业教育中心接受职业教育。在此优惠合同中，智尚教育公司除向甲客户收取职业教育学费5 000元之外，还向甲客户收取了500元的初始费作为教材费，用于为甲客户购买相应的职业教育教材。如不选择此优惠合同，职业教育服务的单独售价为5 300元，教材的单独售价为700元。智尚教育公司收取的教材费和职业教育学费均无须返还。假定不考虑相关税费。

本例中，智尚教育公司承诺的服务是向甲客户提供职业教育，而初始费与提供职业教育的履约义务相关，并且初始费对应的购买教材构成了单项履约义务。在此情况下，智尚教育公司包括两项单独履约义务：教材及职业教育服务。

该优惠合同总的交易价格为5 500元（5 000+500），应按照教材和职业教育服务两项单独履约义务的单独售价分配 5 500 元的收入。职业教育服务的单独售价为 5 300 元，教材的单独售价为 700 元。因此，职业教育服务分配收入的比例为 88.3% [5 300 ÷ (5 300 + 700) × 100%]，教材分配收入的比例为 11.7% [700 ÷ (5 300 + 700) × 100%]。

根据收入分配比例，应确认的职业教育服务收入为 4 856.5 元（88.3% × 5 500），职业教育服务是"时段义务"，应按照时段法在提供培训服务的 2 年内按照教育服务履约进程确认收入。应确认的教材收入为 643.5 元（11.7% × 5 500），提供教材属于"时点义务"，应按照时点法在教材控制权转移（即教材发给甲客户时）确认全部 643.5 元的收入。

智尚教育公司的账务处理为：

（1）销售优惠职业教育套餐：

借：库存现金　　　　　　　　　　　　　　　　　　5 500

　　贷：合同负债——职业教育服务　　　　　　　　　　4 856.5

　　　　　　——教材　　　　　　　　　　　　　　　　643.5

（2）在进行职业教育的第一天，即将教材发给甲客户时，应确认教材收入：

借：合同负债——教材　　　　　　　　　　　　　　643.5

　　贷：主营业务收入——教材　　　　　　　　　　　　643.5

（3）第一年年末，教育进度完成了 55%，第一年应确认相应的职业教育服务收入：

借：合同负债——职业教育服务　　　　　　　　　　2 671.1

　　贷：主营业务收入——职业教育服务　　　　　　　　2 671.1

（4）第二年年末，教育进度完成了剩余的 45%，第二年应确认相应的职业教育服务收入：

借：合同负债——职业教育服务　　　　　　　　　　2 185.4

　　贷：主营业务收入——职业教育服务　　　　　　　　2 185.4

【例 61】初始费与向客户转让已承诺的商品相关但该商品不构成单项履约义务

沿用【例 60】，智尚教育公司与乙客户签订了为期 2 年的合同，乙客户在这两年内可在此职业教育中心接受职业教育。智尚教育公司除向乙客户收取职业教育学费 5 000 元之外，还向乙客户收取了 1 000 元初始费用作为答疑费。智尚教育公司收取的答疑费和职业教育学费均无须返还。

本例中，智尚教育公司承诺的服务是向乙客户提供职业教育，而初始费与提供职业教育的履约义务相关，但是初始费用所对应的答疑费不构成一项单独的履约义务，这是因为授课、布置检查作业、考试、答疑本就是进行职业教育的一部分，因此均属于同一项职业教育服务履约义务。

智尚教育公司应确认的职业教育服务收入为 6 000 元（5 000 + 1 000），职业教育服务为"时段义务"，应按时段法在 2 年内将该项收入按照教育服务履约进程分摊。

智尚教育公司的账务处理为：

（1）销售职业教育服务：

借：库存现金　　　　　　　　　　　　　　　　　　　　　6 000

　　贷：合同负债——职业教育服务　　　　　　　　　　　　　　6 000

（2）第一年年末，教育进度完成了 55%，第一年应确认相应的职业教育服务收入：

借：合同负债——职业教育服务　　　　　　　　　　　　　3 300

　　贷：主营业务收入——职业教育服务　　　　　　　　　　　　3 300

（4）第二年年末，教育进度完成了剩余的 45%，第二年应确认相应的职业教育服务收入：

借：合同负债——职业教育服务　　　　　　　　　　　　　2 700

　　贷：主营业务收入——职业教育服务　　　　　　　　　　　　2 700

【例 62】初始费与向客户转让已承诺的商品不相关

沿用【例 60】，智尚教育公司与丙客户签订了为期 2 年的合同，丙客户在这两年内可在此职业教育中心接受职业教育。智尚教育公司除向丙客户收取职业教育学费 5 000 元之外，还向丙客户收取了 100 元的职业教育档案建立费，用于补偿公司为丙客户进行注册登记、准备及制作职业教育档案等初始活动所花费的成本。智尚教育公司收取的职业教育档案建立费和职业教育学费均无须返还。

智尚教育公司承诺的服务是向丙客户提供职业教育，而智尚教育公司在丙客户进行职业教育前所进行的职业教育档案建立并未向丙客户提供其所承诺的服务，只是一些内部行政管理性质的工作。因此，智尚教育公司虽然为补偿这些初始活动向丙客户收取了职业教育档案建立费，但是该职业教育档案建立费实质上是丙客户为接受职业教育服务所支付的对价的一部分，故应当作为职业教育服务的预收款，与收取的职业教育学费一起在 2 年内分摊确认为收入。

智尚教育公司应确认的"职业教育服务"收入为 5 100 元（5 000＋100），职业教育服务为"时段义务"，应按时段法在 2 年内将该项收入按照教育服务履约进程分摊。

智尚教育公司的账务处理为：

（1）销售职业教育服务：

借：库存现金　　　　　　　　　　　　　　　　　　　　　5 100

　　贷：合同负债——职业教育服务　　　　　　　　　　　　　　5 100

（2）第一年年末，教育进度完成了 55%，第一年应确认相应的职业教育服务收入：

借：合同负债——职业教育服务　　　　　　　　　　　　　2 805

     贷：主营业务收入——职业教育服务   2 805

  （4）第二年年末，教育进度完成了剩余的 45%，第二年应确认相应的职业教育服务收入：

    借：合同负债——职业教育服务   2 295

     贷：主营业务收入——职业教育服务   2 295

第六章 列　报

　　第四十一条　企业应当根据本企业履行履约义务与客户付款之间的关系在资产负债表中列示合同资产或合同负债①。企业拥有的、无条件②（即，仅取决于时间流逝）向客户收取对价的权利应当作为应收款项③单独列示④。

　　合同资产⑤，是指企业已向客户转让商品而有权收取对价的权利，且该权利取决于时间流逝之外的其他因素⑥。如企业向客户销售两项可明确区分的商品，企业因已交付其中一项商品而有权收取款项，但收取该款项还取决于企业交付另一项商品的，企业应当将该收款权利作为合同资产。

　　合同负债⑦，是指企业已收或应收客户对价而应向客户转让商品的义务。如企业在转让承诺的商品之前已收取的款项。

　　按照本准则确认的合同资产的减值的计量和列报应当按照《企业会计准则第22 号——金融工具确认和计量》和《企业会计准则第 37 号——金融工具列报》的规定进行会计处理⑧。

【注释】

　　①**准则由来：**IASB 和 FASB 规定，一份合同中的剩余的权利和履约义务应按净额进行会计处理及列报，作为合同资产或者合同负债，且对于就特定履约作出法律补偿的合同中的权利与履约义务，无须考虑按总额列报。IASB 和 FASB 指出，客户合同中的权利和义务相辅相成——向客户收取对价的权利取决于企业的履约；类似地，仅当客户继续进行支付时企业才会履约。IASB 和 FASB 认为，在资产负债表中按净额对剩余权利和义务进行会计处理及列报最能反映该相辅相成的关系。

　　IASB 和 FASB 决定，IFRS15 不应对"企业是否应将其合同资产和合同负债作为单独的项目在资产负债表中列报"明确规定。企业应当应用财务报表列报的一般原则来确定是否应在资产负债表中单独列报合同资产和合同负债。例如，《国际会计准则第 1 号——财务报表的列报》（简称 IAS1，下同）要求企业分别列示每一类相似的项目和具有不同性质或功能的项目（除非这些项目并不重要）。

　　②**准则由来：**在许多情况下，当企业已履行履约义务并向客户开具发票时，将产生获得对价的无条件权利。例如，在企业向客户转让商品时，通常针对这些商品的支付到期并开具相应发票。但是，企业向客户开具发票要求付款的行为并

不能表明企业拥有获得对价的无条件权利。例如，如果仅当对价支付前所需等待的时间结束后才可收取对价，则企业可能在开具发票前便拥有获得对价的无条件权利（未开具账单的应收账款）。在其他情况下，企业可能在履行履约义务之前便拥有获得对价的无条件权利。例如，企业订立一份不可撤销的合同，要求客户在企业提供商品前的一个月支付相关对价。在这种情况下，企业在支付到期日便拥有获得对价的无条件权利（但是在这种情况下，企业仅在已转让商品之后才能确认收入）。

③应收款项是企业无条件收取合同对价的权利。只有在合同对价到期支付之前仅仅随着时间的流逝即可收款的权利，才是无条件的收款权。有时，企业有可能需要在未来返还全部或部分的合同对价（例如，企业在附有销售退回条款的合同下收取的合同对价），但是，企业仍然拥有无条件收取合同对价的权利，未来返还合同对价的潜在义务并不会影响企业收取对价总额的现时权利，因此，企业仍应当确认一项应收款项，同时将预计未来需要返还的部分确认为一项负债。

④准则由来：IASB 和 FASB 同时发现，某些行业一贯采用不同的分类来描述合同资产和合同负债，或将二者计入财务报表或附注中的多个单列项目。由于额外的信息通常对这类财务报表的使用者有用，IASB 和 FASB 决定，企业可针对合同资产、合同负债和应收款使用不同的描述，并且可使用额外的单列项目来列报此类资产和负债（前提是企业同时提供了能够使财务报表使用者对这些资产和负债进行区分的充分信息）。

⑤在客户实际支付合同对价或在该对价到期应付之前，企业如果已经向客户转让了商品（即履约义务已经完成或部分完成），则应当将因已转让商品而有权收取对价的权利列示为合同资产，但不包括应收款项。

合同资产和应收款项都是企业拥有的有权收取对价的合同权利，二者的区别在于，应收款项代表的是无条件收取合同对价的权利，即企业仅仅随着时间的流逝即可收款，而合同资产并不是一项无条件收款权，该权利除了时间流逝之外，还取决于其他条件（例如，履行合同中的其他履约义务）才能收取相应的合同对价。因此，与合同资产和应收款项相关的风险是不同的，应收款项仅承担信用风险，而合同资产除信用风险之外，还可能承担其他风险，如履约风险等。企业确认合同资产和应收款项的账务处理参见【例 61】和【例 62】。此外，根据 IF-RS15，即使企业可能要在未来返还部分或全部对价，企业仍拥有获得对价的无条件权利。在这种情况下，在未来返还对价的潜在义务不会影响企业收取对价总额的现时权利。IASB 和 FASB 认为，企业在某些时候可以确认一项应收款和一项退款负债（例如，当存在退货权时）。

⑥准则由来：IASB 和 FASB 规定，如果企业已履行履约义务但并无获得对价的无条件权利，企业应确认一项合同资产。IASB 和 FASB 指出，区分合同资产与应收款项十分重要，因为这为财务报表使用者提供了关于与企业合同权利相关的风险的信息。尽管合同资产和应收款项均面临信用风险，但合同资产同时面临其

他风险（例如履约风险）。企业一旦拥有获得对价的无条件权利，应将该权利作为一项应收款项与合同资产分开列示，并按照其他规定（例如，IFRS9 或《主题310》）对其进行会计处理。IASB 和 FASB 决定，除收入确认外，IFRS15 无须包括对应收款项的会计处理。IFRS 和 GAAP 已在其他准则中就诸如应收款项的计量（或减值）及涉及这些资产的披露等事项作出规范。

⑦企业在向客户转让商品之前，如果客户已经支付了合同对价或企业已经取得了无条件收取合同对价的权利，则企业应当在客户实际支付款项与到期应支付款项孰早时点，将该已收或应收的款项列示为合同负债。例如，企业与客户签订不可撤销的合同，向客户销售其生产的产品，合同开始日，企业收到客户支付的合同价款 500 元，相关产品将在 3 个月之后交付给客户，这种情况下，企业应当将该 500 元作为合同负债进行处理。

⑧合同资产和合同负债的列报：

合同资产和合同负债应当在资产负债表中单独列示。同一合同下的合同资产和合同负债应当以净额列示，不同合同下的合同资产和合同负债不能互相抵销。

通常情况下，企业对其已向客户转让商品而有权收取的对价金额应当确认为合同资产或应收账款；对于其已收或应收客户对价而应向客户转让商品的义务，应当按照已收或应收的金额确认合同负债。由于同一合同下的合同资产和合同负债应当以净额列示，企业也可以设置"合同结算"科目（或其他类似科目），以核算同一合同下属于在某一时段内履行履约义务涉及与客户结算对价的合同资产或合同负债，并在此科目下设置"合同结算——价款结算"科目反映定期与客户进行结算的金额，设置"合同结算——收入结转"科目反映按履约进度结转的收入金额。资产负债表日，"合同结算"科目的期末余额在借方的，根据其流动性，在资产负债表中分别列示为"合同资产"或"其他非流动资产"项目；期末余额在贷方的，根据其流动性，在资产负债表中分别列示为"合同负债"或"其他非流动负债"项目。企业设置"合同结算"科目的账务处理参见【例65】。

合同履约成本和合同取得成本的列报：

根据本准则规定确认为资产的合同履约成本，初始确认时摊销期限不超过一年或一个正常营业周期的，在资产负债表中记入"存货"项目；初始确认时摊销期限在一年或一个正常营业周期以上的，在资产负债表中记入"其他非流动资产"项目。

根据本准则规定确认为资产的合同取得成本，初始确认时摊销期限不超过一年或一个正常营业周期的在资产负债表中记入"其他流动资产"项目；初始确认时摊销期限在一年或一个正常营业周期以上的，在资产负债表中记入"其他非流动资产"项目。

⑤企业应当按照《企业会计准则第 22 号——金融工具确认和计量》评估合同资产的减值，该减值的计量、列报和披露应当按照《企业会计准则第 22 号——金融工具确认和计量》和《企业会计准则第 37 号——金融工具列报》的

规定进行会计处理。

【例 63】 企业确认合同资产的账务处理

鸿望矿业主要从事矿石的开采和销售。20×1 年 3 月 20 日，鸿望矿业与客户成达工业签订合同，向其销售铜和铁矿石，合同价款为 100 万元。合同约定，铜于合同开始日交付，铁矿石在一个月之后交付，只有当铜和铁矿石全部交付之后，鸿望矿业才有权收取 100 万元的合同对价。假定销售铜和铁矿石构成两项履约义务，其控制权在交付时转移给成达工业，分摊至铜和铁矿石的交易价格分别为 40 万元和 60 万元。上述价格均不包含增值税，且假定不考虑相关税费影响。

分析：本例中，鸿望矿业将铜交付给客户成达工业之后，与该商品相关的履约义务已经履行，但是需要等到后续交付铁矿石时，鸿望矿业才具有无条件收取合同对价的权利，因此，鸿望矿业应当将因交付铜而有权收取的对价 40 万元确认为合同资产，而不是应收账款，相应的账务处理如下：

（1）交付铜时：

借：合同资产 400 000
　　贷：主营业务收入 400 000

（2）交付铁矿石时：

借：应收账款 1 000 000
　　贷：合同资产 400 000
　　　　主营业务收入 600 000

【例 64】 确认应收款项的账务处理

盛利电子为一家从事计算机制造和销售的公司。20×1 年 2 月 1 日，盛利电子与丰迪公司签订合同，以每台 5 000 元的价格向其销售计算机；如果丰迪公司在 20×1 年全年的采购量超过 1 000 台，该计算机的销售价格将追溯下调至每台 4 000 元。计算机的控制权在交付时转移给丰迪公司。在合同开始日，盛利电子预计丰迪公司全年的采购量能够超过 1 000 台。20×1 年 3 月 1 日，盛利电子交付给丰迪公司第一批计算机共 200 台。上述价格均不包含增值税，且假定不考虑相关税费影响。

本例中，盛利电子将计算机交付给丰迪公司时取得了无条件的收款权，即盛利电子有权按照每台计算机 5 000 元的价格向丰迪公司收取款项，直到丰迪公司的采购量达到 1 000 台为止。由于盛利电子估计丰迪公司的采购量能够达到 1 000件，因此，根据将可变对价计入交易价格的限制要求，盛利电子确定每台计算机的交易价格为 4 000 元。20×1 年 3 月 1 日，盛利电子交付产品时的账务处理为：

借：应收账款 1 000 000
　　贷：主营业务收入 800 000
　　　　预计负债——应付退货款 200 000

【例65】企业设置"合同结算"科目的账务处理

20×1年1月1日，强基建筑公司与宏业公司签订一项写字楼建设工程施工合同，根据双方合同，该工程的造价为4 500万元，工程期限为1年半，强基建筑公司负责工程的施工及全面管理，宏业公司按照第三方工程监理公司确认的工程完工量，每半年与强基建筑公司结算一次。该写字楼建设工程预计将于20×2年6月30日竣工；而预计可能发生的总成本则为3 000万元。假定该建设工程整体构成单项履约义务，并属于在某一时段履行的履约义务，强基建筑公司采用成本法确定履约进度。强基建筑公司适用的增值税税率为10%，假设不考虑其他相关因素。

20×1年6月30日，工程累计实际发生成本1 000万元，强基建筑公司与宏业公司结算合同价款1 500万元，强基建筑公司实际收到价款1 200万元；20×1年12月31日，工程累计实际发生成本2 100万元，强基建筑公司与宏业公司结算合同价款1 200万元，强基建筑公司实际收到价款1 000万元；20×2年6月30日，工程累计实际发生成本3 200万元，宏业公司与强基建筑公司结算了合同竣工价款1 800万元，并支付剩余工程款2 300万元。上述价款均不含增值税额。假定强基建筑公司与宏业公司结算时即发生增值税纳税义务，宏业公司在实际支付工程价款的同时支付其对应的增值税款。

强基建筑公司的账务处理为：

（1）20×1年1月1日至6月30日，实际发生工程成本时：

借：合同履约成本　　　　　　　　　　　　　　　10 000 000

　　贷：原材料、应付职工薪酬等　　　　　　　　　　　10 000 000

（2）20×1年6月30日，确认相应的合同结算金额：

履约进度 = 10 000 000 ÷ 30 000 000 = 33.3%

合同收入 = 45 000 000 × 33.3% = 14 985 000（元）

借：合同结算——收入结转　　　　　　　　　　　14 985 000

　　贷：主营业务收入　　　　　　　　　　　　　　　14 985 000

借：主营业务成本　　　　　　　　　　　　　　　10 000 000

　　贷：合同履约成本　　　　　　　　　　　　　　　10 000 000

借：应收账款　　　　　　　　　　　　　　　　　16 500 000

　　贷：合同结算——价款结算　　　　　　　　　　　15 000 000

　　　　应交税费——应交增值税（销项税额）　　　　 1 500 000

借：银行存款　　　　　　　　　　　　　　　　　13 200 000

　　贷：应收账款　　　　　　　　　　　　　　　　　13 200 000

当日，"合同结算"科目的余额为贷方1.5万元（1 500 – 1 498.5），表明强基建筑公司已经与客户结算但尚未履行履约义务的金额为1.5万元，由于强基建筑公司预计该部分履约义务将在20×1年内完成，因此，应在资产负债表中作为合同负债列示。

（3）20×1 年 7 月 1 日至 12 月 31 日，实际发生工程成本时：

借：合同履约成本　　　　　　　　　　　　　　　11 000 000

　　贷：原材料、应付职工薪酬等　　　　　　　　　　11 000 000

（4）20×1 年 12 月 31 日，确认相应的合同结算金额。

履约进度 = 21 000 000 ÷ 30 000 000 = 70%

合同收入 = 45 000 000 × 70% − 14 985 000 = 16 515 000（元）

借：合同结算——收入结转　　　　　　　　　　　16 515 000

　　贷：主营业务收入　　　　　　　　　　　　　　　16 515 000

借：主营业务成本　　　　　　　　　　　　　　　11 000 000

　　贷：合同履约成本　　　　　　　　　　　　　　　11 000 000

借：应收账款　　　　　　　　　　　　　　　　　13 200 000

　　贷：合同结算——价款结算　　　　　　　　　　　12 000 000

　　　　应交税费——应交增值税（销项税额）　　　　 1 200 000

借：银行存款　　　　　　　　　　　　　　　　　11 000 000

　　贷：应收账款　　　　　　　　　　　　　　　　　11 000 000

当日，"合同结算"科目的余额为借方 450 万元（1 651.5 − 1 200 − 1.5），表明强基建筑公司已经履行履约义务但尚未与客户结算的金额为 450 万元，由于该部分金额将在 20×2 年内结算，因此，应在资产负债表中作为合同资产列示。

（5）20×2 年 1 月 1 日至 6 月 30 日，实际发生工程成本时：

借：合同履约成本　　　　　　　　　　　　　　　11 000 000

　　贷：原材料、应付职工薪酬等　　　　　　　　　　11 000 000

（6）20×2 年 6 月 30 日，确认相应的合同结算金额，同时结转合同结算余额。

由于当日该工程已竣工决算，其履约进度为 100%。

合同收入 = 45 000 000 − 14 985 000 − 16 515 000 = 13 500 000（元）

借：合同结算——收入结转　　　　　　　　　　　13 500 000

　　贷：主营业务收入　　　　　　　　　　　　　　　13 500 000

借：主营业务成本　　　　　　　　　　　　　　　11 000 000

　　贷：合同履约成本　　　　　　　　　　　　　　　11 000 000

借：应收账款　　　　　　　　　　　　　　　　　19 800 000

　　贷：合同结算——价款结算　　　　　　　　　　　18 000 000

　　　　应交税费——应交增值税（销项税额）　　　　 1 800 000

借：银行存款　　　　　　　　　　　　　　　　　25 300 000

　　贷：应收账款　　　　　　　　　　　　　　　　　25 300 000

当日，"合同结算"科目的余额为零（450 + 1 350 − 1 800）。

第四十二条　企业应当在附注中披露与收入有关的下列信息[①]：

（一）收入确认和计量所采用的会计政策、对于确定收入确认的时点和金额具有重大影响的判断②以及这些判断的变更，包括确定履约进度的方法及采用该方法的原因、评估客户取得所转让商品控制权时点的相关判断③，在确定交易价格④、估计计入交易价格的可变对价、分摊交易价格⑤以及计量预期将退还给客户的款项等类似义务时所采用的方法、输入值和假设等。

（二）与合同相关的下列信息⑥：

1. 与本期确认收入相关的信息⑦，包括与客户之间的合同产生的收入、该收入按主要类别（如商品类型、经营地区、市场或客户类型、合同类型、商品转让的时间、合同期限、销售渠道等）分解的信息⑧以及该分解信息与每一报告分部⑨的收入之间的关系等⑩。

2. 与应收款项、合同资产和合同负债的账面价值相关的信息，包括与客户之间的合同产生的应收款项、合同资产和合同负债的期初和期末账面价值、对上述应收款项和合同资产确认的减值损失、在本期确认的包括在合同负债期初账面价值中的收入、前期已经履行（或部分履行）的履约义务在本期调整的收入、履行履约义务的时间与通常的付款时间之间的关系以及此类因素对合同资产和合同负债账面价值的影响的定量或定性信息、合同资产和合同负债的账面价值在本期内发生的重大变动情况等⑪⑫。

3. 与履约义务相关的信息，包括履约义务通常的履行时间⑬、重要的支付条款⑭、企业承诺转让的商品的性质（包括说明企业是否作为代理人）、企业承担的预期将退还给客户的款项等类似义务、质量保证的类型及相关义务等。

4. 与分摊至剩余履约义务的交易价格相关的信息，包括分摊至本期末尚未履行（或部分未履行）履约义务的交易价格总额、上述金额确认为收入的预计时间的定量或定性信息⑮、未包括在交易价格的对价金额（如可变对价）等⑯⑰。

（三）与合同成本有关的资产相关的信息⑱，包括确定该资产金额所做的判断、该资产的摊销方法、按该资产主要类别（如为取得合同发生的成本、为履行合同开展的初始活动发生的成本等）披露的期末账面价值以及本期确认的摊销及减值损失金额等。

（四）企业根据本准则第十七条规定因预计客户取得商品控制权与客户支付价款间隔未超过一年而未考虑合同中存在的重大融资成分，或者根据本准则第二十八条规定因合同取得成本的摊销期限未超过一年而将其在发生时计入当期损益的，应当披露该事实。

【注释】

①企业应当在财务报表附注中充分披露与收入有关的上述定性和定量信息，以使财务报表使用者能够了解与客户之间的合同产生的收入及现金流量的性质、金额、时间分布和不确定性等相关信息。

②准则由来：IFRS 和 GAAP 均有披露企业作出的重大会计估计和判断的一

般要求。鉴于财务报表使用者对收入的重视，IASB 和 FASB 要求企业对在确定收入确认的金额和时间时所使用的估计和所作的判断提供特定的披露。

③对于在某一时段内履行的履约义务，企业应当披露确认收入所采用的方法（例如，企业是按照产出法还是投入法确认收入，企业如何运用该方法确认收入等），以及该方法为何能够如实地反映商品的转让的说明性信息。对于在某一时点履行的履约义务，企业应当披露在评估客户取得所承诺商品控制权时点时所作出的重大判断。

④包括但不限于估计可变对价、调整货币时间价值的影响以及计量非现金对价等。

⑤包括估计所承诺商品的单独售价、将合同折扣以及可变对价分摊至合同中的某一特定部分等。

⑥企业应当单独披露与客户的合同相关的下列信息，除非这些信息已经在利润表中单独列报：一是按照本准则确认的收入，且该收入应当区别于企业其他的收入来源而单独披露。二是企业已经就与客户之间的合同相关的任何应收款项或合同资产确认的减值损失，且该减值损失也应当区别于针对其他合同确认的减值损失而单独披露。

⑦准则由来：为明确披露的项目，IASB 和 FASB 决定要求企业披露针对客户合同确认的收入金额。FASB 指出，由于缺乏一般财务报表列报准则，其将要求企业列报或披露针对客户合同确认的收入金额。而 IASB 认为 IAS1 的一般原则是适用的，因此，仅当针对客户合同确认的收入金额并未以其他方式进行列报时，才需要在财务报表附注中披露。

除已确认的收入金额外，IASB 和 FASB 还决定要求企业披露客户合同的减值损失（如果未在利润表中列报）。IASB 和 FASB 作出该决定的原因是，其先前决定不在交易价格的计量中反映客户的信用风险，因此针对交易确认的收入金额并不包括重大融资成分。IFRS15 的核心原则反映了这一点，其规定企业按反映其预计有权获得的对价金额确认收入。鉴于上述决定，IASB 和 FASB 认为单独披露（或列报）客户合同的减值损失能够向财务报表使用者提供最为相关的信息。

⑧准则由来：在利润表中确认的收入是多项客户合同所产生的总金额。这是因为收入可源自不同商品的转让，也可源自涉及不同类型客户或市场的合同。财务报表使用者指出，了解这些区别对于其分析至关重要。据此，IASB 和 FASB 决定要求企业提供分解后的收入信息，以协助财务报表使用者了解在当期确认的客户合同产生的收入的组成。

在制定披露分解后的收入的有关要求时，IASB 和 FASB 发现某些原收入确认要求规定按重要的收入类别分解收入，包括源自商品的收入。企业根据自身特定行业特定因素而进行的收入分解是最有用的，因此 IASB 和 FASB 决定，IFRS15 不应具体规定特定的因素作为分解客户合同产生的收入的基础，而应明确提供分解后信息的目标。IASB 和 FASB 指出，明确目标将为财务报表使用者提供最有用的信息，因为这使企业能够将收入分解为对其业务有意义的类别。此外，明确目标应能使分解既不会过于笼统也不会过于详细。

为回应就如何实施有关目标（特别是如何确定企业可用于分解客户合同产生的收入的适当类别）提供额外指引的要求，IASB 和 FASB 还决定提供应用指南。应用指南指出最适当的类别取决于具体事实和情况；然而，企业应当考虑在其他的沟通中或评价财务业绩时收入是如何分解的。这是因为企业通常已在这些沟通中对收入进行了分解，而所使用的类别可能是那些对财务报表使用者最为有用并满足 IFRS15 第 114 段所述的目标的类别。应用指南同时包括企业可据以分解其收入的类别的例子的清单（例如，地域或产品类型）。IASB 和 FASB 指出，所编制的这一类别清单旨在作为可应用于许多不同企业、行业和合同的例子。因此，这一清单不应被视为一份完整的清单。然而 IASB 和 FASB 认为，为满足有关目标，企业可能需要按一种以上的类别进行分解。

⑨准则由来：IASB 和 FASB 同时决定，要求企业说明 IFRS15 第 114 段所要求的分解后收入信息与《国际财务报告准则第 8 号——经营分部》（以下简称"IFRS8"）和《主题280——分部报告》（以下简称《主题280》）所要求的分部信息之间的关系。IASB 和 FASB 作出这一决定是因为财务报表使用者指出，了解收入的构成及收入如何与分部披露中提供的其他信息（例如已售商品成本、费用和所使用的资产）相联系对于其分析至关重要。

在制定相关要求时，IASB 和 FASB 也考虑了 IFRS8 和《主题280》中现行的分部报告要求能否为财务报表使用者了解收入的构成提供充分的信息。这些规定要求企业分解和披露每一经营分部的收入（并与收入总额进行调节）。此外，如果企业的经营分部并非以这些因素为基础，这些规定还要求企业按产品或服务（或按类似的产品或服务组合）及地域对收入总额进行分解。

尽管分解后收入信息与分部报告具有某些相似之处，IASB 和 FASB 仍决定在 IFRS15 中要求针对客户合同产生的收入提供分解后的收入信息，因为部分企业（例如，并非在公开证券交易所上市的企业）并不要求提供分部披露。此外，IASB 和 FASB 留意到，分部信息可能并非按照公认会计原则而编制信息（即向首席经营决策者报告的收入可能不是以遵循 IFRS15 的基础确认和计量的）。IASB 和 FASB 同时认为，根据 IFRS8 和《主题280》提供分部信息的目标不同于 IFRS15 所述的分解披露的目标，因此，分部收入披露并不能总是为财务报表使用者提供充分信息以协助其了解当期确认收入的构成。IASB 和 FASB 在 IFRS15 第 112 段中澄清，如果根据 IFRS8 和《主题280》提供的收入信息满足 IFRS15 第 114 段所述的要求，且这些收入披露是以 IFRS15 的确认和计量要求为基础的，那么企业无须提供分解后的收入披露。

⑩企业应当将本期确认的收入按照不同的类别进行分解，这些类别应当反映经济因素如何影响收入及现金流量的性质、金额、时间分布和不确定性。此外，企业应当充分披露上述信息，以便财务报表使用者能够理解上述将收入按不同类

别进行分解的信息与企业在分部信息中披露的每一报告分部的收入之间的关系。

在确定对收入进行分解的类别时，企业应当考虑其在下列情况下是如何列报和披露与收入有关的信息：1）在财务报表之外披露的信息，例如，在企业的业绩公告、年报或向投资者报送的相关资料中披露的收入信息；2）管理层为评价经营分部的财务业绩所定期复核的信息；3）企业或企业的财务报表使用者在评价企业的财务业绩或作出资源分配决策时所使用的类似于上述 1）和 2）的信息类型的其他信息。

企业在对收入信息进行分解时，可以采用的类别包括但不限于：商品类型、经营地区、市场或客户类型、合同类型（例如，固定造价合同、成本加成合同等）、商品转让的时间（例如，在某一时点转让或在某一时段内转让）、合同期限（例如，长期合同、短期合同等）、销售渠道（例如，直接销售或通过经销商销售等）等。收入的分类披露示例参见【例 66】。

⑪合同资产和合同负债的账面价值发生变动的情形包括：1）企业合并导致的变动；2）对收入进行累积追加调整导致的相关合同资产和合同负债的变动，此类调整可能源于估计履约进度的变化、估计交易价格的变化（包括对于可变对价是否受到限制的评估发生变化）或者合同变更；3）合同资产发生减值；4）对合同对价的权利成为无条件权利（即，合同资产重分类为应收款项）的时间安排发生变化；5）履行履约义务（即从合同负债转为收入）的时间安排发生变化。

⑫准则由来：IASB 和 FASB 决定不要求以表格形式对总合同余额进行调节，而是要求企业披露关于企业合同余额的定性和定量信息。这一方法平衡了财务报表使用者的需求与编制者的顾虑，因为定性和定量披露能够为财务报表使用者提供其所需的信息（即关于合同资产通常何时转入应收账款或以现金方式收回，以及合同负债何时确认为收入的信息）。此外，IASB 和 FASB 认为，这些披露将比调节表更具成本效益。IASB 和 FASB 同时认为这一方法不会导致许多已披露类似信息的企业作出重大变更。例如，IASB 和 FASB 留意到，部分从事长期建造的企业已披露与合同资产和合同负债相类似的余额（通常称为"应收客户款项"或"未开具账单的应收账款"及"应付客户款项"或"递延收入"）的相关信息。

IASB 和 FASB 还决定要求企业披露与分摊至前期已履行（或部分履行）的履约义务的金额相关的、在本期确认的收入金额（例如由于交易价格或与所确认收入相关的限制的估计发生变动）。披露此类金额将提供有关并非源自当期履约的收入确认的时间的信息，从而提供了关于当期经营成果和未来收入预测的有用信息。此外，IASB 和 FASB 指出这些信息并未在财务报表的其他地方提供。最后，IASB 和 FASB 指出，收入的披露与重要性要求相一致，如果有关金额并不重要，则无须提供这一披露。

⑬包括在售后代管商品的安排中履行履约义务的时间，例如，发货时、交付时、服务提供时或服务完成时等。

⑭例如，合同价款通常何时到期、合同是否存在重大融资成分、合同对价是否为可变金额，以及对可变对价的估计是否通常受到限制等。

⑮例如，企业可以对于剩余履约义务的期间而言最恰当的时间段为基础提供有关预计时间的定量信息，或者使用定性信息进行说明。企业披露确认收入的预计时间的示例参见【例 67】。

⑯为简化实务操作，当满足下列条件之一时，企业无须针对某项履约义务披露上述信息：一是该项履约义务是原预计合同期限不超过一年的合同中的一部分。二是企业有权对该履约义务下已转让的商品向客户发出账单，且账单金额能够代表企业累计至今已履约部分转移给客户的价值。企业采用上述简化操作的示例参见【例 68】。

企业应当提供定性信息以说明其是否采用了上述简化操作方法，以及是否存在任何未纳入交易价格，从而未纳入对于分摊至剩余履约义务的交易价格所需披露的信息之中的对价金额，例如，由于将可变对价计入交易价格的限制要求而未计入交易价格的可变对价。企业对剩余履约义务进行定性和定量披露的示例参见【例 69】。

⑰**准则由来**：IFRS 和 GAAP 原本规定企业须披露其确认收入的会计政策。但是，财务报表使用者提出，在许多情况下企业仅提供针对所采用会计政策的"样板式"描述，而并未说明该会计政策与企业和客户订立的合同之间如何关联。为回应这一批评意见，IFRS15 第 119 段要求企业披露有关在客户合同中的履约义务的信息。该披露通过要求企业提供更多针对其履约义务的描述性的信息，对现行准则中的会计政策披露要求作出补充。

⑱**准则由来**：IASB 和 FASB 决定要求企业披露就取得或履行合同的成本所确认的资产的信息，因为针对这些资产的信息对使用者是有用的。这些信息将有助于财务报表使用者了解企业确认为资产的成本的类型，以及这些资产后续如何摊销和减值。IASB 和 FASB 同时决定，这些披露作为被 IFRS15 所取代的某些原披露要求的替代是有必要的。

IASB 和 FASB 决定不要求这些信息以调节表形式提供，因为提供这样严格的披露的成本可能超出为使用者带来的利益。此外，大多数使用者均同意提供与就取得或履行合同的成本所确认的资产的相关披露，且无须以调节表的形式提供。据此，IASB 和 FASB 决定，仅要求披露有关就取得或履行合同的成本所确认的资产的最关键信息。

【例 66】 收入的分类披露示例

世创集团公司为一家大型综合性企业，它有消费品、汽车和能源三个报告分部。世创集团公司在其年报中将收入按照主要经营地区、主要产品类型，以及收入确认时间进行分类并披露相关信息。世创集团公司认为该分类能够反映相关经济因素对于企业的收入和现金流量的性质、金额、时间分布及不确定性的影响。

因此，世创集团公司在其财务报表附注中对于收入按照同样的分类方法进行披露（见表 1-9）。

表 1-9　　　　　　世创集团公司收入的财务报表附注披露　　　　单位：万元

报告分部	消费品	汽车	能源	合计
主要经营地区				
东北	550	1 500	2 500	4 550
华北	890	3 250	5 500	9 640
西北	320	850	1 200	2 370
合计	1 760	5 600	9 200	16 560
主要产品类型				
办公用品	560			560
家用电器	850			850
服装	350			350
汽车		5 600		5 600
太阳能电池板			2 000	2 000
发电			7 200	7 200
合计	1 760	5 600	9 200	16 560
收入确认时间				
商品（在某一时点转让）	1 760	5 600	2 000	9 360
服务（在某一时段内提供）			7 200	7 200
合计	1 760	5 600	9 200	16 560

【例 67】企业披露确认收入的预计时间

顺心物业为一家从事维修、保洁、保安等业务的物业公司。20×1 年 8 月 1 日，顺心物业与金水公司签订不可撤销的合同，为其提供保洁服务，合同期限为 3 年。根据合同约定，在合同期限内，顺心物业在金水公司需要时为其提供服务，但是每月提供服务的次数最多不超过 10 次，金水公司每月向顺心物业支付 8 000 元。顺心物业按照时间进度确定其履约进度。上述金额不含增值税额。

本例中，截至 20×1 年末，该合同下分摊至尚未履行的履约义务的交易价格为 72 000 元，顺心物业在编制其 20×1 年财务报表时，对于上述金额确认为收入的预计时间披露如表 1-10 所示。

表1-10	合同确认收入的预计时间			单位：元
年度	20×2年	20×3年	20×4年	合计
该合同预计将确认收入	96 000	96 000	56 000	248 000

【例68】企业简化披露剩余履约义务的具体情形

沿用【例67】情形，20×1年10月1日，顺心物业与大全公司签订不可撤销的合同，为其提供保洁服务，合同期限为3年。根据合同约定，顺心物业每月至少为大全公司提供一次服务，收费标准为每小时50元，大全公司按照顺心物业的实际工作时间向其支付服务费。

本例中，顺心物业按照固定的费率及实际发生的工时向大全公司收费，顺心物业有权对已提供的服务向大全公司发出账单，且账单金额能够代表顺心物业累计至今已履约部分转移给大全公司的价值。因此，顺心物业可以采用上述简化处理方法。

【例69】企业对剩余履约义务的定性和定量披露

（1）沿用【例67】情形，20×2年8月1日，顺心物业与利全公司签订不可撤销的合同，三年内在利全公司需要时为其提供保洁服务。合同价款包括两部分：一是每月8 000元的固定对价；二是最高金额为80 000元的奖金。顺心物业预计可以计入交易价格的可变对价金额为72 000元。顺心物业按照时间进度确定履约进度。上述金额均不包含增值税。

本例中，顺心物业认为该合同下为利全公司提供三年的保洁服务构成单项履约义务，估计的交易价格为360 000元（8 000×36+72 000），顺心物业将该金额按照合同期36个月平均确认为收入，即每月确认的收入为10 000元，20×2年确认的收入金额为50 000元（10 000×5），尚未确认的收入为310 000元，其中20×3年将确认的收入金额为120 000元（10 000×12），20×4年将确认的收入金额为120 000元（10 000×12），其余的70 000元将于20×5年确认。该合同的下列信息将会包含在20×2年财务报表附注的相关披露之中：

①定量披露（见表1-11）。

表1-11	合同确认收入的预计时间			单位：元
年度	20×3年	20×4年	20×5年	合计
该合同预计将确认收入	120 000	120 000	70 000	310 000

②定性披露。

奖金8 000元因对可变对价有关的限制要求而未被计入交易价格，因此没有包括在上述披露之中。

（2）铁建制造公司为一家从事大型工业设备制造和销售的公司。20×1 年 3 月 1 日，铁建制造公司与海成工业公司签订合同，为海成工业公司建造一项大型设备，合同对价为 800 万元。铁建制造公司在该合同下为海成工业公司提供的建造服务构成单项履约义务，且该履约义务在某一时段内履行。铁建制造公司在 20×1 年对该合同确认的收入金额为 350 万元。铁建制造公司估计该项工程将于 20×2 年年底完工，但是也很可能会延期至 20×3 年 3 月完工。

本例中，铁建制造公司应当在 20×1 年的财务报表中披露尚未确认为收入的金额及预计将该金额确认为收入的时间。由于未来确认收入的时间存在不确定性，铁建制造公司对该信息进行定性披露，例如，"20×1 年 12 月 31 日，分摊至剩余履约义务的交易价格为 350 万元，本公司预计该金额将随着工程的完工进度，在未来 12 ~ 15 个月内确认为收入"。

第七章 衔接规定

第四十三条 首次执行本准则的企业，应当根据首次执行本准则的累积影响数，调整首次执行本准则当年年初留存收益及财务报表其他相关项目金额，对可比期间信息不予调整。企业可以仅对在首次执行日尚未完成的合同的累积影响数进行调整。同时，企业应当在附注中披露，与收入相关会计准则制度的原规定相比，执行本准则对当期财务报表相关项目的影响金额，如有重大影响的，还需披露其原因①。

已完成的合同，是指企业按照与收入相关会计准则制度的原规定已完成合同中全部商品的转让的合同。尚未完成的合同，是指除已完成的合同之外的其他合同。

【注释】

①**实施指引**：根据IFRS15，企业可选择两种方法：一是允许企业采用追溯调整。二是将首次执行的累积影响仅调整首次执行本准则当年年初留存收益及财务报表其他相关项目金额，不调整可比期间信息。经征求监管部门及部分企业意见，新收入准则采用了第二种方法，以便于我国企业之间的财务报表信息可比，并避免追溯调整对企业产生的影响。

第四十四条 对于最早可比期间期初之前或首次执行本准则当年年初之前发生的合同变更，企业可予以简化处理，即无须按照本准则第八条规定进行追溯调整①，而是根据合同变更的最终安排，识别已履行的和尚未履行的履约义务、确定交易价格以及在已履行的和尚未履行的履约义务之间分摊交易价格。

企业采用该简化处理方法的，应当对所有合同一致采用，并且在附注中披露该事实以及在合理范围内对采用该简化处理方法的影响所作的定性分析。

【注释】

①追溯调整的原则参照本准则第八条及注释有关合同变更的具体规定。

第八章 附　　则

第四十五条　本准则自 2018 年 1 月 1 日起施行[1]。

【注释】

①在境内外同时上市的企业及在境外上市并采用国际财务报告准则或企业会计准则编制财务报表的企业，自 2018 年 1 月 1 日起施行；其他境内上市企业，自 2020 年 1 月 1 日起施行；执行企业会计准则的非上市企业，自 2021 年 1 月 1 日起施行。同时，允许企业提前执行。执行本准则的企业，不再执行我部于 2006 年 2 月 15 日印发的《财政部关于印发〈企业会计准则第 1 号——存货〉等 38 项具体准则的通知》（财会〔2006〕3 号）中的《企业会计准则第 14 号——收入》。

第二部分　综合性案例

案例一："五步法"确认收入

本案例围绕"五步法"的各个步骤展开，通过具体情境展示了收入确认五步法的具体应用方法。

一、相关条款

收入确认五步法：

第一步：识别与客户签订的合同。

第二步：识别合同中的履约义务。

第三步：确定交易价格。

第四步：将交易价格分摊到合同的各项履约义务中。

第五步：履行各单项履约义务时确认收入。

二、案例分析

湖北惠洋股份有限公司成立于 19×5 年 12 月，公司地址位于孝昌县经济开发区城南工业园，占地面积 600 亩，由中山大洋电机股份有限公司和香港大洋电机股份有限公司合资兴建。

湖北惠洋股份有限公司是一家电器制造企业，主要产品是以空调为代表的各类家电。南京青山股份有限公司是一家食品加工企业。20×0 年 9 月 20 日湖北惠洋股份有限公司向南京青山股份有限公司销售一批空调，订立合同总价款为 700 万元（不含税）。销售合同中主要包含以下条款：（1）甲方向乙方销售空调 750 台；（2）甲方为乙方提供空调的安装服务；（3）甲方同时为乙方提供 6 年的额外售后服务。

南京青山股份有限公司在 20×0 年 9 月 26 日向湖北惠洋股份有限公司支付合同款 700 万元及税款 91 万元，湖北惠洋股份有限公司开具了增值税发票。湖北惠洋股份有限公司于 20×0 年 10 月 1 日向南京青山股份有限公司交付空调 750 台，并将 750 台空调进行安装。湖北惠洋股份有限公司适用所得税税率为 25%。

湖北惠洋股份有限公司也向其他客户单独销售以上商品或服务，其中单独卖出一台同款空调的价格为 0.85 万元；单独安装一台空调的费用为 500 元；单独提供一台空调的售后服务，6 年的额外售后服务为 0.1 万元（这三种价格均不含税）。该款空调单台生产成本为 0.5 万元。根据增值税法的规定，对于混合销售的增值税税率应为 13%。

（一）收入确认"五步法"解读

第一步：识别与客户签订的合同：空调销售合同。

第二步：识别合同中的履约义务。

共包含三项履约义务：（1）销售空调；（2）安装空调服务；（3）额外售后服务。其中合同条款中的额外售后服务属于服务类质量保证，有单独售价，因此属于一项单独履约义务。

第三步：确定交易价格：交易价格包含了 750 台空调、安装服务及售后保修服务的价格，共 700 万元（不含税）。

第四步：将交易价格分摊到合同的各项履约义务中：单独销售空调的价格为 637.5 万元（0.85×750），单独提供安装服务的价格为 37.5 万元（500×750/10 000），单独提供售后服务 75 万元（0.1×750），将交易价格 700 万元按各自单独售价进行分配，如表 2-1 所示。

表 2-1　　　　　　　　　交易价格分摊明细

履约义务	单独售价（万元）	分摊比例（%）	分摊交易价格（交易价格×分摊比例）（万元）
销售空调	637.5	85	595
空调安装服务	37.5	5	35
6 年售后服务	75	10	70
合计	750	100	700

第五步：履行各单项履约义务时确认收入。其中，销售空调和空调安装服务属于时点业务，因此履行完履约义务即可确认收入；6 年的售后服务属于时段业务，应按时段法确认收入，如表 2-2 所示。

表 2-2　　　　　　　　　收入确认进度　　　　　　　　单位：万元

单项履约义务	20×0 年	20×1~20×5 年	20×6 年	合计
销售空调	595	—	—	595
空调安装服务	35	—	—	35
6 年售后服务	2.9(70×3/72)	11.67(70×12/72)	8.75(70×9/72)	70
合计	632.9	58.35(11.67×5)	8.75	700

（二）账务处理

湖北惠洋股份有限公司会计分录如下：

（1）20×0 年 9 月 26 日收到款项：

借：银行存款　　　　　　　　　　　　　　7 910 000

　　贷：合同负债　　　　　　　　　　　　　7 000 000

　　　　应交税费——应交增值税（销项税额）　910 000

（2）20×0 年 10 月 1 日交付空调 750 台：

借：合同负债　　　　　　　　　　　　　　6 329 000

　　贷：主营业务收入——销售空调　　　　　5 950 000

　　　　　　　　——空调安装服务　　　　　350 000

　　　　　　　　——空调售后服务　　　　　29 000

借：主营业务成本　　　　　　　　　　　　3 750 000

　　贷：库存商品　　　　　　　　　　　　　3 750 000

（3）20×1 年 12 月 31 日确认售后服务收入：

借：合同负债　　　　　　　　　　　　　　116 700

　　贷：主营业务收入——空调售后服务　　　116 700

（4）20×2 年 12 月 31 日确认售后服务收入：

借：合同负债　　　　　　　　　　　　　　116 700

　　贷：主营业务收入——空调售后服务　　　116 700

（5）20×3～20×5 年 12 月 31 日会计处理同 20×2 年 12 月 31 日。

（6）20×6 年 9 月 30 日确认售后服务收入：

借：合同负债　　　　　　　　　　　　　　87 500

　　贷：主营业务收入——空调售后服务　　　87 500

案例二：合同变更

本案例将收入确认"五步法"和合同变更相结合，详细地阐述了合同变更各种情况的具体应用方法。不同案例有不同的侧重角度，涵盖了合同变更的三种情形，单项履约义务的识别及建筑工程类企业在新收入准则下的收入确认方法等内容。

一、相关条款

第八条 企业应当区分下列三种情形对合同变更分别进行会计处理：

（一）合同变更增加了可明确区分的商品及合同价款，且新增合同价款反映了新增商品单独售价的，应当将该合同变更部分作为一份单独的合同进行会计处理。

（二）合同变更不属于本条（一）规定的情形，且在合同变更日已转让的商品或已提供的服务（以下简称"已转让的商品"）与未转让的商品或未提供的服务（以下简称"未转让的商品"）之间可明确区分的，应当视为原合同终止，同时，将原合同未履约部分与合同变更部分合并为新合同进行会计处理。

（三）合同变更不属于本条（一）规定的情形，且在合同变更日已转让的商品与未转让的商品之间不可明确区分的，应当将该合同变更部分作为原合同的组成部分进行会计处理，由此产生的对已确认收入的影响，应当在合同变更日调整当期收入。

本准则所称合同变更，是指经合同各方批准对原合同范围或价格作出的变更。

二、案例分析——合同变更的前两种情形

湖北熊森股份有限公司是集科工贸为一体的国家级高新技术企业，坐落于三顾茅庐所在地、山清水秀的国际历史文化名城襄樊，主要产品是以空调为代表的各类家电。

南京青山股份有限公司是一家食品加工企业，具有百年历史，前身是南京英商和记洋行，始建于1913年。1957年收归国有，1958年由国家投资改建为南京

肉类联合加工厂。目前主要经营冷冻副食品仓储、批发、物流配送、冷鲜肉、肉制品加工等业务。

20×0 年 9 月 20 日湖北熊森股份有限公司向南京青山股份有限公司销售一批空调，订立合同总价款为 700 万元（不含税）。销售合同中主要包含以下条款：（1）甲方向乙方销售空调 750 台；（2）甲方为乙方提供空调的安装服务；（3）同时甲方为乙方提供 6 年免费质量保证服务。

湖北熊森股份有限公司也向其他客户单独销售以上商品或服务，其中单独卖出一台同款空调的价格为 0.95 万元（不含税），单独安装一台空调的费用为 500 元（不含税），合同中的质量保证服务属于国家规定的"三包"服务，无单独售价。根据以往经验，湖北熊森股份有限公司估计在法定保修期 6 年内 750 台空调预计将发生保修费用 30 万元。该款空调单台成本为 0.5 万元。

湖北熊森股份有限公司于 20×0 年 10 月 1 日向南京青山股份有限公司交付第一批空调 300 台，并将 300 台空调进行安装，其余空调于 20×0 年 12 月 31 日交付并进行安装。湖北熊森股份有限公司适用增值税税率为 13%。

若湖北熊森股份有限公司在 20×0 年 9 月 30 日收到了来自南京青山股份有限公司实际支付款项 150 万元，以及 19.5 万元税款，湖北熊森股份有限公司为南京青山股份有限公司开具了增值税专用发票。根据增值税法规定，湖北熊森股份有限公司此项销售业务属于混合销售行为，适用 13% 增值税税率。

在 20×0 年 11 月 30 日，南京青山股份有限公司又向湖北熊森股份有限公司支付了 250 万元（不含税）以及 32.5 万元的税金，双方在合同中约定尾款在所有空调交付后 3 个月内完成支付。

20×1 年 3 月 15 日，南京青山股份有限公司向湖北熊森股份有限公司支付不含税的尾款 300 万元及 39 万元税款。假定湖北熊森股份有限公司收款后开具增值税专用发票。

（一）"五步法"分析

第一步：识别与客户签订的合同：空调销售合同。

第二步：识别合同中的履约义务：（1）销售空调；（2）安装空调服务，由于现在合同中的"三包"服务属于法定义务，不属于单项履约义务，因此应作为或有事项确认相应预计负债。

第三步：确定交易价格：交易价格包含了 750 台空调售价，以及安装服务的价格，共 700 万元（不含税）。

第四步：将交易价格分摊到合同的各项履约义务中：单独销售空调的价格为 712.5 万元（0.95×750），单独提供安装服务的价格为 37.5 万元（500×750/10 000），将交易价格 700 万元按各自单独售价进行分配，如表 2-3 所示。

表2－3　　　　　　　　　　　交易价格分摊明细

履约义务	单独售价 （万元）	分摊比例 （％）	分摊交易价格 （交易价格×分摊比例）（万元）
销售空调	712.5	95	665
空调安装服务	37.5	5	35
合计	750	100	700

第五步：履行各单项履约义务时确认收入。销售空调和空调安装服务均属于时点业务，因此履行完履约义务即可确认收入。

（二）原合同会计处理

湖北熊森股份有限公司会计处理如下。

（1）20×0年9月30日收到款项：

借：银行存款　　　　　　　　　　　　　　　　　　　1 695 000

　　贷：合同负债　　　　　　　　　　　　　　　　　　1 500 000

　　　　应交税费——应交增值税（销项税额）　　　　　　195 000

（2）20×0年10月1日交付第一批空调300台（假设分批发货后即取得无条件收款权）：

借：合同负债　　　　　　　　　　　　　　　　　　　1 500 000

　　应收账款　　　　　　　　　　　　　　　　　　　1 300 000

　　贷：主营业务收入——销售空调（2 800 000×95％）　2 660 000

　　　　　　　　　　　——空调安装服务　　　　　　　　140 000

借：主营业务成本　　　　　　　　　　　　　　　　　1 500 000

　　贷：库存商品　　　　　　　　　　　　　　　　　　1 500 000

（3）20×0年11月30日收到部分款项：

借：银行存款　　　　　　　　　　　　　　　　　　　2 825 000

　　贷：应收账款　　　　　　　　　　　　　　　　　　1 300 000

　　　　合同负债　　　　　　　　　　　　　　　　　　1 200 000

　　　　应交税费——应交增值税（销项税额）　　　　　　325 000

（4）20×0年12月31日交付剩余空调450台：

借：合同负债　　　　　　　　　　　　　　　　　　　1 200 000

　　应收账款　　　　　　　　　　　　　　　　　　　3 000 000

　　贷：主营业务收入——销售空调（4 200 000×95％）　3 990 000

　　　　　　　　　　　——空调安装服务　　　　　　　　210 000

借：主营业务成本　　　　　　　　　　　　　　　　　2 250 000

　　贷：库存商品　　　　　　　　　　　　　　　　　　2 250 000

确认与销售产品质量有关的预计负债：

借：销售费用	300 000
贷：预计负债	300 000

（5）20×1年3月15日收到尾款：

借：银行存款	3 390 000
贷：应收账款	3 000 000
应交税费——应交增值税（销项税额）	390 000

（三）第一种合同变更情形——变更部分作为单独的合同

若在20×0年12月1日，湖北熊森股份有限公司与南京青山股份有限公司就签订的空调销售合同进行了修订，要求湖北熊森股份有限公司再额外交付200台空调，即总数为950台空调，新增合同价款为190万元（不含税），根据以往经验，湖北熊森股份有限公司预计在法定保修期6年内950台空调将发生保修费用38万元。

其余付款及交付时间同原合同一致，另外湖北熊森股份有限公司于20×1年4月1日交付空调200台并安装，南京青山股份有限公司于交付空调当日支付价款200万元（不含税）以及26万元税款。

分析：截至20×0年12月1日前，湖北熊森股份有限公司已执行原合同向客户转移并安装了300台空调，还剩余450台未履行原合同，因为新增合同与原合同未执行部分可明确区分，且新增合同价款符合新增商品及其安装费用的单独售价（共1万元），因此应将该合同变更作为一份单独的合同进行会计处理，其他会计处理不变。

湖北熊森股份有限公司会计分录如下：

（1）20×0年4月1日交付空调并收到货款：

借：银行存款	2 147 000
贷：主营业务收入——销售空调（1 900 000×95%）	1 805 000
——空调安装服务	95 000
应交税费——应交增值税（销项税额）	247 000
借：主营业务成本	1 000 000
贷：库存商品	1 000 000

（2）确认与销售产品质量有关的预计负债：

借：销售费用（380 000-300 000）	80 000
贷：预计负债	80 000

（四）第二种合同变更情形——未履约部分与变更部分合并为新合同

若在20×0年12月1日，湖北熊森股份有限公司与南京青山股份有限公司就签订的空调销售合同进行了修订，要求湖北熊森股份有限公司再额外交付200台空调，即总数为950台空调，由于之前交付的300台中存在一定的质量问题，因此在新增合同中给予一定优惠，新增合同总价款为 180 万元，根据以往经验，湖北熊森股份有限公司预计在法定保修期 6 年内 950 台空调将发生保修费用 38 万元。

其余付款及交付时间同原合同一致，另外湖北熊森股份有限公司于 20×1 年 4 月 1 日交付空调 200 台并安装，且南京青山股份有限公司于交付空调当日支付价款 180 万元（不含税）及 23.4 万元税款。

分析：截止到 20×0 年 12 月 1 日前，湖北熊森股份有限公司已执行原合同向南京青山股份有限公司转移并安装了 300 台空调，还剩余 450 台未履行原合同，因为原合同已执行与未执行部分可明确区分，但新增合同价款不符合新增商品及其安装费用的单独售价 1 万元（0.95 + 0.05），因此应当视为原合同终止（包括已从客户收取的金额），同时将原合同未履约部分与合同变更部分合并为新合同进行会计处理。新合同总价款为 600 万元（420 + 180），总数为 650 台。20×0 年 12 月 1 日前会计处理不变，同原合同会计分录。

湖北熊森股份有限公司会计分录如下。

（1）20×0 年 12 月 31 日交付空调 450 台（假设分批发货后即取得收款权）：

借：合同负债 1 200 000

应收账款 2 953 800

贷：主营业务收入——销售空调 3 946 100

——空调安装服务 207 700

借：主营业务成本 2 250 000

贷：库存商品 2 250 000

确认与销售产品质量有关的预计负债：

借：销售费用 300 000

贷：预计负债 300 000

（2）20×1 年 3 月 15 日收到尾款：

借：银行存款 3 390 000

贷：应收账款 2 953 800

合同负债 46 200

应交税费——应交增值税（销项税额） 390 000

（3）20×1 年 4 月 1 日交付空调并收到货款：

借：银行存款 2 034 000

合同负债 46 200

贷：主营业务收入——销售空调 1 753 900

——空调安装服务 92 300

应交税费——应交增值税（销项税额） 234 000

借：主营业务成本 1 000 000

贷：库存商品 1 000 000

借：销售费用（380 000 − 300 000）　　　　　　　　80 000
　　贷：预计负债　　　　　　　　　　　　　　　　　　　　80 000

三、示例——合同变更的第三种情形

河北嘉业股份有限公司是一家大型建造业公司，位于河南省新乡市，是中国航空工业集团公司全资子公司，隶属于航空工业机载系统，是一家以冷藏车、旅居车为主导业务的跨国企业。经营范围：汽车和汽车零部件、电器机械和器材、航空航天器和设备、金属制品、通用设备的研发和销售；投资、租赁、咨询服务业务；国内外贸易业务等。

天津朋飞股份有限公司是一家高科技设备制造企业，坐落于华苑产业园区，是一家集管理软件设计、开发、销售、服务于一体的高新技术企业，注册资金5 000万元，拥有员工近450人。

20×1年1月1日河北嘉业股份有限公司与天津朋飞股份有限公司签订合同，在天津朋飞股份有限公司的自有土地上建造一幢办公楼，合同的已承诺对价为200万元，并且如果办公楼的建造在24个月内完成，河北嘉业股份有限公司可以获得20万元奖金。合同开始时，河北嘉业股份有限公司预计工程总成本为150万元，且不确定是否可以在两年内完成该项办公楼建造。假定采用基于已发生成本的投入法确定履约进度。河北嘉业股份有限公司适用的增值税税率为9%。

截至20×1年12月31日，河北嘉业股份有限公司已累计发生工程成本90万元。20×2年年初，合同双方同意修订合同以更改办公楼的平面设计图，固定对价和预计成本分别增加了50万元和30万元。合同修订后可能产生的固定对价为250万元（200＋50）。此外，在合同修订日，河北嘉业股份有限公司可以获得20万元奖金的期限延长了6个月。在合同修订日，根据以往施工经验及剩余的施工进程，河北嘉业股份有限公司认为可以获得20万元奖金。该合同的其他有关资料如表2-4所示。

表2-4　　　　　　　　　　项目合同有关资料　　　　　　　　单位：万元

项目	20×1年	20×2年	20×3年4月
年末累计实际发生成本	90	150	180
年末预计完成合同尚需发生成本	60	30	0
本期结算合同价款	100	100	70
本期实际收到价款	87.2	98.1	109

（一）"五步法"分析

第一步：识别与客户签订的合同。合同为办公楼建造合同。

第二步：识别合同中的履约义务。合同中约定建造一幢办公楼，具体工作流程一般分为业务承接、概念设计、方案设计、初步设计、施工图设计、施工配合等阶段，跨期较长，且各项流程之间难以明确区分，因此应将该项办公楼建造任务作为单一履约义务进行会计处理。

第三步：确定交易价格。在合同开始时，河北嘉业股份有限公司应确认交易价格200万元，不能将20万元奖金包含在内。因为其无法确认是否可以在两年内完成该项办公楼建造任务，无法得出已确认的累计收入金额极可能不会发生重大转回的结论。这可能有多种原因，其一，办公楼建造的完成情况很大程度上受到外界的影响，如恶劣天气、监管部门的审批等情况；其二，河北嘉业股份有限公司的类似合同经验也有限。

第四步：将交易价格分摊到合同的各项履约义务中。将200万元的交易价格均分摊到办公楼的建造中。

第五步：履行各单项履约义务时确认收入。本合同中，由于该办公楼的建造在天津朋飞股份有限公司的自有土地上进行，由于天津朋飞股份有限公司能够在建造过程中控制该在建办公楼，因此应将该项办公楼建造任务作为一段时间内履行的履约义务进行会计处理。采用累计实际发生的成本占预计总成本的比例确定履约进度，确认相应收入。

20×1年底履约进度 = 90/150 × 100% = 60%

20×1年应确认收入 = 200 × 60% = 120（万元）

（二）原合同下的会计处理

20×1年12月31日。

（1）实际发生合同成本：

借：合同履约成本——工程施工	900 000	
贷：原材料、应付职工薪酬等		900 000

（2）确认收入并结转成本：

借：合同结算——收入结转	1 200 000	
贷：主营业务收入		1 200 000
借：主营业务成本	900 000	
贷：合同履约成本——工程施工		900 000

（3）结算合同价款

借：应收账款	1 090 000	
贷：合同结算——价款结算		1 000 000
应交税费——应交增值税（销项税额）		90 000

（4）实际收到合同价款

借：银行存款	872 000	
贷：应收账款		872 000

（三）合同变更后的会计处理

第一步和第二步不变。

第三步：确定交易价格。由于在20×2年初经双方同意后修订了合同，固定对价和预计成本分别增加了50万元和30万元，此时固定对价变为250万元，还应考虑可变对价。在合同修订日，河北嘉业股份有限公司可获得20万元奖金的期限延长了6个月，根据以往施工经验以及剩余的施工进程，其中剩余施工进程主要在办公楼内部实施，不会受到天气状况影响，因此河北嘉业股份有限公司认为预计已确认的累计收入金额极可能不会发生重大转回，可以将上述奖金纳入交易价格中。此时交易价格为270万元（250+20）。

第四步：将交易价格分摊到合同的各项履约义务中。将270万元的交易价格均分摊到办公楼的建造中。

第五步：履行各单项履约义务时确认收入。本合同中，只涉及了一项在某一时段内履行的履约义务，并采用累计实际发生的成本占预计总成本的比例确定履约进度，确认相应收入。

由于合同变更后拟提供的剩余服务与合同变更日之前已经提供的服务不可明确区分，均是为了建造办公楼，因此河北嘉业股份有限公司应将该合同的修订作为原合同的一部分进行会计处理。由于合同变更带来预计成本与合同对价的改变，需要重新计量履约进度，并调整当期已确认收入和成本。

20×2年年初履约进度=90/（150+30）×100%=50%

20×1年应确认收入=（200+50+20）×50%=135（万元）

20×1年未确认收入=135-120=15（万元）

账务处理如下。

20×2年年初。

（1）调整当期收入：

借：合同结算——收入结转   150 000

   贷：主营业务收入   150 000

20×2年年末。

20×2年年底履约进度=（60+90）/180×100%=83.33%

截至20×2年底合同收入=270×83.33%=225（万元）

20×2年年底应确认收入=225-135=90（万元）

（1）实际发生合同成本：

借：合同履约成本——工程施工   600 000

   贷：原材料、应付职工薪酬等   600 000

（2）确认收入并结转成本：

借：合同结算——收入结转   900 000

   贷：主营业务收入   900 000

借：主营业务成本   600 000
　　贷：合同履约成本——工程施工   600 000

（3）结算合同价款：

借：应收账款   1 090 000
　　贷：合同结算——价款结算   1 000 000
　　　　应交税费——应交增值税（销项税额）   90 000

（4）实际收到合同价款

借：银行存款   981 000
　　贷：应收账款   981 000

20×3 年 4 月。

履约进度 = 180/180 × 100% = 100%

20×3 年应确认合同收入 = 270 - 225 = 45（万元）

（1）实际发生合同成本：

借：合同履约成本——工程施工   300 000
　　贷：原材料、应付职工薪酬等   300 000

（2）确认收入并结转成本：

借：合同结算——收入结转   450 000
　　贷：主营业务收入   450 000

借：主营业务成本   300 000
　　贷：合同履约成本——工程施工   300 000

（3）结算合同价款：

借：应收账款   763 000
　　贷：合同结算——价款结算   700 000
　　　　应交税费——应交增值税（销项税额）   63 000

（4）实际收到合同价款：

借：银行存款   1 090 000
　　贷：应收账款   1 090 000

案例三：收入确认的时点法和时段法

本部分共包含碧桂园、中海防务和大连港这三个应用新收入准则的案例，每个案例均围绕收入确认的各个步骤展开，通过列举房地产业、制造业和交通运输业这三种行业应用新收入准则的情形，详细地阐述了收入确认时点/时段判断的具体应用方法。

一、相关条款

第十一条 满足下列条件之一的，属于在某一时段内履行履约义务；否则，属于在某一时点履行履约义务：

（一）客户在企业履约的同时即取得并消耗企业履约所带来的经济利益。

（二）客户能够控制企业履约过程中在建的商品。

（三）企业履约过程中所产出的商品具有不可替代用途，且该企业在整个合同期间内有权就累计至今已完成的履约部分收取款项。

具有不可替代用途，是指因合同限制或实际可行性限制，企业不能轻易地将商品用于其他用途。

有权就累计至今已完成的履约部分收取款项，是指在由于客户或其他方原因终止合同的情况下，企业有权就累计至今已完成的履约部分收取能够补偿其已发生成本和合理利润的款项，并且该权利具有法律约束力。

二、案例分析

（一）碧桂园提前应用新收入准则——房地产业

1. 新收入准则

根据财会〔2017〕22 号的规定，在境外上市并采用国际财务报告准则或企业会计准则编制财务报表的企业，自 2018 年 1 月 1 日起施行新收入准则。同时，文件也允许企业提前执行新收入准则。

在收入准则变更方面，碧桂园集团（以下简称"碧桂园"）是全国第一家应用新收入准则的房地产企业。碧桂园创建于 1997 年，是全国最大的综合性房地产开发企业之一。2007 年 4 月，碧桂园在香港联交所主板挂牌上市，是一家既遵守国家法令法规，也须接受海外上市机构规范监管和法律约束的境外控股企业；至今，碧桂园市值已超过 2 000 亿港元。

在新收入准则下（《香港财务报告准则第 15 号——收入》），收入的确认时点、确认方法和计量标准均发生了一定的变化。其中关于确认时点的规定体现为在客户取得相关商品控制权时确认收入，强调了合同、履行义务和控制权，使得收入确认更为准确。同时，新收入准则中新增加了"五步法"收入确认模型。

2. 新准则执行情况

碧桂园就是提前应用新收入准则的境外上市企业。2017 年 8 月 22 日，碧桂园在《2017 年中期业绩》中首次对外公布，已经于 2017 年 1 月 1 日对收入相关政策进行变更："新收入准则可以为报表使用者评估与客户之间的合同产生的收入和现金流量的性质、金额、时点和不确定性提供更加相关的资讯，故而从 2017 年 1 月 1 日起，集团提前采用《香港财务报告准则第 15 号——收入》作为集团会计政策，同时停用先行使用的《香港会计准则第 18 号——收入》和《香港会计准则第 11 号——建造合同》"。碧桂园 2017 年年报披露，在考虑了新收入准则的影响后，碧桂园的总收入增幅为 14.52%，净利润的增幅为 38.45%，因此在采用新收入准则后，碧桂园的营业收入和净利润增长非常明显。

由于碧桂园对新收入准则使用较早，为比较主要营业收入项目在会计政策方面的不同，本案例选择碧桂园未实行新收入准则的 2014 年与已经实行新收入准则的 2018 年进行对比，具体情况如表 2 - 5 所示。

表 2 - 5　　　　碧桂园 2014 年与 2018 年主营业务项目会计政策区别情况

业务	2014 年	2018 年
出售物业和提供建筑服务	出售物业收入于物业的风险及回报转让至买方且能合理确保收取有关应收款时确认。建筑服务产生的收入于提供服务的会计期间确认，同时参考于报告期末已发生之合同成本占各个合同预计总成本比率估算的指定交易完成程度	产出商品不可替代用途且整个合同期内有合格收款权时按在一段时间内确认收入；此外在买家取得控制权时点确认收入。年末集团根据已完成履约进度对一段时间内确认收入类合同确认收入。已完成履约义务的进度按本集团为完成履约义务而发生的支出或投入来衡量，该进度基于每份合同在年末已发生的成本（除了土地成本和融资成本）在预算建造成本中的占比来计算
酒店经营	收入于提供服务的会计期间确认	收入于提供服务的会计期间确认
物业管理	收入于提供服务的会计期间确认	收入于提供服务的会计期间确认；其他收入来源租金收入经营租约下出租物业的租金收入按租约期采用直线法确认

碧桂园 2018 年的年报中提到，在集团履约过程中所产出的商品具有不可替代用途，且本集团在整个合同期间内有就累计至今已完成的履约部分的合格收款权时，本集团按在一段时间内确认出售物业的收入；除此之外，集团在买家取得已完工物业控制权的时点确认收入。由于与买家的合同限制，集团不得更改或替换物业单元，或改变物业单元的用途，因此集团并不能将该物业单元用于其他用途。相比于 2014 年企业关于收入的确认，新收入准则对于企业收入的确认时间有了明确的指示，这可能会使销售在建物业收入根据合同条款在一段时间内而非某一时点确认。另外，在控制转移模型下，销售已完工物业的收入确认时点可能与此前不同，当存在重大财务安排部分时，集团为客户提供不同的付款方式，可能影响收入确认的金额。

碧桂园在中期报告中对提前确认收入做出解释：提前确认收入不仅是由于执行了新收入准则，本集团还查阅了合同约定条款和适用于各个合同的相关法律，履约进度的计量取决于已发生的实际支出或者预计投入。同时，集团还依据过去的经验和建造商及监理方的工作，最终做出上述估计。

3. 总结分析

对于碧桂园而言，新收入准则按照时段履约义务提前确认收入是可行的，但判断其他企业是否准确执行了新收入准则时，仍需要根据该企业情况，运用更全面的职业判断；并且当修订后应用的会计政策与修订前应用的会计政策相比发生较大变化时，需要财务人员更多的关注和职业判断。

通过碧桂园的案例可以发现，结合相关法律法规，碧桂园的"出售物业和提供建筑服务"业务根据新收入准则的变化，被认定为在某一时段内履行的履约义务。根据碧桂园的解释，之所以把"出售物业和提供建筑服务"认定为在某一时段内履行履约义务，是因为该业务满足本准则的条件（三）。

但是，一般情况下，我国房地产企业的预售并未满足新收入准则按时段确认的任一条件，包括第三个条件，因为我国的期房销售虽然满足了"具有不可替代用途"的条件，但是不满足"有权就累计至今已完成的履约部分收取款项"的条件。

在期房的销售合同中，通常就已明确了房产单元的楼栋和房号等明细资料，开发商并不能随便改变销售合同中双方确认的房产单元，更不能违约将已售出的在建房产单元用作出租、抵押或二次出售。例如，按照法律的相关规定，如果开发商把该在建房产单元用于其他的用途，客户是可以依法维护其权利从而终止合同或进行其他维权行为的。由此可见，期房具有不可替代的用途。

然而，虽然不少房地产企业在房屋正式竣工交付之前，就已经按合同约定收齐了全款，或者已经获得了合同约定的剩余收款权。但是，按照目前国内的有关法律规定及实务，当合同因客户原因而解除时，房地产企业通常也只能收取合同约定的一定比例的惩罚性违约金，而并不具有强制性收取就迄今为止累计已完工部分的所有成本及合理利润的款项的权利。由此可见，期房销售并不能完全满足新收入准则按时段确认的第三个条件。综上所述，通常情况下我国房地产企业的预售并未满足新收入准则按时段确认的任一条件，仍然属于在某一时点确认收入，碧桂园提前应用新收入准则的情况属于个例。

（二）中船防务采用新收入准则——设备制造业

1. 公司介绍

中船海洋与防务装备股份有限公司（以下简称"中船防务"）是中国船舶工业集团公司下属的大型造船骨干企业之一，其前身是广州广船国际股份有限公司。中船防务于 1993 年在上海和香港上市，是中国第一家 A＋H 股上市造船企业。

为推动行业兼并整合，实现战略性产能布局，增强综合竞争力，2014 年、2015 年，中船防务先后收购了中船龙穴造船有限公司、中船黄埔文冲船舶有限公司，完成了对中船集团在华南地区优质造船资产的整合，实现境内核心军工资产上市，成为集海洋防务装备、海洋运输装备、海洋开发装备和海洋科考装备四大海洋装备于一体的大型综合性海洋与防务装备企业集团。

2. 新准则执行情况

根据中船防务 2018 年年报的披露：

新收入准则取代了财政部于 2006 年颁布的《企业会计准则第 14 号——收入》及《企业会计准则第 15 号——建造合同》（统称"原收入准则"）。

在原收入准则下，中船防务提供船舶建造及海工产品、大型钢结构产品，收入与成本的确认按照《企业会计准则第 15 号——建造合同》的规定执行，在合同总收入能够可靠计量、与合同相关的经济利益很可能流入中船防务、实际发生的合同成本能够清楚区分和可靠计量、合同完工进度和为完成合同尚需发生的成本能够可靠确定时，于资产负债表日按完工百分比法确认合同收入和合同费用。机电产品和其他钢结构产品，在收入与成本的确认上按照销售商品的规定执行，以风险报酬转移作为收入确认时点的判断标准。

在新收入准则下，中船防务变更后的收入确认原则和计量方法为：合同开始日，对合同进行评估，识别该合同所包含的各单项履约义务，并确定各单项履约义务是在某一时段内履行，还是在某一时点履行，在履行了各单项履约义务时分别确认收入。对于在某一时点履行的履约义务，中船防务在客户取得相关商品控制权时点按合同价格确认收入。对于在某一时段内履行的履约义务，中船防务在该段时间内按照履约进度确认收入。中船防务采用投入法确定恰当的履约进度，按累计实际发生的合同成本占合同预计总成本的比例确定。当履约进度不能合理确定时，已经发生的成本预计能够得到补偿的，应当按照已经发生的成本金额确认收入，直到履约进度能够合理确定为止。

中船防务依据新收入准则的规定，根据履行履约义务与客户付款之间的关系在资产负债表中列示合同资产或合同负债。

中船防务对收入来源及客户合同履约情况进行复核以评估新收入准则对财务报表的影响。中船防务的收入来源主要为船舶建造及海工产品，通过对客户合同进行评估，大部分船舶建造及海工产品合同满足"某一时段内履行"条件，继续在建造期间内按照履约进度确认收入，小部分船舶建造及海工产品合同不满足"某一时段内履行"条件，中船防务将其变更为在某一时点履行的履约义务，依据新收入准则衔接规定，将首次执行新收入准则的累计影响数调减 2018 年年初未分配利润 29 547 841.37 元，对可比期间信息不予调整。

中船防务的营业收入来源主要包括船舶建造及海工产品、船舶维修、机电产品和钢结构等。收入确认的具体政策和方法如下：

（1）船舶建造及海工产品。

中船防务提供的船舶建造及海工产品业务，在合同生效日对合同进行评估，判断合同履约义务是否满足"某一时段内履行"条件。

满足"某一时段内履行"条件的，中船防务在该段时间内按照履约进度确认收入。中船防务采用投入法确定恰当的履约进度，按累计实际发生的合同成本占合同预计总成本的比例确定。当履约进度不能合理确定时，已经发生的成本预计能够得到补偿的，按照已经发生的成本金额确认收入，直到履约进度能够合理确定为止；如果已经发生的成本预计不可能收回的，在发生时立即确认为费用，不确认收入。

中船防务在合同总收入能够可靠计量、与合同相关的经济利益很可能流入中船防务、实际发生的合同成本能够清楚区分和可靠计量、合同完工进度和为完成合同尚需发生的成本能够可靠确定时，视为可以合理预见合同结果，履约进度能够合理确定。长期船舶建造及海工产品合同，如属首制船，则在履约进度达到50%时，视为可以合理预见合同结果；而对于批量建造的非首制船舶，则在履约进度达到30%时，视为可以合理预见合同结果。

不满足"某一时段内履行"条件的，中船防务在船舶及海工产品完工交付时根据合同或交船文件确定的交易价格确认收入。

中船防务确认外币合同收入的基础为合同签约币种。中船防务折算外币合同收入时，对于应确认的已收款外币收入，按收款时确认的人民币金额确认；对于应确认的未收款外币收入，按应收账款确认日的即期汇率折算，两者之和作为累计应确认的人民币收入。累计应确认的人民币收入减去以前期间累计已确认的人民币收入则为当期应确认的人民币收入。

（2）船舶维修。

中船防务提供的一般船舶维修业务，由于维修周期短，中船防务在完成船舶修理并办理完结算手续后，确认收入并结转相应成本。

（3）钢结构和机电产品。

中船防务提供的大型钢结构制作安装合同，满足"某一时段内履行"条件的，中船防务在该段时间内按照履约进度确认收入，履约进度采用投入法，按累计实际发生的合同成本占合同预计总成本的比例确定；不满足"某一时段内履行"条件的钢结构制作交付合同，中船防务在钢结构完工发送到客户指定场地并验收合格后根据工程量确认单确认收入。

中船防务提供的机电产品，在完工交付时确认收入。

3. 总结分析

综上所述，新收入准则的应用对中船防务的船舶建造及海工产品收入产生了较大影响。在中船防务 2018 年的年报中，船舶建造及海工产品收入占收入总额的 86.86% 之多，所以当其中部分船舶建造及海工产品的收入确认由采用时段法变为采用时点法时，收入总额便会产生较大变化。而且由于时点法确认是在完工交付时，根据合同或交船文件确定的交易价格确认收入，因此，对于改按时点法确认收入的合同，应按照衔接规定，根据累积影响数调整期初留存收益及其他相关报表项目金额。

（三）大连港采用新收入准则——交通运输业

1. 背景介绍

大连港集团（以下简称"大连港"）位于辽东半岛南端的大连湾内，是该区域进入太平洋，面向世界的海上门户。

1899 年，大连港开始建设；1951 年，大连港正式移交给中华人民共和国中央人民政府；2005 年 7 月 28 日，大连港老港区开始搬迁改造。2019 年 4 月 12 日，大连港入选由中国科协调宣部主办，中国科协创新战略研究院、中国城市规划学会共同承办的"中国工业遗产保护名录（第二批）"。

截至 2015 年，大连港水域面积 346 平方千米，核心港区陆域面积约 18 平方千米，陆域面积 15 平方千米，保税港面积 6.88 平方千米，集装箱吞吐能力 1 600 万标箱。2017 年，大连港实现货物吞吐量 4.51 亿吨。截至 2019 年 7 月，大连港主要从事原油，成品油及液体化工品装、卸、储运服务，客运服务等方面业务。

2. 新准则执行情况

根据大连港 2018 年年报的披露：

大连港于 2018 年 1 月 1 日起执行《企业会计准则第 14 号——收入（修订)》（简称：新收入准则）。

大连港提供港口装卸堆存服务、运输服务等履约义务，由某一时点确认收入，改为将其作为在某一时段内履行的履约义务，按照履约进度确认收入，采用投入法确认履约进度。大连港的会计政策与新收入准则的要求在重大方面均保持一致，新收入准则的应用除对大连港的财务数据产生影响之外，并未对大连港集团的其他方面产生重大影响。

大连港在履行了合同中的履约义务，即在客户取得相关商品或服务控制权时确认收入。取得相关商品或服务的控制权，是指能够主导该商品的使用或该服务的提供并从中获得几乎全部的经济利益。

（1）销售商品合同。

大连港与客户之间的销售商品合同通常仅包含转让商品的履约义务。大连港通常在综合考虑了下列因素的基础上，以商品完成交付并经过客户验收确认时点确认收入。需综合考虑的因素包括：取得商品的现时收款权利、商品所有权上的主要风险和报酬的转移、商品的法定所有权的转移、商品实物资产的转移、客户接受该商品。

（2）提供服务合同。

大连港与客户之间的提供服务合同通常包含港口作业服务和运输服务等履约义务，由于大连港履约的同时客户即取得并消耗大连港履约所带来的经济利益，因此，大连港将其作为在某一时段内履行的履约义务，按照履约进度确认收入（履约进度不能合理确定的除外）。大连港于提供服务时履行履约义务，按照投入法确定提供服务的履约进度。对于履约进度不能合理确定时，大连港已经发生的成本预计能够得到补偿的，按照已经发生的成本金额确认收入，直到履约进度能够合理确定为止。

3. 总结分析

综上所述，应用新收入准则对大连港的港口作业收入、运输收入产生了较大的影响。在大连港的 2018 年年报中，港口作业收入、运输收入占收入总额的 63.97% 之多，所以港口作业收入、运输收入确认的变化对收入总额产生了较大影响。而且采用时段法会使得港口作业收入、运输收入相应调增。如图 2 - 1 所示，在其他类型的业务较 2017 年有所下降的同时，只有港口作业收入和运输收入有较为明显的上升，这一现象与由采用时点法改为采用时段法存在一定联系。

营业收入按类型列示如下：

类型	2018 年	2017 年
商品贸易收入	782,137,812.16	3,618,506,281.08
港口作业收入	3,575,979,969.78	2,725,102,087.18
代理收入	697,112,609.68	949,113,027.69
运输收入	744,640,209.98	535,836,818.43
租赁收入	141,738,461.28	263,320,406.76
港务管理收入	244,384,285.47	246,769,760.49
工程施工及监理收入	114,113,610.08	123,838,092.30
电费收入	59,987,976.46	94,089,108.03
信息服务收入	73,554,855.93	80,683,188.91
理货收入	64,790,839.86	65,361,589.04
产品销售收入	31,944,878.61	32,609,559.33
其他	224,059,393.09	296,413,430.98
合计	6,754,444,902.38	9,031,643,350.22

图 2 - 1 大连港 2018 年年报——营业收入部分截图

案例四：合同成本

合同成本的会计处理主要分为合同取得、合同履约、合同摊销与减值三个方面，涉及的会计科目主要有"合同取得成本""合同履约成本""合同取得成本减值准备""合同履约成本减值准备"等。本案例列举了三种情形下合同成本不同的会计处理方式，对本准则第四章合同成本进行深入讲解。

合同取得成本

一、相关条款——合同取得成本

第二十八条　企业为取得合同发生的增量成本预期能够收回的，应当作为合同取得成本确认为一项资产；但是，该资产摊销期限不超过一年的，可以在发生时计入当期损益。

增量成本，是指企业不取得合同就不会发生的成本（如销售佣金等）。

企业为取得合同发生的、除预期能够收回的增量成本之外的其他支出（如无论是否取得合同均会发生的差旅费等），应当在发生时计入当期损益，但是，明确由客户承担的除外。

二、科目设置——合同取得成本

企业应当设置"合同取得成本"科目，核算企业取得合同发生的、预计能够收回的增量成本。企业发生上述合同取得成本时，借记本科目，贷记"银行存款""其他应付款"等科目；对合同取得成本进行摊销时，按照其相关性借记"销售费用"等科目，贷记本科目。涉及增值税的，还应进行相应的处理。本科目期末借方余额，反映企业尚未结转的合同取得成本。

三、案例分析——合同取得成本

(一) 万科 A (股票代码: 000002)

万科股份有限公司 (以下简称"万科 A") 是一家主营房地产开发和物业服务的公司, 主要产品及服务为房地产、物业管理、投资咨询。集团为取得合同发生的、除预期能够收回的增量成本之外的其他支出, 于发生时计入当期损益。合同取得成本确认的资产和合同履约成本确认的资产采用与该资产相关的商品或服务收入确认相同的基础进行摊销, 计入当期损益。摊销期限不超过一年则在发生时计入当期损益。

万科 A 在 2018 年年报财务报表附注"其他流动资产"中披露了合同取得成本, 如表 2-6、表 2-7 所示。

表 2-6 万科 A 各年合同取得成本 单位: 元

项目	2018 年 12 月 31 日	2018 年 1 月 1 日	2017 年 12 月 31 日
合同取得成本	3 923 391 567.3	3 063 941 783.72	—

表 2-7 万科 A2018 年合同取得成本变动情况 单位: 元

项目	销售佣金
年初余额	3 063 941 783.72
本年增加	3 106 847 243.52
本年摊销	(2 401 188 014.47)
合并范围变化	153 790 554.57
年末余额	3 923 391 567.3

万科 A 为签订商品房销售合同而支付给销售代理机构的佣金可以被销售对价覆盖, 因此, 集团将相关金额资本化确认为合同取得成本, 在相关收入确认时进行摊销。2017 年, 这些佣金支出在发生时被确认为销售费用。

以 2018 年数据为例, 万科 A 会计处理如下。

(1) 在发生合同取得成本, 例如向销售代理机构支付佣金时:

借: 合同取得成本   3 106 847 243.52

    贷: 其他应付款等   3 106 847 243.52

(2) 未来摊销合同取得成本时:

借: 销售费用等   2 401 188 014.47

    贷: 合同取得成本   2 401 188 014.47

（二）金隅集团（股票代码：601992）

北京金隅集团股份有限公司（以下简称"金隅集团"）是一家建筑材料生产企业，主要从事建材制造、房地产开发和不动产经营产业。金隅集团与合同成本有关的资产包括合同取得成本和合同履约成本。根据其流动性，分别列报在存货、其他流动资产和其他非流动资产中；为取得合同发生的增量成本预期能够收回的，作为合同取得成本确认为一项资产，除非该资产摊销期限不超过一年。

金隅集团在 2018 年年报财务报表附注"其他流动资产"中列示了合同取得成本，如表 2-8 所示。

表 2-8 金隅集团 2018 年合同取得成本 单位：元

项目	期末余额	期初余额
合同取得成本	71 454 731.13	—

以 2018 年数据为例，金隅集团会计处理如下。

（1）在发生合同取得成本时，例如向销售代理机构支付佣金时：

借：合同取得成本　　　　　　　　　　　71 454 731.13

　　贷：其他应付款等　　　　　　　　　　　71 454 731.13

（2）未来摊销合同取得成本时：

借：销售费用等　　　　　　　　　　　　71 454 731.13

　　贷：合同取得成本　　　　　　　　　　　71 454 731.13

（三）北辰实业（股票代码：601588）

北京北辰实业股份有限公司（以下简称"北辰实业"）是一家房地产开发企业，主营业务包括发展物业、投资物业（含酒店）及商业物业。北辰实业将为获取销售商品合同或劳务合同而发生的增量成本，确认为合同取得成本，对于摊销期限不超过一年的合同取得成本，在其发生时计入当期损益；对于摊销期限在一年以上的合同取得成本，按照相关合同下与确认收入相同的基础摊销计入损益。集团将为获得合同而直接产生的销售佣金确认为合同取得成本，列报为其他非流动资产，并根据收入履约进度结转计入销售费用。

北辰实业在 2018 年年报财务报表附注"其他流动资产"中列示了合同取得成本，如表 2-9 所示。

表 2-9 北辰实业 2018 年期初和期末合同取得成本 单位：元

项目	期末余额			期初余额		
	账面余额	减值准备	账面价值	账面余额	减值准备	账面价值
项目取得成本	144 633 361	—	144 633 361	—	—	—
合计	144 633 361	—	144 633 361	—	—	—

以2018年数据为例，北辰实业会计处理如下。

（1）在发生合同取得成本时，例如向销售代理机构支付佣金时：

借：合同取得成本   144 633 361

    贷：其他应付款等   144 633 361

（2）未来摊销合同取得成本时：

借：销售费用等   144 633 361

    贷：合同取得成本   144 633 361

（四）四川成渝（股票代码：601107）

四川成渝高速公路股份有限公司（以下简称"四川成渝"）主要从事高等级公路、桥梁、隧道等基础设施的投资、设计、建设、收费、养护、管理、技术咨询及配套服务；与高等级公路配套的加油站、广告位及仓储设施的建设及租赁；汽车拯救及清洗。合同取得成本即四川成渝为取得合同发生的增量成本预期能够收回的，作为合同取得成本确认为一项资产；该资产摊销期限不超过一年的，在发生时计入当期损益。增量成本，是指四川成渝不取得合同就不会发生的成本（如销售佣金等）。本集团为取得合同发生的、除预期能够收回的增量成本之外的其他支出（如无论是否取得合同均会发生的差旅费等），在发生时计入当期损益，但是，明确由客户承担的除外。

四川成渝在2018年年报财务报表附注"其他流动资产"中列示了合同取得成本，如表2-10所示。

表2-10   四川成渝2018年期初和期末合同取得成本   单位：元

项目	期末余额			期初余额		
	账面余额	减值准备	账面价值	账面余额	减值准备	账面价值
项目取得成本	14 912 680.38	—	14 912 680.38	—	—	—

其他说明：

四川成渝为签订商品房销售合同而支付给销售代理机构的佣金可以被销售对价覆盖，因此，四川成渝将相关金额资本化确认为合同取得成本，在相关收入确认时进行摊销（预计摊销期限超过一年以上）。2017年，这些佣金支出在发生时被确认为销售费用。

以2018年数据为例，四川成渝会计处理如下。

（1）在发生合同取得成本时，例如向销售代理机构支付佣金时：

借：合同取得成本   14 912 680.38

    贷：其他应付款等   14 912 680.38

（2）未来摊销合同取得成本时：

借：销售费用等   14 912 680.38

    贷：合同取得成本   14 912 680.38

合同履约成本

一、相关条款——合同履约成本

第二十六条　企业为履行合同发生的成本不属于其他企业会计准则规范范围且同时满足下列条件的，应当作为合同履约成本确认为一项资产：

（一）该成本与一份当前或预期取得的合同直接相关，包括直接人工、直接材料、制造费用（或类似费用）、明确由客户承担的成本以及仅因该合同而发生的其他成本；

（二）该成本增加了企业未来用于履行履约义务的资源；

（三）该成本预期能够收回。

二、科目设置——合同履约成本

企业应当设置"合同履约成本"会计科目，核算企业为履行当前或预期取得的合同所发生的、不属于其他企业会计准则规范范围且按照本准则应当确认为一项资产的成本。企业因履行合同而产生的毛利不在本科目核算。本科目可按合同，分别"服务成本""工程施工"等进行明细核算。主要账务处理：企业发生上述合同履约成本时，借记本科目，贷记"银行存款""应付职工薪酬""原材料"等科目；对合同履约成本进行摊销时，借记"主营业务成本""其他业务成本"等科目，贷记本科目。涉及增值税的，还应进行相应的处理。本科目期末借方余额，反映企业尚未结转的合同履约成本。

三、案例分析——合同履约成本

（一）非亏损合同

2×18年1月1日，某建筑公司与北京某高校签订一项教学楼建造合同，根据双方合同，该工程的造价为7 000万元，工程期限为3年，该建筑公司负责工程的施工及全面管理，每半年与高校结算一次；预计2×20年12月31日竣工；预计可能发生的总成本为5 500万元。假定该建造工程整体构成单项履约义务，并属于在某一时段内履行的履约义务，建筑公司采用成本法确定履约进度，不考虑其他相关因素。该合同的其他有关资料如表2-11所示。

表 2 – 11　　　　　　　　　　与合同有关的其他资料　　　　　　　　单位：万元

项目	2×18 年	2×19 年	2×20 年
年末累计实际发生成本	1 800	3 800	5 650
年末预计完成合同尚需发生成本	3 700	1 700	—
本期结算合同价款	2 500	2 100	2 400
本期实际收到价款	2 000	2 000	3 000

该建筑公司相关会计处理如下。

1. 2×18 年账务处理

（1）1～12 月实际发生合同成本时：

借：合同履约成本——工程施工　　　　　　　　　　　18 000 000

　　贷：原材料、应付职工薪酬等　　　　　　　　　　　　　　18 000 000

（2）2×18 年 12 月 31 日，确认计量当年的收入并结转成本：

履约进度 = 1 800 ÷ 5 500 × 100% = 32.73%

合同收入 = 7 000 × 32.73% = 2 290.91（万元）

借：合同结算——收入结转　　　　　　　　　　　　22 909 100

　　贷：主营业务收入　　　　　　　　　　　　　　　　　　22 909 100

借：主营业务成本　　　　　　　　　　　　　　　　18 000 000

　　贷：合同履约成本——工程施工　　　　　　　　　　　　18 000 000

（3）2×18 年 12 月 31 日，结算合同价款：

借：应收账款　　　　　　　　　　　　　　　　　　25 000 000

　　贷：合同结算——价款结算　　　　　　　　　　　　　　25 000 000

（4）实际收到合同价款：

借：银行存款　　　　　　　　　　　　　　　　　　20 000 000

　　贷：应收账款　　　　　　　　　　　　　　　　　　　　20 000 000

2×18 年 12 月 31 日，"合同结算"科目的余额为贷方 209.09 万元（2 500 – 2 290.91），表明该建筑公司已经与客户结算但尚未履约义务的金额为 209.09 万元，由于该建筑公司预计该部分履约义务将在 2×19 年内完成，因此，应在资产负债表终作为合同负债列示。

2. 2×19 年账务处理

（1）1～12 月实际发生合同成本时：

借：合同履约成本——工程施工（38 000 000 – 18 000 000）

　　　　　　　　　　　　　　　　　　　　　　　　20 000 000

　　贷：原材料、应付职工薪酬等　　　　　　　　　　　　　20 000 000

（2）2×19 年 12 月 31 日，确认计量当年的收入并结转成本：

履约进度 = 3 800 ÷ 5 500 × 100% = 69.09%

应确认的合同收入 = 7 000 × 69.09% – 2 290.91 = 2 545.45（万元）

借：合同结算——收入结转　　　　　　　　　　25 454 500
　　贷：主营业务收入　　　　　　　　　　　　　　　　25 454 500
借：主营业务成本　　　　　　　　　　　　　　20 000 000
　　贷：合同履约成本——工程施工　　　　　　　　　　20 000 000

（3）2×19 年 12 月 31 日，结算合同价款：

借：应收账款　　　　　　　　　　　　　　　　21 000 000
　　贷：合同结算——价款结算　　　　　　　　　　　　21 000 000

（4）实际收到合同价款：

借：银行存款　　　　　　　　　　　　　　　　20 000 000
　　贷：应收账款　　　　　　　　　　　　　　　　　　20 000 000

2×19 年 12 月 31 日，"合同结算"科目的余额为借方 236.36 万元（2 545.45 – 2 100 – 209.09），表明该建筑公司已经履行义务但尚未与客户结算的金额为 236.36 万元，由于该部分金额将在 2×20 年内结算，因此，应在资产负债表中作为合同资产列示。

3. 2×20 年账务处理

（1）1~12 月实际发生合同成本：

借：合同履约成本——工程施工（56 500 000 – 38 000 000）

　　　　　　　　　　　　　　　　　　　　　　18 500 000
　　贷：原材料、应付职工薪酬等　　　　　　　　　　　18 500 000

（2）2×20 年 12 月 31 日，确认计量当年的收入并结转成本：

由于当日该工程已竣工决算，其履约进度为 100%

合同收入 = 7 000 – 2 290.91 – 2 545.45 = 2 163.64（万元）

借：合同结算——收入结转　　　　　　　　　　21 636 400
　　贷：主营业务收入　　　　　　　　　　　　　　　　21 636 400
借：主营业务成本　　　　　　　　　　　　　　18 500 000
　　贷：合同履约成本——工程施工　　　　　　　　　　18 500 000

（3）2×20 年 12 月 31 日，结算合同价款：

借：应收账款　　　　　　　　　　　　　　　　24 000 000
　　贷：合同结算—价款结算　　　　　　　　　　　　　24 000 000

（4）实际收到合同价款：

借：银行存款　　　　　　　　　　　　　　　　30 000 000
　　贷：应收账款　　　　　　　　　　　　　　　　　　30 000 000

（二）亏损合同

甲建筑公司与其客户签订一项总金额为 580 万元的固定造价合同，该合同不可撤销。甲公司负责工程的施工及全面管理，客户按照第三方工程监理公司确认的工程完工量，每年与甲公司结算一次；该工程已于 2×18 年 2 月开工，预计

2×21年6月完工；预计可能发生的工程总成本为550万元。到2×19年底，由于材料价格上涨等因素，甲公司将预计工程总成本调整为600万元。2×20年末根据工程最新情况将预计工程总成本调整为610万元。假定该建造工程整体构成单项履约义务，并属于在某一时段内履行的履约义务，该公司采用成本法确定履约进度，不考虑其他相关因素。该合同的其他有关资料如表2-12所示。

表2-12 与合同有关的其他资料 单位：万元

项目	2×18年	2×19年	2×20年	2×21年	2×22年
年末累计实际发生成本	154	300	488	610	—
年末预计完成合同尚需发生成本	396	300	122	—	—
本期结算合同价款	174	196	180	30	—
本期实际收到价款	170	190	190	—	30

按照合同约定，工程质保金30万元须等到客户于2×22年底保证期结束且未发生重大质量问题方能收款。上述价款均为不含税价款，不考虑相关税费的影响。相关会计处理如下。

1. 2×18年账务处理

（1）2~12月实际发生合同成本：

借：合同履约成本——工程施工　　　　　　　　　　　1 540 000

　　贷：原材料、应付职工薪酬等　　　　　　　　　　　　1 540 000

（2）2×18年12月31日，确认计量当年的收入并结转成本：

履约进度 = 154÷(154＋396) = 28%

合同收入 = 580×28% = 162.4（万元）

借：合同结算——收入结转　　　　　　　　　　　　　1 624 000

　　贷：主营业务收入　　　　　　　　　　　　　　　　　1 624 000

借：主营业务成本　　　　　　　　　　　　　　　　　1 540 000

　　贷：合同履约成本——工程施工　　　　　　　　　　　1 540 000

（3）2×18年12月31日，结算合同价款：

借：应收账款　　　　　　　　　　　　　　　　　　　1 740 000

　　贷：合同结算——价款结算　　　　　　　　　　　　　1 740 000

（4）实际收到合同价款：

借：银行存款　　　　　　　　　　　　　　　　　　　1 700 000

　　贷：应收账款　　　　　　　　　　　　　　　　　　　1 700 000

2×18年12月31日，"合同结算"科目的余额为贷方11.6万元（174－162.4），表明甲建筑公司已经与客户结算但尚未履行履约义务的金额为11.6万元，由于甲建筑公司预计该部分履约义务将在2×19年内完成，因此，应在资产负债表中作为合同负债列示。

2. 2×19 年的账务处理

（1）1～12 月实际发生合同成本：

借：合同履约成本——工程施工   1 460 000

  贷：原材料、应付职工薪酬等   1 460 000

（2）2×19 年 12 月 31 日，确认计量当年的收入并结转成本，同时，确认合同预计损失。

履约进度 $= 300 \div (300 + 300) = 50\%$

合同收入 $= 580 \times 50\% - 162.4 = 127.6$（万元）

借：合同结算——收入结转   1 276 000

  贷：主营业务收入   1 276 000

借：主营业务成本   1 460 000

  贷：合同履约成本——工程施工   1 460 000

借：主营业务成本   100 000

  贷：预计负债   100 000

合同预计损失 $= (300 + 300 - 580) \times (1 - 50\%) = 10$（万元）

在 2×19 年底，由于该合同预计总成本（600 万元）大于合同总收入（580 万元），预计发生损失总额为 20 万元，由于其中 10 万元（20×50%）已经反映在损益中，因此应将剩余的、为完成工程将发生的预计损失 10 万元确认为当期损失。根据《企业会计准则第 13 号——或有事项》的相关规定，待执行合同变成亏损合同的，该亏损合同产生的义务满足相关条件的，则应当对亏损合同确认预计负债。因此，为完成工程将发生的预计损失 10 万元应当确认为预计负债。

（3）2×19 年 12 月 31 日，结算合同价款：

借：应收账款   1 960 000

  贷：合同结算——价款结算   1 960 000

（4）实际收到合同价款：

借：银行存款   1 900 000

  贷：应收账款   1 900 000

2×19 年 12 月 31 日，"合同结算"科目的余额为贷方 80 万元（11.6 + 196 - 127.6），表明甲建筑公司已经与客户结算但尚未履行履约义务的金额为 80 万元，由于甲建筑公司预计该部分履约义务将在 2×20 年内完成，因此，应在资产负债表中作为合同负债列示。

3. 2×20 年的账务处理

（1）1～12 月实际发生的合同成本：

借：合同履约成本——工程施工   1 880 000

  贷：原材料、应付职工薪酬等   1 880 000

（2）2×20 年 12 月 31 日，确认计量当年的合同收入并结转成本，同时调整合同预计损失。

履约进度 $= 488 \div (488 + 122) = 80\%$

合同收入 $= 580 \times 80\% - 162.4 - 127.6 = 174$（万元）

合同预计损失 $= (488 + 122 - 580) \times (1 - 80\%) - 10 = -4$（万元）

借：合同结算——收入结转	1 740 000	
贷：主营业务收入		1 740 000
借：主营业务成本	1 880 000	
贷：合同履约成本——工程施工		1 880 000
借：预计负债	40 000	
贷：主营业务成本		40 000

在 2×20 年底，由于该合同预计总成本（610 万元）大于合同总收入（580 万元），预计发生损失总额为 30 万元，由于其中 24 万元（30×80%）已经反映在损益中，因此预计负债的余额为 6 万元（30−24），反映剩余的、为完成工程将发生的预计损失，因此，本期应转回合同预计损失 4 万元。

（3）2×20 年 12 月 31 日，结算合同价款：

借：应收账款	1 800 000	
贷：合同结算——价款结算		1 800 000

2×20 年 12 月 31 日，"合同结算"科目的余额为贷方 86 万元（80+180−174），表明甲建筑公司已经与客户结算但尚未履行履约义务的金额为 86 万元，由于该部分履约义务将在 2×21 年 6 月底前完成，因此，应在资产负债表中作为合同负债列示。

4. 2×21 年 1~6 月的账务处理

（1）1~6 月实际发生合同成本：

借：合同履约成本——工程施工	1 220 000	
贷：原材料、应付职工薪酬等		1 220 000

（2）2×21 年 6 月 30 日，确认计量当期的合同收入并结转成本及已计提的合同损失。

2×21 年 1~6 月确认的合同收入 = 合同总金额 − 截至目前累计已确认的收入 $= 580 - 162.4 - 127.6 - 174 = 116$（万元）

借：合同结算——收入结转	1 160 000	
贷：主营业务收入		1 160 000
借：主营业务成本	1 220 000	
贷：合同履约成本——工程施工		1 220 000
借：预计负债	60 000	
贷：主营业务成本		60 000

2×21 年 6 月 30 日，"合同结算"科目的余额为借方 30 万元（86−116），是工程质保金，须等到客户于 2×22 年底保质期结束且未发生重大质量问题后方能收款，应当资产负债表中作为合同资产列示。

5. 2×22 年的账务处理

（1）保质期结束且未发生重大质量问题：

借：应收账款	300 000
贷：合同结算	300 000

（2）实际收到合同价款：

借：银行存款	300 000
贷：应收账款	300 000

合同成本减值

一、相关条款——合同成本减值

第二十九条 按照本准则第二十六条和第二十八条规定确认的资产（以下简称"与合同成本有关的资产"），应当采用与该资产相关的商品收入确认相同的基础进行摊销，计入当期损益。

第三十条 与合同成本有关的资产，其账面价值高于下列两项的差额的，超出部分应当计提减值准备，并确认为资产减值损失：

（一）企业因转让与该资产相关的商品预期能够取得的剩余对价；

（二）为转让该相关商品估计将要发生的成本。

以前期间减值的因素之后发生变化，使得前款（一）减（二）的差额高于该资产账面价值的，应当转回原已计提的资产减值准备，并计入当期损益，但转回后的资产账面价值不应超过假定不计提减值准备情况下该资产在转回日的账面价值。

第三十一条 在确定与合同成本有关的资产的减值损失时，企业应当首先对按照其他相关企业会计准则确认的、与合同有关的其他资产确定减值损失；然后，按照本准则第三十条规定确定与合同成本有关的资产的减值损失。

企业按照《企业会计准则第 8 号——资产减值》测试相关资产组的减值情况时，应当将按照前款规定确定与合同成本有关的资产减值后的新账面价值计入相关资产组的账面价值。

二、科目设置——合同成本减值

1. 企业应当设置"合同履约成本减值准备"科目，核算与合同履约成本有关的资产的减值准备。本科目可按合同进行明细核算。主要账务处理：与合同履约成本有关的资产发生减值的，按应减记的金额，借记"资产减值损失"科目，贷记本科目；转回已计提的资产减值准备时，做相反的会计分录。本科目期末贷方余额，反映企业已计提但尚未转销的合同履约成本减值准备。

2. 企业应当设置"合同取得成本减值准备"，核算与合同取得成本有关的资产的减值准备。本科目可按合同进行明细核算。主要账务处理：与合同取得成本有关的资产发生减值的，按应减记的金额，借记"资产减值损失"科目，贷记本科目；转回已计提的资产减值准备时，做相反的会计分录。本科目期末贷方余额，反映企业已计提但尚未转销的合同取得成本减值准备。

三、新旧准则对比

关于合同减值的会计处理，新旧收入准则有不同的规定。

旧准则下，合同预计总成本（至资产负债表日已发生成本 + 完成合同预计将发生成本）大于合同总收入的，应当将预计损失确认为当期费用。计算公式为：合同预计损失 = （合同预计总成本 – 合同预计总收入） × （1 – 完工百分比）。

新准则下，合同成本的账面价值高于"企业因转让与该资产相关的商品预期能够取得的剩余对价减去为转让该相关商品估计将要发生的成本的差额"时，超出部分应当计提减值准备，并确认为资产减值损失，同时规定，减值准备可以转回，但转回后的资产账面价值不应超过假定不计提减值准备情况下该资产在转回日的账面价值。

四、案例分析——合同成本减值

（一）新旧准则下亏损合同的会计处理

2×17 年 1 月 13 日，甲建筑公司（以下简称"甲公司"）与乙公司签订了一份办公楼建造合同，合同总价款为 30 000 万元（不含增值税），合同建造期限为两年。甲公司于 2×17 年 2 月 1 日开工建设，估计工程总成本为 26 000 万元。至 2×17 年 12 月 31 日，甲公司实际发生合同履约成本 16 000 万元。因建筑材料价格上涨，甲公司预计完成合同尚需发生合同履约成本 17 000 万元。经专业测量师测量，履约进度为 40%。假定至 2017 年 12 月 31 日，已结算合同价款（工程结算）13 000 万元。假定不考虑增值税等因素。

旧准则下甲公司的会计处理。

1. 确认合同毛利：

2×17 年应确认的合同收入 = 30 000 × 40% = 12 000（万元）

2×17 年应确认的合同费用 = （16 000 + 17 000） × 40% = 13 200（万元）

借：工程施工——合同成本　　　　　　　　　　　　160 000 000

　　贷：原材料、应付职工薪酬等　　　　　　　　　　　　160 000 000

借：主营业务成本   132 000 000

   贷：工程施工——合同毛利   12 000 000

      主营业务收入   120 000 000

2. 核算已计算工程款：

借：应收账款   130 000 000

   贷：工程结算   130 000 000

3. 确认合同减值损失：

2×17 年末"工程施工"余额为 16 000 – 1 200 = 14 800（万元），"工程结算"余额为 13 000 万元，"工程施工"余额大于"工程结算"余额，两者差额 1 800 万元在"存货"项目列报。

2×17 年末确认合同损失 =（预计合同总成本 – 预计合同总收入）×（1 – 完工进度）=（33 000 – 30 000）×（1 – 40%）= 1 200（万元）

借：资产减值损失   12 000 000

   贷：存货跌价准备   12 000 000

2×17 年末，"存货"项目列报金额 = 1 800 – 1 200 = 600（万元）

新准则下甲公司的会计处理。

1. 确认合同收入：

2×17 年应确认的合同收入 = 30 000 × 40% = 12 000（万元）

借：合同结算——收入结转   120 000 000

   贷：主营业务收入   120 000 000

借：应收账款   130 000 000

   贷：合同结算——价款结算   130 000 000

2×17 年 12 月 31 日，"合同结算"科目的余额为贷方 1 000 万元（13 000 – 12 000），表明甲公司已经与客户结算但尚未履行履约义务的金额为 1 000 万元，甲公司预计该部分履约义务将在第二年完成，因此应在资产负债表中作为合同负债列示。如果已结算的合同价款未超过累计已确认的收入，"合同结算"科目会出现借方余额，则在资产负债表中"合同资产"项目列示。

2. 确认合同费用：

2×17 年应确认的合同费用 =（16 000 + 17 000）× 40% = 13 200（万元）

借：合同履约成本——工程施工   160 000 000

   贷：原材料、应付职工薪酬等   160 000 000

借：主营业务成本   132 000 000

   贷：合同履约成本——工程施工   132 000 000

2×17 年末不考虑资产减值准备情况下"合同履约成本"的账面价值 = 实际发生成本 16 000 万元 – 当期摊销计入费用 13 200 万元 = 2 800（万元）

3. 确认合同减值损失：

甲公司转让该资产预期能够取得的剩余对价 = 合同总收入 – 已确认收入 =

30 000 – 12 000 = 18 000（万元）

为转让该资产估计将要发生的成本 = 17 000（万元）

转让该资产预期剩余对价 – 将要发生的成本 = 18 000 – 17 000 = 1 000（万元）

2×17 年末计提资产减值准备 = 2 800 – 1 000 = 1 800（万元）

借：资产减值损失   18 000 000

  贷：合同履约成本减值准备   18 000 000

"合同履约成本"在资产负债表"存货"项目列报，则"存货"项目列报金额 = 2 800 – 1 800 = 1 000（万元）

（二）新旧准则下亏损合同的会计处理

2×17 年，某建筑公司与某公司签订一份食堂建造合同，工程价款为 2 000 万元，该建筑估计发生的成本总额为 1 800 万元，预计两年后完工。第一年末，发生履约成本 900 万元，经专业测量师测量，履约进度为 40%。受材料费用和人工成本上升的影响，该建筑公司预计完成该工程项目尚需发生履约成本 1 200 万元。第一年已结算的合同价款为 700 万元。假定不考虑增值税。

会计处理如表 2-13 所示。

表 2-13   新旧准则下亏损合同会计处理比较

旧准则	新准则
（1）合同收入 = 合同总收入 × 完工百分比 = 2 000 × 40% = 800（万元）	（1）合同收入 = 800（万元）
（2）合同费用 = 合同预计总成本 × 完工百分比 = （900 + 1 200）× 40% = 840（万元）	（2）合同履约成本 = 840（万元）
（3）合同毛利 = （1）–（2）= 800 – 840 = –40（万元）	（3）合同资产 = （1）– 工程结算 = 800 – 700 = 100（万元）（负数则计入合同负债）
（4）"工程施工"余额 = 合同成本 +（3）= 900 – 40 = 860（万元）	（4）预期取得的剩余对价 – 估计将发生成本 = 1 200 – 1 200 = 0
（5）存货账面余额 = （4）– 工程结算 = 860 – 700 = 160（万元）	（5）合同履约成本账面价值 = 实际发生成本 – 当期摊销计入费用 = 900 – 840 = 60（万元）
（6）存货跌价准备 = （合同预计总成本 – 合同预计总收入）×（1 – 完工进度）= （2 100 – 2 000）×（1 – 40%）= 60（万元）	（6）计提合同减值准备 = （5）–（4）= 60（万元）
存货账面价值 = （5）–（6）= 160 – 60 = 100（万元）	存货账面价值 = （5）–（6）= 60 – 60 = 0（万元）

旧准则下甲公司的会计处理。

1. 确认合同毛利

第一年末应确认的合同收入 = 2 000 × 40% = 800（万元）

第一年末应确认的合同成本 =（900 + 1 200）× 40% = 840（万元）

借：工程施工——合同成本	9 000 000	
贷：原材料、应付职工薪酬等		9 000 000
借：主营业务成本	8 400 000	
贷：工程施工——合同毛利		400 000
主营业务收入		8 000 000

2. 核算已计算工程款

借：应收账款	7 000 000	
贷：工程结算		7 000 000

3. 确认合同减值损失

第一年末"工程施工"余额 = 900 - 40 = 860（万元），"工程结算"余额 = 700（万元），"工程施工"余额大于"工程结算"余额，两者差额 160 万元在"存货"项目列报。

第一年末确认合同损失 =（预计合同总成本 - 预计合同总收入）×（1 - 完工进度）=（2 100 - 2 000）×（1 - 40%）= 60（万元）

借：资产减值损失	600 000	
贷：存货跌价准备		600 000

第一年末，"存货"账面价值 = 160 - 60 = 100（万元）

新准则下甲公司的会计处理。

1. 确认合同收入

第一年末应确认的合同收入 = 2 000 × 40% = 800（万元）

借：合同结算——收入结转	8 000 000	
贷：主营业务收入		8 000 000
借：应收账款	7 000 000	
贷：合同结算——价款结算		7 000 000

第一年末，"合同结算"科目的余额为借方 100 万元（800 - 700），表明该建筑公司已经履约义务但尚未与客户结算的金额为 100 万元，应在资产负债表中作为合同资产列示。

2. 确认合同费用

第一年末应确认的合同费用 =（900 + 1 200）× 40% = 840（万元）

借：合同履约成本——工程施工	9 000 000	
贷：原材料、应付职工薪酬等		9 000 000
借：主营业务成本	8 400 000	
贷：合同履约成本——工程施工		8 400 000

合同履约成本账面价值 = 900 - 840 = 60（万元）

3. 计提合同减值损失

预期取得的剩余对价 - 估计将发生成本 = (2 000 - 800) - 1 200 = 0

计提合同履约成本减值准备 = 60 - 0 = 60（万元）

借：资产减值损失　　　　　　　　　　　　　　　600 000

　　贷：合同履约成本减值准备　　　　　　　　　　　　600 000

第一年末，"存货"账面价值 = 60 - 60 = 0（万元）

案例五：质量保证条款

一、相关条款

第三十三条 对于附有质量保证条款的销售，企业应当评估该质量保证是否在向客户保证所销售商品符合既定标准之外提供了一项单独的服务。企业提供额外服务的，应当作为单项履约义务，按照本准则规定进行会计处理。企业未提供额外服务的，质量保证责任应当按照《企业会计准则第13号——或有事项》规定进行会计处理。在评估质量保证是否在向客户保证所销售商品符合既定标准之外提供了一项单独的服务时，企业应当考虑该质量保证是否为法定要求、质量保证期限以及企业承诺履行任务的性质等因素。客户能够选择单独购买质量保证的，该质量保证构成单项履约义务。

二、准则解读

企业在向客户销售商品时，根据合同约定、法律规定或本企业以往的习惯做法等，可能会为所销售的商品提供质量保证，这些质量保证的性质可能因行业或者客户不同而不同。其中，有一些质量保证是为了向客户保证所销售的商品符合既定标准，即保证类质量保证；而另一些质量保证则是在向客户保证所销售的商品符合既定标准之外提供了一项单独的服务，即服务类质量保证。

附有质量保证条款的销售是指企业根据合同约定销售商品时提供质量保证，这些质量保证可能因为行业或者客户不同而不同，可分为单项履约义务的质量保证和不作为单项履约义务的质量保证。

企业应当对其所提供的质量保证的性质进行分析，对于客户能够选择单独购买质量保证的，表明该质量保证构成单项履约义务；对于客户虽然不能选择单独购买质量保证，但是，如果该质量保证在向客户保证所销售的商品符合既定标准之外提供了一项单独服务的，也应当作为单项履约义务。作为单项履约义务的质量保证应当按本准则规定进行会计处理，并将部分交易价格分摊至该项履约义务。对于不能作为单项履约义务的质量保证，企业应当按照《企业会计准则第13号——或有事项》的规定进行会计处理。

　　企业在评估一项质量保证是否在向客户保证所销售的商品符合既定标准之外提供了一项单独的服务时，应当考虑的因素包括：

　　（1）该质量保证是否为法定要求。当法律要求企业提供质量保证时，该法律规定通常表明企业承诺提供的质量保证不是单项履约义务。这是因为，这些法律规定通常是为了保护客户，以免其购买瑕疵或缺陷商品，而并非为客户提供一项单独的服务。

　　（2）质量保证期限。企业提供质量保证的期限越长，越有可能表明企业向客户提供了保证商品符合既定标准之外的服务。因此，企业承诺提供的质量保证越有可能构成单项履约义务。

　　（3）企业承诺履行任务的性质。如果企业必须履行某些特定的任务以保证所销售的商品符合既定标准（例如，企业负责运输被客户退回的瑕疵商品），则这些特定的任务可能不构成单项履约义务。

　　图2-2为对附有质量保证条款交易会计处理的分析过程。

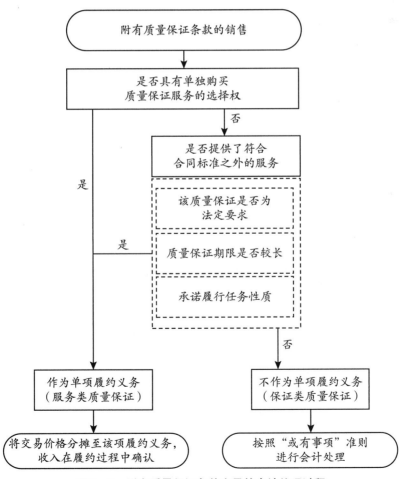

图2-2　附有质量保证条款交易的会计处理过程

三、案例分析

（一）作为单项履约义务的质量保证

客户可以选择单独购买的质量保证，或者企业销售商品之外提供的单独服务，可以作为单项履约义务的质量保证。作为单项履约义务的质量保证，会计处理上执行"新收入准则"，将部分交易价格分摊至该履约义务。

20×0 年 9 月 1 日，J 公司于销售网站上向客户销售一台手机并与客户签订合同，售价为 6 000 元（不考虑增值税）。合同约定 J 公司自客户购买日起两年内为客户提供所购手机的质量保证。其中，第一年是法律规定卖方必须提供的质保，第二年为 J 公司为了推销商品为客户提供的延长质保。手机的单独售价为 5 800 元，J 公司为期一年的保修服务单独售价是 400 元，该手机成本为 4 800 元。

本例中，两年期质量保证的第一年属于"保证类质量保证"。该类质量保证服务消费者不能单独购买，而是与销售一体的相关服务，不构成单项履约义务。J 公司应按或有事项准则，在售出手机时确认质量保证负债（预计负债）。两年期质量保证的第二年，属于"服务类质量保证"，即 J 公司向消费者保证所销售手机符合既定标准之外提供了一项单独的服务，即延保服务。本例中，J 公司额外提供延长一年质保期是属于一项单项履约义务，是一项可以单独购买的服务。因此，延长质量保修应执行新收入准则进行会计核算。

对于销售手机同时提供延保服务，需要区分两项活动是分别构成单项履约义务，还是作为一个整体构成一项单项履约义务。判断的标准是两项活动是否可明确区分。

在会计核算时，J 公司应将交易价格 6 000 元在手机和延长保修一年的服务之间按单独售价的相对比例进行分摊，确认设备销售收入 5 612.90 元 [6 000 × 5 800 ÷ (5 800 + 400)]，在手机交付客户时确认收入。确认延长保修服务收入 387.10 元 [6 000 × 400 ÷ (5 800 + 400)]。J 公司估计法定保修期间所产生的维修费用为 200 元/台。该延长一年的质量保证服务属于在某一时段内履约义务的情形，J 公司应在延长保修期间内按照履约进度确认收入，故此时应记入"合同负债"科目，待满足收入确认条件时再确认收入。

J 公司会计处理如下。

（1）20×0 年 9 月 1 日销售手机时，确认销售收入：

借：银行存款	6 000
贷：主营业务收入	5 612.90
合同负债	387.10
借：销售费用	200
贷：预计负债	200

（2）20×0年9月1日，结转销售成本：

借：主营业务成本　　　　　　　　　　　　　　　　　　4 800

　　贷：库存商品　　　　　　　　　　　　　　　　　　　　　4 800

（二）不作为单项履约义务的质量保证

对于不能作为单项履约义务的质量保证，比如销售时做出的质量保证承诺，该服务是与销售一体的，无法独立于销售之外，企业应当按照《企业会计准则第13号——或有事项》的规定进行会计处理，不再执行"新收入准则"。

S公司为电脑销售企业。S公司对购买其电脑的消费者做出承诺：电脑售出后1年内如出现非意外事件造成的电脑故障和质量问题，S公司免费负责保修（含零部件更换）。S公司当年销售电脑3 000台，每台售价为0.6万元。根据以往的经验，电脑发生的保修费一般为销售额的1%～2%。S公司当年实际的维修费用为28万元（假定用银行存款支付70%，另30%为耗用的材料）。本例中，S公司因销售电脑而承担了现时义务，该义务的履行很可能导致经济利益流出S公司，且该义务的金额能够可靠计量。

分析：由于该项质量保证承诺不属于可以独立于销售之外的服务，而是与销售活动捆绑在一起的服务，属于不作为单项履约义务的质量保证，故不能执行"收入准则"而执行"或有事项准则"。

S公司当年会计处理如下：

（1）确定当年应确认的"预计负债"金额，3 000×0.6×（1%＋2%）÷2＝27（万元）。

借：销售费用　　　　　　　　　　　　　　　　　　270 000

　　贷：预计负债　　　　　　　　　　　　　　　　　　　270 000

（2）当年实际支付维修费用28万元，假定用银行存款支付70%，另外30%为耗用的材料。

借：销售费用　　　　　　　　　　　　　　　　　　 10 000

　　预计负债　　　　　　　　　　　　　　　　　　270 000

　　贷：银行存款　　　　　　　　　　　　　　　　　　196 000

　　　　原材料　　　　　　　　　　　　　　　　　　　84 000

案例六：主要责任人和代理人

一、相关条款

第三十四条 企业应当根据其在向客户转让商品前是否拥有对该商品的控制权，来判断其从事交易时的身份是主要责任人还是代理人。企业在向客户转让商品前能够控制该商品的，该企业为主要责任人，应当按照已收或应收对价总额确认收入；否则，该企业为代理人，应当按照预期有权收取的佣金或手续费的金额确认收入，该金额应当按照已收或应收对价总额扣除应支付给其他相关方的价款后的净额，或者按照既定的佣金金额或比例等确定。企业向客户转让商品前能够控制该商品的情形包括：

（一）企业自该第三方取得商品或其他资产控制权后，再转让给客户。

（二）企业能够主导第三方代表本企业向客户提供服务。

（三）企业自第三方取得商品控制权后，通过提供重大的服务将该商品与其他商品整合成某组合产出转让给客户。

在具体判断向客户转让商品前是否拥有对该商品的控制权时，企业不应仅局限于合同的法律形式，而应当综合考虑所有相关事实和情况，这些事实和情况包括：

（一）企业承担向客户转让商品的主要责任。

（二）企业在转让商品之前或之后承担了该商品的存货风险。

（三）企业有权自主决定所交易商品的价格。

（四）其他相关事实和情况。

二、准则解读

主要责任人和代理人的判断是指企业向客户销售商品涉及其他方参与其中时，企业应当对其自身的身份进行判断。主要责任人和代理人的判断，首先要识别合同中约定的特定商品或者服务。企业承诺自行向客户提供特定商品的，其身份是主要责任人；企业承诺安排他人提供特定商品的，即为他人提供协助的，其身份是代理人。其中，自行向客户提供特定商品可能也包含委托另一方（包括分包商）代为提供特定商品。

企业作为主要责任人的情形包括:(1)企业自该第三方取得商品或其他资产控制权后,再转让给客户。(2)企业能够主导第三方代表本企业向客户提供服务。(3)企业自第三方取得商品控制权后,通过提供重大的服务将该商品与其他商品整合成合同约定的某组合产出转让给客户。具体来讲,如果企业向客户转让特定商品前拥有控制权,则作为主要责任人,反之则作为代理人;判断企业在转让特定商品前是否拥有控制权需要综合考虑的事实和情况包括:企业向客户转让特定商品时承担转让商品的主要责任,企业在转让特定商品之前或者之后承担了该商品的存货风险,企业能有权自主决定所有交易商品的价格(这里的特定商品,是指向客户提供的可明确区分的商品或可明确区分的“一揽子”商品,根据前述可明确区分的商品的内容,该特定的商品也包括享有由其他方提供的商品的权利。例如,旅行社销售的机票向客户提供了乘坐航班的权利,团购网站销售的餐券向客户提供了在指定餐厅用餐的权利等)。

当企业与客户订立的合同中包含多项特定商品时,对于某些商品而言,企业可能是主要责任人,而对于其他商品而言,企业可能是代理人。例如,企业与客户订立合同,向客户销售其生产的产品并且负责将该产品运送至客户指定的地点,假定销售产品和提供运输服务是两项履约义务,企业需要分别判断其在这两项履约义务中的身份是主要责任人还是代理人。

根据以上的判断标准,如果是主要责任人,会计处理上收入按照总额法确认。如果是代理人,会计处理上收入按照净额法确认。判断主要责任人和代理人的流程如图2-3所示。

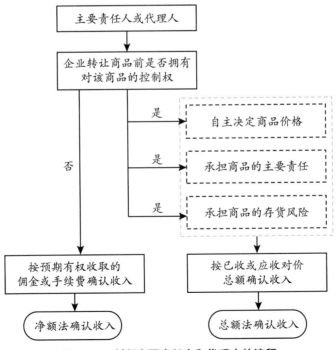

图2-3 判断主要责任人和代理人的流程

三、案例分析

本案例与准则联系，将针对三种常见的商业模式，分别进行案例分析。

（一）旅行社转卖机票

1. 作为主要责任人以总额法确认收入

HY 旅行社从航空公司购买了一定数量的折扣机票 500 张，每张机票成本价 800 元，决定对外销售。

HY 旅行社向旅客销售机票时，可自行决定机票的价格。旅行社将每张机票售价定为 1 000 元，未售出的机票不能退还给航空公司。HY 旅行社销售 400 张机票（增值税税率 13%）。

分析：HY 旅行社从航空公司购入机票之后，可以自行决定该机票的用途，即是否用于对外销售，以何等价格及向哪些客户销售等。HY 旅行社是先取得机票的控制权，然后再销售给客户，有能力主导该机票的使用并且能够获得全部的经济利益，因此 HY 旅行社的身份为主要责任人，会计处理上以总额法确认收入。

HY 旅行社的会计处理如下：

借：银行存款 452 000

　　贷：其他业务收入（400×1 000） 400 000

　　　　应交税费——应交增值税（销项税额） 52 000

借：其他业务成本（400×800） 32 000

　　贷：库存商品 320 000

2. 作为代理人以净额法确认收入

HY 旅行社向旅客销售机票时，与航空公司商议决定机票的价格为每张 1 000 元，未售出的机票可以退还给航空公司，每销售一张机票 HY 旅行社可以收取 10% 的手续费。HY 旅行社销售 400 张机票。

分析：HY 旅行社从航空公司购入机票之后，不能自行决定机票的售价，并且不能获得全部机票经济利益的流入。未出售的机票还可以退回给航空公司，说明 HY 旅行社在销售时并没有取得机票的控制权。因此，HY 旅行社在向旅客销售机票的交易中身份是代理人，会计处理上以净额法确认收入。

HY 旅行社收到销售的款项，应当以售价全额开具增值税专用发票，确认销项税额。但是，HY 旅行社只获得了票款 10% 的手续费，属于代销的性质。增值税真正的税负承担者应当是航空公司，故航空公司在收到款项的时候，应当开具增值税专用发票，确认销项税额，同时，HY 旅行社可以作为进项税额抵扣。

HY 旅行社销售实现时会计处理如下：

借：银行存款   452 000

  贷：其他应付款（400×1 000）   400 000

    应交税费——应交增值税（销项税额） 52 000

  航空公司收到款项 400 000×90% + 52 000 = 412 000（元），开出增值税专用发票确认销项税 52 000 元，HY 旅行社则作为进项税额抵扣，其会计处理如下：

借：应交税费——应交增值税（进项税额） 52 000

  贷：其他应付款   52 000

  HY 旅行社将款项 412 000 元（400 000×90% + 52 000）支付给航空公司，然后确认代销收入 40 000 元，以 6% 的税率计算代销的销项税额：

借：其他应付款   454 400

  贷：银行存款   412 000

    其他业务收入   40 000

    应交税费——应交增值税（销项税额） 2 400

3. 总结

采用总额法还是净额法确认收入，关键在于主要责任人和代理人的判断，判断的依据主要看销售时企业是否能够取得商品的控制权。如果企业在销售时取得了商品的控制权，其经济实质则为销售业务，以总额法确认收入。若企业在销售的时候没有取得商品的控制权，其经济实质则为代销业务，以净额法确认收入。在会计处理上要注意销售形成的增值税纳税义务人是销售企业，而不是代销企业。代销企业要根据服务业的增值税税率 6% 计算销项税额，记入"税金及附加"科目。

（二）网购平台销售商品

T 公司经营某购物网站，在该网站购物的消费者可以明确获知在该网站上销售的商品均为其他零售商直接销售的商品，这些零售商负责发货以及售后服务等。T 公司与零售商签订的合同约定，该网站所售商品的采购、定价、发货以及售后服务等均由零售商自行负责，T 公司仅负责协助零售商和消费者结算货款，并按照每笔交易的实际销售额收取 5% 的佣金。

分析：本例中，T 公司经营的购物网站是一个购物平台，零售商可以在该平台发布所销售商品信息，消费者可以从该平台购买零售商销售的商品。消费者在该网站购物时，向其提供的特定商品为零售商在网站上销售的商品，除此之外，T 公司并未提供任何其他的商品。这些特定商品在转移给消费者之前，T 公司没有能力主导这些商品的使用，例如，T 公司不能将这些商品提供给购买该商品的消费者之外的其他方，也不能阻止零售商向该消费者转移这些商品。因此，消费者在该网站购物时，在相关商品转移给消费者之前，T 公司并未控制这些商品，T 公司的履约义务是安排零售商向消费者提供相关商品，而非自行提供这些商品，T 公司在该交易中的身份是代理人。

【**知识拓展**】在现实生活中，淘宝购物平台为"顾客对顾客"（C2C）模式，企业并不拥有对商品的控制权，只是代销商品的第三方交易平台，应按净额法确认收入。而京东商城的自营商品为"企业对顾客"（B2C）模式，在销售时取得了商品的控制权，其经济实质则为销售业务，应为主要责任人，按总额法确认收入。

（三）网络平台出售代金券、优惠券

MT 公司向客户销售某旅店的代金券，购买了该代金券的客户可以使用该代金券在指定的旅店住宿。该代金券一旦售出，不可退还。客户无须提前购买该代金券，只需要在消费时购买即可。根据 MT 公司和该旅店的协议约定，代金券在销售给客户之前，MT 公司不必要，也没有承诺预先自行购买该代金券。代金券的销售价格由 MT 公司和该旅店共同制定，MT 公司在代金券出售时有权收取代金券价格的 10% 作为佣金。MT 公司会协助购买该代金券在旅店住宿的客户解决与住宿有关的投诉，并对客户进行满意度调查；旅店负责履行与该代金券有关的义务，包括对不满旅店服务的客户进行补偿等。

分析：本例中，MT 公司向客户提供的特定商品为代金券，该代金券代表了客户可以在指定旅店住宿（即享受该旅店提供的住宿服务）的权利。MT 公司不必要、也没有承诺预先自行购买该代金券，只有当客户向其购买代金券时，其才会同时向指定旅店购买该代金券。对于 MT 公司而言，该权利仅在转让给客户时才产生，而在转让给客户之前并不存在，MT 公司并不能随时主导该权利的使用并从中获益。因此，MT 公司在将代金券销售给客户之前，并未控制该代金券，MT 公司在该交易中的身份应为代理人。

案例七：授予客户知识产权许可收入确认

本案例结合新收入准则的具体要求，以电影《哪吒之魔童降世》的票房收入为例，对授予客户知识产权许可的相关收入问题进行了重点剖析。本案例首先对《哪吒之魔童降世》电影的相关背景进行了介绍，然后分两部分对授予知识产权许可收入进行确认和计量。第一部分为电影发行方票房收入的确认和计量，通过"五步法"模型对收入进行确认，并介绍了票房收入确认和合同变更导致合同价款增加的相关会计处理。第二部分为发行方授予电影播映和卡通形象许可收入的确认和计量，与第一部分类似，同样运用了"五步法"模型进行收入确认，并介绍了授予电影播映和卡通形象许可收入确认的相关会计处理。

一、相关条款

第三十六条 企业向客户授予知识产权许可的，应当按照本准则第九条和第十条规定评估该知识产权许可是否构成单项履约义务，构成单项履约义务的，应当进一步确定其是在某一时段内履行还是在某一时点履行。

企业向客户授予知识产权许可，同时满足下列条件时，应当作为在某一时段内履行的履约义务确认相关收入；否则，应当作为在某一时点履行的履约义务确认相关收入：

（一）合同要求或客户能够合理预期企业将从事对该项知识产权有重大影响的活动；

（二）该活动对客户将产生有利或不利影响；

（三）该活动不会导致向客户转让某项商品。

二、案例分析

（一）案例背景介绍

授予知识产权许可，是指企业授予客户对企业拥有的知识产权享有相应权利。常见的知识产权包括软件和技术、影视和音乐等的版权、特许经营权以及专利权、商标权和其他版权等。

根据国家电影专资办票房数据显示，《哪吒之魔童降世》（以下简称《哪吒》）上映 93 天，票房累计达到 49.74 亿元，位列中国电影票房总榜第二名，成为全球影史单一市场票房最高的动画电影。2015 年 8 月 31 日，财政部、国家新闻出版广电总局颁布《国家电影事业发展专项资金征收使用管理办法》，规定办理工商注册登记的经营性电影放映单位，应当按其电影票房收入的 5% 缴纳电影专项资金。2018 年 12 月 25 日，国务院办公厅印发《进一步支持文化企业发展的规定》，明确对电影制片企业销售电影拷贝（含数字拷贝）、转让版权取得的收入，电影发行企业取得的电影发行收入，免征增值税。2016 年 3 月 23 日，财政部、国家税务总局印发《营业税改征增值税试点有关事项的规定》，其中第一条第六款："一般纳税人发生电影放映服务可以选择适用简易计税办法"适用 3% 的征收率。因此，电影《哪吒》取得收入需缴纳的专项资金及相关税费计算如下：

专项资金 $= 49.74 \times 5\% = 2.487$（亿元）

增值税 $= 49.74 / (1 + 3\%) \times 3\% = 1.449$（亿元）

城市维护建设税、教育费附加和地方教育费附加 $= 1.449 \times (7\% + 3\% + 2\%) = 0.1739$（亿元）

净票房收入 $= 49.74 - 2.487 - 1.449 - 0.1739 = 45.63$（亿元）

院线、发行方及制作方的票房分账基数即为 45.63 亿元。按照猫眼上公布的数据，片方分账比例为 39.18%、影院分账比例为 52.27%，假定发行方收取的代理费为净票房收入的 10%，则《哪吒》电影发行方票房分账收入 $= 45.63 \times 10\% = 4.563$（亿元）。

为方便对电影发行方收取影片放映许可费收入具体的会计处理问题进行深入的剖析，本案例以《哪吒》电影的发行方之一 GX 影业授予 BN 影院电影放映许可为切入点展开。

GX 影业是一家从事电影投资、制作、发行、宣传、广告工作的综合性电影公司，2019 年 6 月，GX 影业与 BN 影院签订电影放映合同，授予 BN 影院《哪吒》电影的放映许可 6 周，规定首次放映日为 7 月 26 日，电影放映许可权使用截止日期为 9 月 6 日，BN 影院支付电影净票房收入（假定专项资金及相关税费分账前已扣除）的 10% 给 GX 影业，作为影片放映许可权使用费。此外合同还约定，BN 影院向 GX 影业支付 50 000 元保证金，如 BN 影院按照约定在 9 月 6 日前播放《哪吒》电影，则保证金可用于抵偿未来应支付的电影放映许可权使用费；如 BN 影院未按约在 9 月 6 日前上映电影，则保证金不予返还，但 GX 影业也不得在 9 月 6 日前再授予其他影院《哪吒》电影的放映许可权。假定《哪吒》播放时间及票房净收入如表 2 - 14 所示。

表 2-14　　　　　电影《哪吒》播放时间及票房净收入　　　　单位：万元

播放时间	净票房收入
7 月 26 日至 8 月 1 日	15
8 月 2 日至 8 月 8 日	20
8 月 9 日至 8 月 15 日	25
8 月 16 日至 8 月 22 日	27
8 月 23 日至 8 月 29 日	22
8 月 30 日至 9 月 5 日	18
合计	127

（二）发行方票房收入的确认和计量

1. 相关收入确认

新收入准则下采用"五步法"进行收入的确认和计量。包括：识别与客户订立的合同、识别合同中的单项履约义务、确定交易价格、将交易价格分摊至各单项履约义务、根据每一单项履约义务的履行确认收入。

本例中"五步法"模型分析如下：

（1）识别与客户订立的合同。根据准则规定，同时满足"合同各方已批准该合同并承诺将履行各自义务、合同明确了合同各方与所转让商品或提供劳务（下称转让商品）相关的权利和义务、合同有明确的与所转让商品相关的支付条款、合同具有商业实质（即履行该合同将改变企业未来现金流量的风险、时间分布或金额）、企业因向客户转让商品而有权取得的对价很可能收回"五个条件，即符合客户在取得相关商品控制权时确认收入的条件。本例中，GX 影业与 BN 影院签订的《哪吒》电影放映合同同时满足以上五个条件，因此 GX 影业应在 BN 影院取得《哪吒》电影放映许可权的控制权时（即合同生效日）确认收入。

（2）识别合同中包含的各单项履约义务。履约义务，是指合同中企业向客户转让可明确区分商品（或者商品的组合）的承诺。判断企业授予知识产权是否构成单项履约义务的关键在于授予客户知识产权是否可以与所售商品明确区分。如果授予的知识产权可以与所售商品明确的区分，则授予知识产权作为一项单项履约义务；如果授予的知识产权不能与所售商品明确区分，则与所售商品一起作为一项单项履约义务。知识产权许可与所售商品不可明确区分的情形包括：一是该知识产权许可构成有形商品的组成部分并且对于该商品的正常使用不可或缺，例如，企业向客户销售设备和相关软件，该软件内嵌于设备之中，该设备必须安装了该软件之后才能正常使用；二是客户只有将该知识产权和相关服务一起使用才能从中获益，例如，客户取得授权许可，但是只有通过企业提供的在线服务才能访问相关内容。本例中，GX 影业与 BN 影院签订的影片放映许可权合同构成单项履约义务。

（3）确定交易价格。交易价格是企业因向客户转让商品而预期有权收取的对价金额。本例中，按照合同约定，GX 影业收取 BN 影院播放《哪吒》电影净票房收入的 10% 作为影片放映许可权的使用费。

（4）将交易价格分摊至各单项履约义务。本例中，GX 影业与 BN 影院签订的影片放映许可权合同构成单项履约义务。交易价格即净票房收入的 10% 作为影片放映许可权的使用费。

（5）根据每一单项履约义务的履行确认收入。本例中，GX 影业与 BN 影院签订的影片放映许可权合同构成单项履约义务，我们需要判断其应按时段法确认收入，还是应按时点法来确认收入。

新收入准则第三十六条规定："企业向客户授予知识产权许可，同时满足下列条件时，应当作为在某一时段内履行的履约义务确认相关收入；否则，应当作为在某一时点履行的履约义务确认相关收入：

（一）合同要求或客户能够合理预期企业将从事对该项知识产权有重大影响的活动；

（二）该活动对客户将产生有利或不利影响；

（三）该活动不会导致向客户转让某项商品。"

对于（一），企业向客户授予知识产权许可之后，还可能会从事一些后续活动，例如市场推广、知识产权的继续开发或者能够影响知识产权价值的日常活动等，这些活动可能会在企业与客户的合同中明确规定，也可能是客户基于企业公开宣布的政策、特定声明或者企业以往的习惯做法而合理预期企业将会从事这些活动。如果企业和客户之间约定共享该知识产权的经济利益（例如，企业收取的特许权使用费基于客户的销售情况确定），虽然并非决定性因素，但是这可能表明客户能够合理预期企业将从事对该知识产权有重大影响的活动。企业从事的活动存在下列情况之一的，将会对该项知识产权有重大影响：一是这些活动预期将显著改变该项知识产权的形式（如知识产权的设计、内容）或者功能（如执行某项任务的能力）；二是客户从该项知识产权中获益的能力很大程度上来源于或者取决于这些活动，即，这些活动会改变该项知识产权的价值。

对于（二），企业从事的这些后续活动将直接导致相关知识产权许可对客户产生影响，且这种影响既包括有利影响，也包括不利影响。如果企业从事的后续活动并不影响授予客户的知识产权许可，那么企业的后续活动只是在改变其自己拥有的资产。虽然这些活动可能影响企业提供未来知识产权许可的能力，但将不会影响客户已控制或使用的内容。

对于（三），企业向客户授予知识产权许可，并承诺从事与该许可相关的某些后续活动时，如果这些活动本身构成了单项履约义务，那么企业在评估授予知识产权许可是否属于在某一时段履行的履约义务时应当不考虑。

本例中，GX 影业收取的电影放映许可权使用费基于 BN 影院的票房销售情况确定，BN 影院能够合理预期 GX 影业在电影放映期间会加大宣传力度，且相关宣传活动会对 BN 影院产生有利影响，并且不会导致 GX 影业向 BN 影院转让《哪吒》电影版权，同时符合以上三个条件，所以 GX 影业应采用"时段法"进行收入确认。

新收入准则第三十七条规定："企业向客户授予知识产权许可，并约定按客户实际销售或使用情况收取特许权使用费的，应当在下列两项孰晚的时点确认收入：

（一）客户后续销售或使用行为实际发生；

（二）企业履行相关履约义务。"

本例中，GX 影业授权 BN 影院播映《哪吒》电影 6 周，发行方版权授予行为发生在影院实际产生票房收入前。按照收入确认的孰晚原则，GX 影业票房提成收入应在影院销售影票行为发生时确认（即按照实际播放时间分期确认）。具体而言，影片在各播放期间（6 周）的收入分别为 150 000 元、200 000 元、250 000 元、270 000 元、220 000 元、180 000 元。另需说明的是，GX 影业只有在 BN 影院影片放映许可权的使用权行使完成后（即影片放映结束后）才取得无条件收款权利。

2. 收入确认的相关会计处理

（1）关于保证金的处理。

本例中，GX 影业在合同签订时向 BN 影院收取 50 000 元保证金，应作如下会计分录：

借：银行存款　　　　　　　　　　　　　　　　　　　50 000
　　贷：其他应付款　　　　　　　　　　　　　　　　　　　50 000

（2）根据合同履约进度在电影播映期间分期确认收入。

本例中，假定 BN 影院按照合同约定在 9 月 6 日前上映了《哪吒》电影，因此 50 000 元保证金应在确认第一笔收入（8 月 1 日）时予以抵减。

借：合同资产　　　　　　　　　　　　　　　　　　　100 000
　　其他应付款　　　　　　　　　　　　　　　　　　　50 000
　　贷：主营业务收入　　　　　　　　　　　　　　　　　150 000

8 月 8 日：

借：合同资产　　　　　　　　　　　　　　　　　　　200 000
　　贷：主营业务收入　　　　　　　　　　　　　　　　　200 000

8 月 15 日：

借：合同资产　　　　　　　　　　　　　　　　　　　250 000
　　贷：主营业务收入　　　　　　　　　　　　　　　　　250 000

8 月 22 日：

借：合同资产　　　　　　　　　　　　　　　　　　　270 000
　　贷：主营业务收入　　　　　　　　　　　　　　　　　270 000

8 月 29 日：

借：合同资产	220 000	
贷：主营业务收入		220 000

9 月 5 日：

借：应收账款	1 220 000	
贷：合同资产		1 040 000
主营业务收入		180 000

（三）因合同变更导致合同价款增加时的相关会计处理

本例中，由于《哪吒》电影上映之后剧情特效好评如潮，观影人数场场爆满，BN 影院于 8 月 28 日决定与 GX 影业续签该影片的放映许可合同，约定将《哪吒》电影的放映期限延长 3 周。具体区别以下两种情形处理：

情形 1：之前合同内容不做变更，新合同中约定 GX 影业收取后 3 周电影净票房收入（9 月 6 日至 9 月 12 日为 2 100 000 元、9 月 13 日至 9 月 19 日为 1 900 000 元、9 月 20 日至 9 月 26 日为 1 700 000 元）的 20% 作为影片放映许可权的使用费。

情形 2：8 月 28 日，GX 影业与 BN 影院续签《哪吒》电影的放映许可合同，将电影播放期限延长 3 周，同时约定总计 9 周影片播放净票房收入的 15% 作为放映许可权的使用费。

新收入准则第八条规定："企业应当区分下列三种情形对合同变更分别进行会计处理：

（一）合同变更增加了可明确区分的商品及合同价款，且新增合同价款反映了新增商品单独售价的，应当将该合同变更部分作为一份单独的合同进行会计处理。

（二）合同变更不属于本条（一）规定的情形，且在合同变更日已转让的商品或已提供的服务（以下简称"已转让的商品"）与未转让的商品或未提供的服务（以下简称"未转让的商品"）之间可明确区分的，应当视为原合同终止，同时，将原合同未履约部分与合同变更部分合并为新合同进行会计处理。

（三）合同变更不属于本条（一）规定的情形，且在合同变更日已转让的商品与未转让的商品之间不可明确区分的，应当将该合同变更部分作为原合同的组成部分进行会计处理，由此产生的对已确认收入的影响，应当在合同变更日调整当期收入"。

在情形 1 中，合同变更增加的 3 周播放权可以与之前的 6 周明确区分，且新增合同价款"按电影净票房收入的 20% 收取该部影片放映许可权的使用费"体现了延长 3 周播放权的单独售价，属于第（一）类情形，因此 GX 影业应当将续签的延长 3 周播映权合同作为一份单独的合同进行会计处理。相关会计分录如下：

9 月 12 日：

借：合同资产	420 000

  贷：主营业务收入   420 000

9月19日：

  借：合同资产   380 000

    贷：主营业务收入   380 000

9月26日：

  借：应收账款   1 140 000

    贷：合同资产   800 000

      主营业务收入   340 000

  GX影业也可根据谨慎性原则，于9月26日后一次性确认合同收入1 140 000元。

  在情形2中，总计9周的播放权中，前5周（BN影院已经履行电影播映义务）和后3周（BN影院尚未履行播映义务）可以明确区分，因此属于准则规定的第（二）类情形。

  相关会计分录如下：GX影业应该将前5周视为"原合同终止"，原合同中未履行的第6周和延长的3周合并为新合同。

8月1日：

  借：合同资产   100 000

    其他应付款   50 000

    贷：主营业务收入   150 000

8月8日：

  借：合同资产   200 000

    贷：主营业务收入   200 000

8月15日：

  借：合同资产   250 000

    贷：主营业务收入   250 000

8月22日：

  借：合同资产   270 000

    贷：主营业务收入   270 000

8月29日：

  借：合同资产   1 040 000

    贷：主营业务收入   220 000

      合同资产   820 000

  第6~9周尚未确认收入＝（12 700 000＋2 100 000＋1 900 000＋1 700 000）×15%－（150 000＋200 000＋250 000＋270 000＋220 000）＝1 670 000（元）

  后4周的每周净票房收入按占后4周净票房总收入的比例分摊，计算如下：

  第6周：[1 800 000/（1 800 000＋2 100 000＋1 900 000＋1 700 000）]×1 670 000＝400 800（元）

  第7周：[2 100 000/（1 800 000＋2 100 000＋1 900 000＋1 700 000）]×

1 670 000 = 467 600(元)

第 8 周：［1 900 000/(1 800 000 + 2 100 000 + 1 900 000 + 1 700 000)］×
1 670 000 = 423 067(元)

第 9 周：［1 700 000/(1 800 000 + 2 100 000 + 1 900 000 + 1 700 000)］×
1 670 000 = 378 533(元)

9 月 5 日：

借：合同资产	400 800	
贷：主营业务收入		400 800

9 月 12 日：

借：合同资产	467 600	
贷：主营业务收入		467 600

9 月 19 日：

借：合同资产	423 067	
贷：主营业务收入		423 067

9 月 26 日：

借：应收账款	1 670 000	
贷：合同资产		1 291 467
主营业务收入		378 533

根据谨慎性原则，GX 影业也可以对终止的原合同（已经履行的义务）和新合同（未履行的义务）分别在合同义务履行完毕后一次性确认收入，如可在第 5 周（8 月 29 日）之后一次性确认收入 1 090 000 元，在 9 月 26 日之后一次性确认收入 1 670 000 元。

(四) 发行方授予电影播映 & 卡通形象许可收入的确认和计量

《哪吒》电影上映结束后，2019 年 11 月 20 日，GX 影业与国内某航空公司签订合同，合同约定 GX 影业授权航空公司《哪吒》电影播映许可，同时授权航空公司在飞机上使用哪吒卡通形象，合同金额合计 300 万元，自合同生效日起，期限两年。航空公司于合同签订当日支付 100 万元，剩余合同价款于一年后支付。运用"五步法"模型分析如下：

(1) 识别与客户订立的合同。本例中哪吒电影发行方 GX 影业与航空公司签订了授权航空公司播放影片及使用哪吒卡通形象的合同。符合收入确认的 5 个条件，具体收入确认见下面分析。

(2) 识别合同中的单项履约义务。根据准则，企业向客户承诺的商品同时满足两个条件：①"客户能够从该商品本身或从该商品与其他易于获得资源一起使用中受益，即该商品本身能够明确区分；②企业向客户转让该商品的承诺与合同中其他承诺可单独区分，即转让该商品的承诺在合同中是可明确区分的"。则视为可明确区分商品。本例中，由于电影播映权和卡通形象特许使用权可明确区分，因此分别构成单项履约义务。

（3）确定交易价格。根据合同约定，整个合同金额为300万元。

（4）将交易价格分摊至各单项履约义务。根据准则："合同中包含两项或多项履约义务的，企业应当在合同开始日，按照各单项履约义务所承诺商品的单独售价的相对比例，将交易价格分摊至各单项履约义务"。单独售价，是指企业向客户单独销售商品的价格。单独售价无法直接观察的，企业应当综合考虑其能够合理取得的全部相关信息，采用市场调整法、成本加成法、余值法等方法合理估计单独售价。

市场调整法，是指企业根据某商品或类似商品的市场售价，考虑本企业的成本加毛利等进行适当调整后的金额，确定其单独售价的方法。企业可以对其销售商品的市场进行评估，进而估计客户在该市场上购买本企业的商品所愿意支付的价格，并在此基础上进行必要调整以反映本企业的成本及毛利。

成本加成法，是指企业根据某商品的预计成本加上其合理毛利后的金额，确定其单独售价的方法。其中，预计成本应当与企业在定价时通常会考虑的成本因素一致，既包括直接成本，也包括间接成本；企业在确定合理毛利时，应当考虑的因素包括类似商品单独售价的毛利水平、行业内的历史毛利水平、行业平均售价、市场情况及企业的利润目标。

余值法，是指企业根据合同交易价格减去合同中其他商品可观察单独售价后的余额，确定某商品单独售价的方法。企业在商品近期售价波动幅度巨大，或者因未定价且未曾单独销售而使售价无法可靠确定时，可采用余值法估计其单独售价。其中，售价波动幅度巨大，是指企业在相同或相近的时间向不同客户出售同一种商品时的价格差异很大，因而导致企业无法从以往的交易或其他可观察的证据中识别出具有代表性的单独售价；未定价且未曾单独销售，是指企业尚未对该商品进行定价，且该商品过往未曾单独出售过，即销售价格尚未确定。

本例中假设电影播映权收费100万元，卡通形象特许使用权售价无法单独估计，且无市场售价，因此市场调整法和成本加成法不适用，采用余值法确定分摊价格为200万元。

（5）根据每一单项履约义务的履行确认收入。依据前面提到的关于"时段法"和"时点法"的确认原则，本例分别对电影播映许可和哪吒卡通形象特许使用权进行分析。

首先是GX影业授予航空公司哪吒卡通形象特许使用权，根据条件（一），"合同要求或客户能够合理预期企业将从事对该项知识产权有重大影响的活动"，航空公司能够合理预期电影继续在其他国家播放，以及哪吒第二部电影《姜子牙》初步定档于2020年上映等发行方从事的活动会对哪吒卡通形象特许使用权价值产生重大影响，满足条件（一）。且哪吒电影在北美、欧洲国家上映的票房，会影响哪吒卡通形象特许使用权的价值。如果电影在全球取得一致好评，那哪吒卡通形象特许使用权价值就会水涨船高，航空公司使用哪吒形象会吸引更多乘客乘坐飞机。相反，如果《哪吒》电影在国外票房不尽人意，或者观众口味突变，不再喜欢《姜子牙》的风格，则会降低哪吒卡通形象特许使用权自身的价值，符合条件（二）。"该活动对客户将产生有利或不利影响"。最后，《哪吒》电影发行方授予航空公司卡通形象特许使用权，通常并不涉及相关权利的转让，符合条件（三）。"该活动不会导致向客户转让某项商品"。三个条件同时满足，所以GX 影业应对授予的卡通形象许可收费采用"时段法"进行收入确认。相关会计分录如下。

2020 年 11 月 20 日：

借：应收账款   2 000 000

 贷：主营业务收入   1 000 000

  合同负债   1 000 000

借：银行存款   2 000 000

 贷：应收账款   2 000 000

2021 年 11 月 20 日：

借：合同负债   1 000 000

 贷：主营业务收入   1 000 000

再看授权航空公司《哪吒》电影播映许可两年，根据准则"当知识产权具有重大的独立功能，客户从该项知识产权中获得的利益可能不受企业从事的相关活动的重大影响，除非这些活动显著改变了该项知识产权的形式或者功能"。具有重大独立功能的知识产权主要包括软件、生物合成物或药物配方，以及已完成的媒体内容（例如电影、电视节目及音乐录音）版权等。本例中，由于电影是具有重大独立功能的知识产权（即可直接用于播放），发行方 GX 影业后续相关活动（国外播放电影、《姜子牙》上映等）并不会对国内《哪吒》电影产生重大影响。航空公司主要通过电影的重大独立功能获利，而非发行方的后续商业活动。因此不满足"时段法"确认收入的"三剑客"条件，不管合同期限多久，付款方式如何，对于制片方授予航空公司播放电影，收取固定版权费，均应采用"时点法"确认收入。GX 影业在合同签订日相关会计分录如下。

2019 年 11 月 20 日：

借：银行存款   1 000 000

 贷：主营业务收入   1 000 000

（五）总结

本案例以 GX 影业授予 BN 影院《哪吒》电影放映许可，以及授予航空公司电影播映许可和卡通形象使用许可为例，对电影发行方 GX 影业关于收入的确认和计量以及相关会计处理进行了深入细致的分析和解读，主要知识点包括"孰晚法"确认收入、"时段法"的三个条件及合同变更的相关会计处理。本案例旨在通过微案例的形式，对电影发行企业在实务中可能面临的情境提供指导和参考。

案例八：售后回购条款

一、相关条款

第三十八条 对于售后回购交易，企业应当区分下列两种情形分别进行会计处理：

（一）企业因存在与客户的远期安排而负有回购义务或企业享有回购权利的，表明客户在销售时点并未取得相关商品控制权，企业应当作为租赁交易或融资交易进行相应的会计处理。其中，回购价格低于原售价的，应当视为租赁交易，按照《企业会计准则第21号——租赁》的相关规定进行会计处理；回购价格不低于原售价的，应当视为融资交易，在收到客户款项时确认金融负债，并将该款项和回购价格的差额在回购期间内确认为利息费用等。企业到期未行使回购权利的，应当在该回购权利到期时终止确认金融负债，同时确认收入。

（二）企业负有应客户要求回购商品义务的，应当在合同开始日评估客户是否具有行使该要求权的重大经济动因。客户具有行使该要求权重大经济动因的，企业应当将售后回购作为租赁交易或融资交易，按照本条（一）规定进行会计处理；否则，企业应当将其作为附有销售退回条款的销售交易，按照本准则第三十二条规定进行会计处理。

售后回购，是指企业销售商品的同时承诺或有权选择日后再将该商品（包括相同或几乎相同的商品，或以该商品作为组成部分的商品）购回的销售方式。

二、准则解读

售后回购的会计处理流程如图2-4所示。被购回的商品包括原销售给客户的商品、与该商品几乎相同的商品，或者以该商品作为组成部分的其他商品。一般来说，售后回购通常有三种形式：一是企业和客户约定企业有义务回购该商品，即存在远期安排；二是企业有权利回购该商品，即企业拥有回购选择权；三是当客户要求时，企业有义务回购该商品，即客户拥有回售选择权。本案例将对上述三种情况分别进行详细解释。

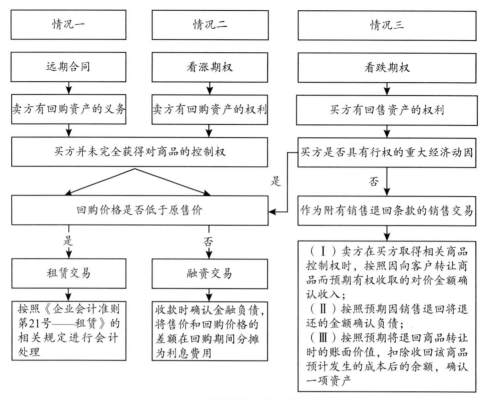

图 2 - 4 售后回购的会计处理流程

三、案例分析

江苏康腾股份有限公司（以下简称"江苏康腾"）为一家从事设备制造的上市公司，浙江帝丽股份有限公司（以下简称"浙江帝丽"）为一家食品加工企业。已知，两家公司不存在关联关系。

卖方和买方达成了回购义务的协议，相当于签署了一项远期交易的协议。尽管买方可能已经持有了该商品的实物，但是，由于卖方承诺回购该商品，导致买方主导该商品的使用并从中获取几乎全部经济利益的能力受到限制，因此，在销售时点，买方并没有取得该商品的控制权。

在这种情况下，准则规定企业应根据下列情况分别进行相应的会计处理：一是回购价格低于原售价的，应当视为租赁交易，按照《企业会计准则第21号——租赁》的相关规定进行会计处理；二是回购价格不低于原售价的，应当视为融资交易，在收到客户款项时确认金融负债，而不是终止确认该资产，并将该款项和回购价格的差额在回购期间内确认为利息费用等。

（一）回购价格低于原售价，视为租赁交易

1. 回购期小于一年

20×0 年 12 月 31 日，江苏康腾向浙江帝丽公司销售一台食品加工机床，该

设备账面成本 200 万元，买卖双方约定设备销售价格为 300 万元，双方就此次交易的售后回购事项展开了商议，并最终作出了合同条款约定，如表 2 – 15 所示（不考虑增值税）。

表 2 – 15　　　　　　　　合同有关售后回购事项的条款

合同条款	双方满足以下条件时，甲方需履行回购机床的义务： (1) 乙方已按规定期限缴足所购机床款项； (2) 甲乙双方约定的 3 个月的使用期限届满； (3) 乙方使用的机床需无重大损坏并保持原样； (4) 机床回购价款的确定：约定回购价格为 210 万元； (5) 回购款在回购期日一次性支付

江苏康腾（卖方）的会计处理：

如交易条款所示，该项业务对于江苏康腾而言，实质上是通过售后回购将此设备出租的业务，并且租赁期规定为 3 个月。此时，购买方并未取得相关商品的控制权，因此不满足收入确认条件，此设备仍属于江苏康腾所有，只是由库存商品变成了发出商品。此情景下，机床的回购价格 210 万元低于原售价 300 万元。分析其经济实质可以看出，出售价格 300 万元其实是租金和押金，而回购价格 210 万元是押金的返还，两者之间的差额 90 万元则为 3 个月内的租金总额，需要在租赁期内分期确认为租赁收入。

注意：租赁交易适用《企业会计准则第 21 号——租赁》，预收租金应记入"预收账款"，收取押金应记入"其他应付款"。

（1）20×0 年 12 月 31 日销售设备时：

借：银行存款　　　　　　　　　　　　　　　　　3 000 000
　　贷：预收账款　　　　　　　　　　　　　　　　　900 000
　　　　其他应付款　　　　　　　　　　　　　　　2 100 000
借：发出商品——设备　　　　　　　　　　　　　2 000 000
　　贷：库存商品——设备　　　　　　　　　　　　2 000 000

（2）20×1 年 1 月 31 日，江苏康腾确认收入：

借：预收账款（900 000÷3）　　　　　　　　　　　300 000
　　贷：其他业务收入　　　　　　　　　　　　　　　300 000

（3）20×1 年 2 月 28 日，江苏康腾确认收入：

借：预收账款　　　　　　　　　　　　　　　　　　300 000
　　贷：其他业务收入　　　　　　　　　　　　　　　300 000

（4）20×1 年 3 月 31 日，江苏康腾确认收入，购回机床设备并将其入库：

借：预收账款　　　　　　　　　　　　　　　　　　300 000
　　贷：其他业务收入　　　　　　　　　　　　　　　300 000
借：其他应付款　　　　　　　　　　　　　　　　2 100 000

　　贷：银行存款　　　　　　　　　　　　　　　　　　　　2 100 000
　借：库存商品——设备　　　　　　　　　　　　　　2 000 000
　　贷：发出商品——设备　　　　　　　　　　　　　　　　2 000 000

浙江帝丽（买方）的会计处理：

　　该项业务对于浙江帝丽而言，实质上是通过购后售回租入此设备，租赁期为3个月。此时，由于卖方承诺回购该商品，导致买方主导该商品的使用并从中获取几乎全部经济利益的能力受到限制，因此，在销售时点，买方并没有取得该商品的控制权，应作为租赁交易处理。根据财政部新修订的《企业会计准则第21号——租赁》的相关规定，由于租赁期为3个月，为短期租赁，承租人不确认使用权资产和租赁负债。

　　（1）20×0年12月31日收到设备时：
　借：其他应收款　　　　　　　　　　　　　　　　　　3 000 000
　　贷：银行存款　　　　　　　　　　　　　　　　　　　　3 000 000
　　（2）20×1年1月31日，计提租赁费用：
　借：生产成本（900 000÷3）　　　　　　　　　　　　　300 000
　　贷：其他应收款　　　　　　　　　　　　　　　　　　　300 000
　　（3）20×1年2月31日，计提租赁费用：
　借：生产成本　　　　　　　　　　　　　　　　　　　　300 000
　　贷：其他应收款　　　　　　　　　　　　　　　　　　　300 000
　　（4）20×1年3月31日，计提租赁费用，并售回设备，收到银行存款：
　借：生产成本　　　　　　　　　　　　　　　　　　　　300 000
　　贷：其他应收款　　　　　　　　　　　　　　　　　　　300 000
　借：银行存款　　　　　　　　　　　　　　　　　　　2 100 000
　　贷：其他应收款　　　　　　　　　　　　　　　　　　2 100 000

2. 回购期大于一年

　　20×0年12月31日，江苏康腾向浙江帝丽销售一台食品加工机床，该设备账面成本200万元，约定设备销售价格为300万元，双方就此次交易的售后回购事项展开了商议，并最终作出了合同条款约定，如表2-16所示（不考虑增值税）。

表2-16　　　　　　　　　　合同有关售后回购事项的条款

合同条款	双方满足以下条件时，甲方需履行回购设备的义务： （1）乙方已按规定期限缴足所购机床款项。 （2）甲乙双方约定的三年使用期限届满。 （3）乙方使用的机床需无重大损坏并保持原样。 （4）机床回购价款的确定：约定回购价格为210万元。 （5）回购款在回购期日一次性支付。

江苏康腾（卖方）的会计处理

如交易条款所示，该项业务对于江苏康腾而言，实质是通过售后回购将此设备租赁出去，租赁期为 3 年。此时，购买方帝丽公司并未取得相关商品的控制权，因此不满足收入确认条件，此设备仍属于江苏康腾公司所有，只是由库存商品变成了发出商品。此情景下，机床的回购价格 210 万元低于原售价 300 万元。分析其经济实质可以看出，出售价格 300 万元其实是租金和押金，而回购价格 210 万元是押金的返还，两者之间的差额 90 万元应额则为三年期的租金总额，需要在租赁期内分期确认为租赁收入。

注意：租赁交易适用《企业会计准则第 21 号——租赁》，预收租金应记入"预收账款"，收取押金应记入"其他应付款"。

（1）20×0 年 12 月 31 日销售设备时：

借：银行存款	3 000 000
贷：其他应付款	2 100 000
预收账款	900 000
借：发出商品——设备	2 000 000
贷：库存商品——设备	2 000 000

（2）20×1 年 12 月 31 日，江苏康腾确认收入：

借：预收账款（900 000÷3）	300 000
贷：其他业务收入	300 000

（3）20×2 年 12 月 31 日，江苏康腾确认收入：

借：预收账款	300 000
贷：其他业务收入	300 000

（4）20×3 年 12 月 31 日，江苏康腾确认收入，购回机床设备并将其入库：

借：预收账款	300 000
贷：其他业务收入	300 000
借：其他应付款	2 100 000
贷：银行存款	2 100 000
借：库存商品——设备	2 000 000
贷：发出商品——设备	2 000 000

浙江帝丽（买方）的会计处理

该项业务对于浙江帝丽而言，实质上是通过购后售回租入此设备，租赁期为 3 年。此时，由于卖方江苏康腾承诺回购该商品，导致浙江帝丽主导该商品的使用并从中获取几乎全部经济利益的能力受到限制，因此，在销售时点，买方并没有取得该商品的控制权，应作为租赁交易处理。根据财政部新修订的《企业会计准则第 21 号——租赁》的相关规定，由于租赁期为三年以上并且该设备不属于低价值资产，承租人应确认使用权资产和租赁负债，使用权资产按年限平均法折旧。

（1）20×0 年 12 月 31 日收到设备时：

借：使用权资产   900 000

  贷：预付账款   900 000

借：长期应收款   2 100 000

  预付账款   900 000

  贷：银行存款   3 000 000

（2）20×1 年 12 月 31 日，计提使用权资产累计折旧：

借：生产成本（900 000÷3）   300 000

  贷：使用权资产累计折旧   300 000

（3）20×2 年 12 月 31 日，计提使用权资产累计折旧：

借：生产成本   300 000

  贷：使用权资产累计折旧   300 000

（4）20×3 年 12 月 31 日，计提使用权资产累计折旧，并售回设备，收到银行存款：

借：生产成本   300 000

  贷：使用权资产累计折旧   300 000

借：银行存款   2 100 000

  贷：长期应收款   2 100 000

（二）示例——回购价格高于原售价，视为融资交易

1. 回购期小于一年

20×0 年 12 月 31 日，江苏康腾向浙江帝丽销售一台设备，约定设备销售价格为 300 万元，双方就此次交易的售后回购事项展开了商议，并最终作出了合同条款约定，如表 2-17 所示（不考虑增值税）。

表 2-17   合同有关售后回购事项的条款

合同条款	双方满足以下条件时，甲方需履行回购设备的义务： （1）乙方已按规定期限缴足所购设备款项； （2）甲乙双方约定的 3 个月的使用期限届满； （3）乙方使用的设备需无重大损坏并保持原样； （4）设备回购价款的确定：约定回购价格为 354 万元； （5）回购款在回购期日一次性支付

江苏康腾（卖方）的会计处理：

此情景下，设备的回购价格 354 万元高于原售价 300 万元。分析其经济实质可以看出，该项业务对于卖方而言，可以视作以该设备作为抵押标的物的融资交易处理。如交易条款所示，出售价格 300 万元其实是卖方从买方融资得到的金额，而回购价格 354 万元则是卖方在回购日支付的本金和利息之和，两者之间的

差额 54 万元即为 3 个月的利息总额，需要在融资期内分期确认为利息费用。

（1）20×0 年 12 月 31 日，销售设备时：

借：银行存款 3 000 000

　　贷：其他应付款 3 000 000

借：发出商品——设备 2 000 000

　　贷：库存商品——设备 2 000 000

（2）20×1 年 1 月 31 日，计提第一个月融资费用：

借：财务费用（540 000÷3） 180 000

　　贷：其他应付款 180 000

（3）20×1 年 2 月 28 日，计提第二个月融资费用：

借：财务费用 180 000

　　贷：其他应付款 180 000

（4）20×1 年 3 月 31 日，计提第三个月融资费用，购回设备并将其入库：

借：财务费用 180 000

　　贷：其他应付款 180 000

借：其他应付款 3 540 000

　　贷：银行存款 3 540 000

借：库存商品——设备 2 000 000

　　贷：发出商品——设备 2 000 000

浙江帝丽（买方）的会计处理：

该项业务对于买方而言，可以视作以该设备作为抵押标的物的融资交易处理，不同于江苏康腾的是，浙江帝丽的身份是投资方。如交易条款所示，出售价格 300 万元其实是卖方从买方融资得到的金额，而回购价格 354 万元则是卖方在回购日支付的本金和利息之和，两者之间的差额 54 万元即为 3 个月的利息总额。由于回购期小于一年，可以不考虑时间价值，利息总额需要在融资期内按比例分期确认为利息收入。

（1）20×0 年 12 月 31 日收到设备时：

借：其他应收款 3 000 000

　　贷：银行存款 3 000 000

（2）20×1 年 1 月 31 日计提投资收益：

借：其他应收款（540 000÷3） 180 000

　　贷：财务费用 180 000

（3）20×1 年 2 月 28 日计提投资收益：

借：其他应收款 180 000

　　贷：财务费用 180 000

（4）20×1 年 3 月 31 日计提投资收益，并售回设备，收到银行存款：

借：其他应收款 180 000

贷：财务费用	180 000
借：银行存款	3 540 000
贷：其他应收款	3 540 000

2. 回购期大于一年，到期一次支付回购款

20×0 年 12 月 31 日，江苏康腾向浙江帝丽销售一台设备，约定设备销售价格为 300 万元，双方就此次交易的售后回购事项展开了商议，并最终作出了以下合同条款约定，如表 2-18 所示（不考虑增值税）。

表 2-18　　　　　　　　　合同有关售后回购事项的条款

合同条款	双方满足以下条件时，甲方需履行回购设备的义务： （1）乙方已按规定期限缴足所购设备款项； （2）甲乙双方约定的 3 年期的使用期限届满； （3）乙方使用的设备需无重大损坏并保持原样； （4）设备回购价款的确定：约定回购价格为 354 万元； （5）回购款在回购期日一次性支付

江苏康腾（卖方）的会计处理：

此情景下，机床的回购价格 354 万元高于原售价 300 万元。分析其经济实质可以看出，该项业务对于江苏康腾而言，可以视作以该设备作为抵押标的物的融资交易处理。

如交易条款所示，出售价格 300 万元其实是卖方从买方融资得到的金额，而回购价格 354 万元则是卖方在回购日支付的本金和利息之和，两者之间的差额 54 万元的贴现值即为 3 年的利息总额。由于回购期长于一年的，货币的时间价值不能忽略，回购价与销售价的差额应采用实际利率法在回购期间摊销确认为利息支出。

实际利率计算：

$3\,000\,000 \times (F/P, 5\%, 3) = 3\,000\,000 \times 1.158 = 3\,474\,000$（元）

$3\,000\,000 \times (F/P, 6\%, 3) = 3\,000\,000 \times 1.191 = 3\,573\,000$（元）

$(6\% - r)/(r - 5\%) = (3\,573\,000 - 3\,540\,000)/(3\,540\,000 - 3\,474\,000)$，得：

$r = 5.67\%$

（1）20×0 年 12 月 31 日，销售设备时：

借：银行存款	3 000 000
贷：长期应付款	3 000 000
借：发出商品——设备	2 000 000
贷：库存商品——设备	2 000 000

（2）20×1 年 12 月 31 日，计提第一年融资费用。

借：财务费用（3 000 000×5.67%）	170 100
贷：长期应付款	170 100

（3）20×2年12月31日，计提第二年融资费用：

借：财务费用［（3 000 000＋170 100）×5.67%］　　179 744.67

　　贷：长期应付款　　　　　　　　　　　　　　　　　　179 744.67

（4）20×3年12月31日，计提第三年融资费用，支付回购款，购回设备并将其入库。

借：财务费用（540 000－170 100－179 744.67）　　190 155.33

　　贷：长期应付款　　　　　　　　　　　　　　　　　　190 155.33

借：长期应付款　　　　　　　　　　　　　　　　　3 540 000

　　贷：银行存款　　　　　　　　　　　　　　　　　　3 540 000

借：库存商品——设备　　　　　　　　　　　　　　2 000 000

　　贷：发出商品——设备　　　　　　　　　　　　　　2 000 000

浙江帝丽（买方）的会计处理：

该项业务对于浙江帝丽而言，可以视作以该设备作为抵押标的物的融资交易处理，不同于江苏康腾的是，浙江帝丽的身份是投资方。如交易条款所示，出售价格300万元其实是卖方从买方融资得到的金额，而回购价格354万元则是卖方在回购日支付的本金和利息之和，两者之间的差额54万元即为3年期的利息总额，需要在融资期内按照实际利率分期确认为利息收入。

实际利率计算：

3 000 000×（F/P，5%，3）＝3 000 000×1.158＝3 474 000（元）

3 000 000×（F/P，6%，3）＝3 000 000×1.191＝3 573 000（元）

（6%－r）/（r－5%）＝（3 573 000－3 540 000）/（3 540 000－3 474 000），得：

r＝5.67%

（1）20×0年12月31日收到设备时：

借：长期应收款　　　　　　　　　　　　　　　　　3 000 000

　　贷：银行存款　　　　　　　　　　　　　　　　　　3 000 000

（2）20×1年12月31日计提收益，冲减财务费用。

借：长期应收款（3 000 000×5.67%）　　　　　　　170 100

　　贷：财务费用　　　　　　　　　　　　　　　　　　170100

（3）20×2年12月31日计提收益，冲减财务费用。

借：长期应收款［（3 000 000＋170 100）×5.67%］　179 744.67

　　贷：财务费用　　　　　　　　　　　　　　　　　　179 744.67

（4）20×3年12月31日计提收益冲减财务费用，并售回设备，收到银行存款。

借：长期应收款（540 000－170 100－179 744.67）　190 155.33

　　贷：财务费用　　　　　　　　　　　　　　　　　　190 155.33

借：银行存款　　　　　　　　　　　　　　　　　3 540 000

　　贷：长期应收款　　　　　　　　　　　　　　　　　3 540 000

3. 回购期大于一年，分期支付回购款

20×6 年 12 月 31 日，江苏康腾向浙江帝丽销售一台设备，约定设备销售价格为 300 万元，双方就此次交易的售后回购事项展开了商议，并最终作出了以下合同条款约定，如表 2 - 19 所示（不考虑增值税）。

表 2 - 19 合同有关售后回购事项的条款

合同条款	双方满足以下条件时，甲方需履行回购设备的义务： （1）乙方已按规定期限缴足所购设备款项； （2）甲乙双方约定的 3 年期的使用期限届满； （3）乙方使用的设备需无重大损坏并保持原样； （4）设备回购价款的确定：约定回购价格为 354 万元； （5）回购款在回购期内分期支付

江苏康腾（卖方）的会计处理：

此情景下，机床的回购价格 354 万元高于原售价 300 万元。分析其经济实质可以看出，该项业务对于江苏康腾而言，可以视作以该设备作为抵押标的物的融资交易处理。

如交易条款所示，出售价格 300 万元其实是卖方从买方融资得到的金额，而回购价格 354 万元则是卖方在回购日支付的本金和利息之和，两者之间的差额 54 万元的贴现值即为 3 年的利息总额。由于回购期长于一年的，货币的时间价值不能忽略，回购价与销售价的差额应采用实际利率法在回购期间摊销确认为利息支出。

实际利率计算：

1 180 000 × (P/A, 8%, 3) = 1 180 000 × 2.577 = 3 040 860(元)

1 180 000 × (P/A, 9%, 3) = 1 180 000 × 2.531 = 2 986 580(元)

(8% - r)/(r - 9%) = (3 040 860 - 3 000 000)/(3 000 000 - 2 986 580)，得：

r = 8.75%

20×6 年 12 月 31 日至 20×9 年 12 月 31 日各年应付款项计算过程如表 2 - 20 所示。

表 2 - 20 各年应付款分摊情况 单元：元

日期	分期付款额 ①	确认的融资费用 ② = 期初④ × 8.75%	应付本金减少额 ③ = ① - ②	应付本金金额 期末④ = 期初④ - ③
20×6.12.31	—	—	—	3 000 000
20×7.12.31	1 180 000	262 500	917 500	2 082 500
20×8.12.31	1 180 000	182 218.75	997 781.25	1 084 718.75

续表

日期	分期付款额 ①	确认的融资费用 ②＝期初④×8.75%	应付本金减少额 ③＝①－②	应付本金金额 期末④＝期初④－③
20×9.12.31	1 180 000	95 281.25	1 084 718.75	0
合计	3 540 000	540 000	3 000 000	—

（1）20×6年12月31日，销售设备时：

借：银行存款　　　　　　　　　　　　　　　3 000 000

　　贷：长期应付款　　　　　　　　　　　　　　　3 000 000

借：发出商品——设备　　　　　　　　　　　2 000 000

　　贷：库存商品——设备　　　　　　　　　　　　2 000 000

（2）20×7年12月31日，计提第一年的融资费用，并支付当期回购款：

借：长期应付款　　　　　　　　　　　　　　917 500

　　财务费用　　　　　　　　　　　　　　　262 500

　　贷：银行存款　　　　　　　　　　　　　　　1 180 000

（3）20×8年12月31日，计提第二年的融资费用，并支付当期回购款：

借：长期应付款　　　　　　　　　　　　　　997 781.25

　　财务费用　　　　　　　　　　　　　　　182 218.75

　　贷：银行存款　　　　　　　　　　　　　　　1 180 000

（4）20×9年12月31日，计提第三年融资费用，支付当期回购款，购回设备并将其入库：

借：长期应付款　　　　　　　　　　　　　　1 084 718.75

　　财务费用　　　　　　　　　　　　　　　95 281.25

　　贷：银行存款　　　　　　　　　　　　　　　1 180 000

借：库存商品——设备　　　　　　　　　　　2 000 000

　　贷：发出商品——设备　　　　　　　　　　　　2 000 000

浙江帝丽（买方）的会计处理：

该项业务对于浙江帝丽而言，可以视作以该设备作为抵押标的物的融资交易处理，不同于江苏康腾的是，浙江帝丽的身份是投资方。如交易条款所示，出售价格300万元其实是买方向卖方投资所付出的金额，而回购价格354万元则是买方在回购日获得的本金和利息之和，两者之间的差额54万元即为3年期的利息总额。双方约定分期支付回购款，因此回购日到期之前，买方需按照实际利率分期确认为利息收入。

实际利率计算：

$1\,180\,000 \times (P/A, 8\%, 3) = 1\,180\,000 \times 2.577 = 3\,040\,860$（元）

$1\,180\,000 \times (P/A, 9\%, 3) = 1\,180\,000 \times 2.531 = 2\,986\,580$（元）

$(8\% - r)/(r - 9\%) = (3\,040\,860 - 3\,000\,000)/(3\,000\,000 - 2\,986\,580)$，得：

r = 8.75%

20×6 年 12 月 31 日至 20×9 年 12 月 31 日各年应收款项计算过程如表 2-21 所示。

表 2-21　　　　　　　　　　各年应收款分摊情况　　　　　　　　　单位：元

日期	分期收款额 ①	确认的融资费用 ② = 期初④×8.75%	应收本金减少额 ③ = ① - ②	应收本金金额 期末④ = 期初④ - ③
20×6.12.31	—	—	—	3 000 000
20×7.12.31	1 180 000	262 500	917 500	2 082 500
20×8.12.31	1 180 000	182 218.75	997 781.25	1 084 718.75
20×9.12.31	1 180 000	95 281.25	1 084 718.75	0
合计	3 540 000	540 000	3 000 000	—

（1）20×6 年 12 月 31 日收到设备时：

借：长期应收款　　　　　　　　　　　　　　　　　3 000 000

　　贷：银行存款　　　　　　　　　　　　　　　　　　3 000 000

（2）20×7 年 12 月 31 日计提利息收入，冲减财务费用：

借：银行存款　　　　　　　　　　　　　　　　　　1 180 000

　　贷：长期应收款　　　　　　　　　　　　　　　　　997 781.25

　　　　财务费用　　　　　　　　　　　　　　　　　　182 218.75

（3）20×8 年 12 月 31 日计提利息收入，冲减财务费用：

借：银行存款　　　　　　　　　　　　　　　　　　1 180 000

　　贷：长期应收款　　　　　　　　　　　　　　　　　1 002 987

　　　　财务费用　　　　　　　　　　　　　　　　　　177 013

（4）20×9 年 12 月 31 日利息收入，并售回设备，收到银行存款：

借：银行存款　　　　　　　　　　　　　　　　　　1 180 000

　　贷：长期应收款　　　　　　　　　　　　　　　　　1 084 718.75

　　　　财务费用　　　　　　　　　　　　　　　　　　95 281.25

情况二：卖方有权利回购该商品，即卖方拥有回购选择权。

在这种情况下，买方可能也已经持有了该商品的实物，但相似于情况一，由于卖方对该商品拥有回购选择权，导致买方主导该商品的使用并从中获取几乎全部经济利益的能力受到限制，因此，在销售时点，买方并没有取得该商品的控制权。

对于卖方拥有回购选择权的情况，根据本准则规定，企业应根据下列两种情形分别进行相应的会计处理：一是回购价格低于原售价的，应当视为租赁交易，按照《企业会计准则第 21 号——租赁》的相关规定进行会计处理。二是回购价格不低于原售价的，应当视为融资交易，在收到客户款项时确认金融负债，而不是终止确认该资产，并将该款项和回购价格的差额在回购期间内确认为利息费用等。

可见，根据准则规定，卖方有回购选择权的情况的处理方法与卖方有回购义务的情况处理方法相同。

回购选择权可理解为一项看涨期权，不同于股票期权的是，决定该期权是否执行的条件不完全是标的物的市场价格和执行价的关系，而是需要综合考虑企业的经营策略。下面分情况进行讨论。

（1）在回购价格低于原售价的情况下，回购价格小于市场价值，作为理性经济人，江苏康腾极有可能选择行使回购权，此时，江苏康腾和浙江帝丽的会计处理同情况一中情景一的处理方法。

（2）在回购价格低于原售价的情况下，回购价格大于市场价值，由于特定的经营策略，卖方仍可能行使回购选择权，此时，江苏康腾和浙江帝丽的会计处理仍同情况一中情景一的处理方法。

（3）在回购价格高于原售价的情况下，此项交易的实质若为融资交易，设备作为抵押物，无论市场价值多少，卖方均会行使回购选择权，此时，江苏康腾和浙江帝丽的会计处理同情况一中情景二的处理方法。

综上所述，在情况二下，卖方行使回购选择权的处理方法与情况一基本相同。因此，此部分我们着重分析卖方不行使回购选择权时的会计处理方法。

（一）回购价格低于原售价

1. 回购期小于一年

20×8年12月31日，江苏康腾向浙江帝丽销售一台设备，约定设备销售价格为300万元，双方就此次交易的售后回购事项展开了商议，并最终作出了以下合同条款约定，如表2－22所示（不考虑增值税）。

表2－22　　　　　　　　　合同有关售后回购事项的条款

合同条款	双方满足以下条件时，甲方可回购设备： （1）乙方已按规定期限缴足所购设备款项； （2）甲乙双方约定的三个月的使用期限届满； （3）乙方使用的设备需无重大损坏并保持原样； （4）设备回购价款的确定：约定回购价格为210万元； （5）回购价款于回购日到期一次性支付

江苏康腾（卖方）的会计处理

（1）20×8年12月31日销售设备时，江苏康腾预计三个月后行使回购权：

借：银行存款　　　　　　　　　　　　　　　　　　　3 000 000

　　贷：预收账款　　　　　　　　　　　　　　　　　　3 000 000

借：发出商品——设备　　　　　　　　　　　　　　　2 000 000

贷：库存商品——设备	2 000 000

（2）20×9 年 1 月 31 日，江苏康腾预计二个月后行使回购权，确认租赁收入：

借：预收账款（900 000÷3）	300 000
贷：其他业务收入	300 000

（3）20×9 年 2 月 28 日，由于经营策略变化，江苏康腾预计一个月后不行使回购权，冲减租赁收入：

借：预收账款	300 000
贷：其他业务收入	300 000
借：预收账款	3 000 000
贷：合同负债	3 000 000

（4）20×9 年 3 月 31 日，江苏康腾最终决定不回购机床设备，确认销售收入：

借：其他业务收入	600 000
贷：预收账款	600 000
借：合同负债	3 000 000
贷：主营业务收入	3 000 000
借：主营业务成本	2 000 000
贷：发出商品——设备	2 000 000

浙江帝丽（买方）的会计处理

该项业务对于浙江帝丽而言，实质上是通过购后售回租入此设备，租赁期为 3 年。此时，由于卖方承诺回购该商品，导致买方主导该商品的使用并从中获取几乎全部经济利益的能力受到限制，因此，在销售时点，买方并没有取得该商品的控制权，应作为租赁交易处理。根据财政部新修订的《企业会计准则第 21 号——租赁》的相关规定，由于租赁期为三个月属于短期租赁，承租人不确认使用权资产和租赁负债。

（1）20×8 年 12 月 31 日收到设备时：

借：其他应收款	3 000 000
贷：银行存款	3 000 000

（2）20×9 年 1 月 31 日，计提租赁费用：

借：生产成本（900 000÷3）	300 000
贷：其他应收款	300 000

（3）20×9 年 2 月 28 日，计提租赁费用：

借：生产成本	300 000
贷：其他应收款	300 000

（4）20×9 年 3 月 31 日，计提租赁费用：

借：生产成本	300 000
贷：其他应收款	300 000

（5）20×9 年 3 月 31 日，回购期届满，江苏康腾未行使权利：

借：固定资产   3 000 000
  贷：累计折旧   900 000
    其他应收款   2 100 000

2. 回购期大于一年

20×0年12月31日，江苏康腾向浙江帝丽销售一台设备，约定设备销售价格为300万元，双方就此次交易的售后回购事项展开了商议，并最终作出了以下合同条款约定，如表2-23所示（不考虑增值税）。

表2-23	合同有关售后回购事项的条款
合同条款	双方下条件时，甲方可回购设备： (1) 乙方已按规定期限缴足所购设备款项； (2) 甲乙双方约定的三年期的使用期限届满； (3) 乙方使用的设备需无重大损坏并保持原样； (4) 设备回购价款的确定：约定回购价格为210万元； (5) 回购价款于回购日到期一次性支付

江苏康腾（卖方）的会计处理。

(1) 20×0年12月31日销售设备时，江苏康腾预计三年后行使回购权：

借：银行存款   3 000 000
  贷：预收账款   3 000 000

借：发出商品——设备   2 000 000
  贷：库存商品——设备   2 000 000

(2) 20×1年12月31日，江苏康腾预计两年后行使回购权，确认租赁收入：

借：预收账款（900 000÷3）   300 000
  贷：其他业务收入   300 000

(3) 20×2年12月31日，由于经营策略变化，江苏康腾预计一年后不行使回购权，冲减租赁收入，确认合同负债：

借：预收账款   300 000
  贷：其他业务收入   300 000

借：预收账款   3 000 000
  贷：合同负债   3 000 000

(4) 20×3年12月31日，江苏康腾最终决定不回购机床设备，确认销售收入：

借：其他业务收入   600 000
  贷：预收账款   600 000

借：合同负债   3 000 000
  贷：主营业务收入   3 000 000

借：主营业务成本   2 000 000

贷：发出商品——设备	2 000 000

浙江帝丽（买方）的会计处理

该项业务对于浙江帝丽而言，实质上是通过购后售回租入此设备，租赁期为 3 年。此时，由于卖方承诺回购该商品，导致买方主导该商品的使用并从中获取几乎全部经济利益的能力受到限制，因此，在销售时点，买方并没有取得该商品的控制权，应作为租赁交易处理。根据财政部新修订的《企业会计准则第 21 号——租赁》的相关规定，由于租赁期为三年不属于短期租赁和低价值资产租赁，承租人确认使用权资产和租赁负债。使用权资产按年限平均法折旧。

会计分录如下。

（1）20×0 年 12 月 31 日收到设备时：

借：使用权资产	900 000
贷：预付账款	900 000
借：长期应收款	2 100 000
预付账款	900 000
贷：银行存款	3 000 000

（2）20×1 年 12 月 31 日，计提使用权资产累计折旧：

借：生产成本（900 000÷3）	300 000
贷：使用权资产累计折旧	300 000

（3）20×2 年 12 月 31 日，计提使用权资产累计折旧：

借：生产成本	300 000
贷：使用权资产累计折旧	300 000

（4）20×3 年 12 月 31 日，计提使用权资产累计折旧：

借：生产成本	300 000
贷：使用权资产累计折旧	300 000

（5）20×3 年 12 月 31 日，回购期届满，江苏康腾未行使权利：

借：使用权资产累计折旧	900 000
贷：固定资产累计折旧	900 000
借：固定资产	3 000 000
贷：使用权资产	900 000
长期应收款	2 100 000

（二）回购价格高于原售价

1. 回购期小于一年

20×0 年 12 月 31 日，江苏康腾向浙江帝丽销售一台设备，约定设备销售价格为 300 万元，双方就此次交易的售后回购事项展开了商议，并最终作出了以下合同条款约定，如表 2-24 所示（不考虑增值税）。

表 2-24　　　　　　　　合同有关售后回购事项的条款

合同条款	双方满足以下条件时，甲方可回购设备： （1）乙方已按规定期限缴足所购设备款项； （2）甲乙双方约定的 3 个月的使用期限届满； （3）乙方使用的设备需无重大损坏并保持原样； （4）设备回购价款的确定：约定回购价格为 354 万元； （5）回购款在回购期日一次性支付

江苏康腾（卖方）的会计处理

此情景下，设备的回购价格 354 万元高于原售价 300 万元。分析其经济实质可以看出，该项业务对于江苏康腾而言，可以视作以该设备作为抵押标的物的融资交易处理。如交易条款所示，出售价格 300 万元其实是卖方从买方融资得到的金额，而回购价格 354 万元则是卖方在回购日支付的本金和利息之和，两者之间的差额 54 万元即为 3 个月的利息总额，需要在融资期内分期确认为利息费用。

会计分录如下。

（1）20×0 年 12 月 31 日，销售设备时：

借：银行存款　　　　　　　　　　　　　　　　　3 000 000
　　贷：其他应付款　　　　　　　　　　　　　　　　　3 000 000
借：发出商品——设备　　　　　　　　　　　　　2 000 000
　　贷：库存商品——设备　　　　　　　　　　　　　　2 000 000

（2）20×1 年 1 月 31 日，计提第一个月融资费用：

借：财务费用（540 000÷3）　　　　　　　　　　180 000
　　贷：其他应付款　　　　　　　　　　　　　　　　　180 000

（3）20×1 年 2 月 28 日，计提第二个月融资费用：

借：财务费用　　　　　　　　　　　　　　　　　180 000
　　贷：其他应付款　　　　　　　　　　　　　　　　　180 000

（4）若行使回购权，20×1 年 3 月 31 日，计提第三个月融资费用，购回设备并将其入库：

借：财务费用　　　　　　　　　　　　　　　　　180 000
　　贷：其他应付款　　　　　　　　　　　　　　　　　180 000
借：其他应付款　　　　　　　　　　　　　　　　3 540 000
　　贷：银行存款　　　　　　　　　　　　　　　　　　3 540 000
借：库存商品——设备　　　　　　　　　　　　　2 000 000
　　贷：发出商品——设备　　　　　　　　　　　　　　2 000 000

（5）若不行使回购权，20×1 年 3 月 31 日，回购期届满，最终决定不回购机床设备，确认销售收入：

借：其他应付款　　　　　　　　　　　　　　　　360 000
　　贷：财务费用　　　　　　　　　　　　　　　　　　360 000

借：其他应付款	3 000 000
贷：主营业务收入	3 000 000
借：主营业务成本	2 000 000
贷：发出商品——设备	2 000 000

浙江帝丽（买方）的会计处理

该项业务对于浙江帝丽而言，可以视作以该设备作为抵押标的物的融资交易处理，不同于江苏康腾的是，浙江帝丽的身份是投资方。如交易条款所示，出售价格 300 万元其实是卖方从买方融资得到的金额，而回购价格 354 万元则是卖方在回购日支付的本金和利息之和，两者之间的差额 54 万元即为 3 个月的利息总额。由于回购期小于一年，可以不考虑时间价值，利息总额需要在融资期内按比例分期确认为利息收入。

会计分录如下。

（1）20×0 年 12 月 31 日收到设备时：

| 借：其他应收款 | 3 000 000 |
| 贷：银行存款 | 3 000 000 |

（2）20×1 年 1 月 31 日计提投资收益：

| 借：其他应收款（540 000÷3） | 180 000 |
| 贷：财务费用 | 180 000 |

（3）20×1 年 2 月 28 日计提投资收益：

| 借：其他应收款 | 180 000 |
| 贷：财务费用 | 180 000 |

（4）若行使回购权，20×1 年 3 月 31 日计提投资收益，并售回设备，收到银行存款：

借：其他应收款	180 000
贷：财务费用	180 000
借：银行存款	3 540 000
贷：其他应收款	3 540 000

（5）若不行使回购权，20×1 年 3 月 31 日回购期届满，江苏康腾未行使回购选择权：

借：财务费用	170 000
贷：其他应付款	170 000
借：固定资产	3 000 000
财务费用	540 000
贷：其他应收款	3 540 000

2. 回购期大于一年，到期一次支付回购款

20×0 年 12 月 31 日，江苏康腾向浙江帝丽销售一台设备，约定设备销售价格为 300 万元，双方就此次交易的售后回购事项展开了商议，并最终作出了以下合同条款约定，如表 2 – 25 所示（不考虑增值税）。

表 2 – 25　　　　　　　　　合同有关售后回购事项的条款

合同条款	双方满足以下条件时，甲方可回购设备： (1) 乙方已按规定期限缴足所购设备款项； (2) 甲乙双方约定的 3 年期的使用期限届满； (3) 乙方使用的设备需无重大损坏并保持原样； (4) 设备回购价款的确定：约定回购价格为 354 万元； (5) 回购款在回购期日一次性支付

江苏康腾（卖方）的会计处理

此情景下，设备的回购价格 354 万元高于原售价 300 万元。分析其经济实质可以看出，该项业务对于江苏康腾而言，可以视作以该设备作为抵押标的物的融资交易处理。

如交易条款所示，出售价格 300 万元其实是卖方从买方融资得到的金额，而回购价格 354 万元则是卖方在回购日支付的本金和利息之和，两者之间的差额 54 万元的贴现值即为 3 年的利息总额。由于回购期长于一年的，货币的时间价值不能忽略，回购价与销售价的差额应采用实际利率法在回购期间摊销。

实际利率计算：

$3\,000\,000 \times (F/P, 5\%, 3) = 3\,000\,000 \times 1.158 = 3\,474\,000$（元）

$3\,000\,000 \times (F/P, 6\%, 3) = 3\,000\,000 \times 1.191 = 3\,573\,000$（元）

$(6\% - r)/(r - 5\%) = (3\,573\,000 - 3\,540\,000)/(3\,540\,000 - 3\,474\,000)$，得：

$r = 5.67\%$

（1）20 × 0 年 12 月 31 日，销售设备时：

借：银行存款　　　　　　　　　　　　　　　　3 000 000

　　贷：长期应付款　　　　　　　　　　　　　　　　3 000 000

借：发出商品——设备　　　　　　　　　　　　2 000 000

　　贷：库存商品——设备　　　　　　　　　　　　　2 000 000

（2）20 × 1 年 12 月 31 日，计提第一年融资费用。

借：财务费用（3 000 000 × 5.67%）　　　　　　170 100

　　贷：长期应付款　　　　　　　　　　　　　　　　170 100

（3）20 × 2 年 12 月 31 日，计提第二年融资费用。

借：财务费用 [（3 000 000 + 170 100）× 5.67%]　179 744.67

　　贷：长期应付款　　　　　　　　　　　　　　　　179 744.67

（4）若行使回购权，20 × 3 年 12 月 31 日，计提第三年融资费用，支付回购款，购回设备并将其入库。

借：财务费用（540 000 – 170 100 – 179 744.67）　190 155.33

　　贷：长期应付款　　　　　　　　　　　　　　　　190 155.33

借：长期应付款   3 540 000

    贷：银行存款   3 540 000

借：库存商品——设备   2 000 000

    贷：发出商品——设备   2 000 000

（5）若不行使回购权，20×3 年 12 月 31 日，回购期届满，最终决定不回购机床设备，追溯调整。

借：财务费用（540 000 − 170 100 − 179 744.67）   190 155.33

    贷：长期应付款   190 155.33

借：长期应付款   3 540 000

    贷：以前年度损益调整   1 540 000

        发出商品——设备   2 000 000

借：以前年度损益调整   1 540 000

    贷：应交税费——应交所得税   385 000

        盈余公积   1 039 500

        未分配利润   115 500

浙江帝丽（买方）的会计处理

该项业务对于浙江帝丽而言，可以视作以该设备作为抵押标的物的融资交易处理，不同于江苏康腾的是，浙江帝丽的身份是投资方。如交易条款所示，出售价格 300 万元其实是卖方从买方融资得到的金额，而回购价格 354 万元则是卖方在回购日支付的本金和利息之和，两者之间的差额 54 万元即为 3 年期的利息总额，需要在融资期内按照实际利率分期确认为利息收入。

实际利率计算：

$3\ 000\ 000 \times (F/P, 5\%, 3) = 3\ 000\ 000 \times 1.158 = 3\ 474\ 000$（元）

$3\ 000\ 000 \times (F/P, 6\%, 3) = 3\ 000\ 000 \times 1.191 = 3\ 573\ 000$（元）

$(6\% - r)/(r - 5\%) = (3\ 573\ 000 - 3\ 540\ 000)/(3\ 540\ 000 - 3\ 474\ 000)$，得：$r = 5.67\%$

（1）20×0 年 12 月 31 日收到设备时：

借：长期应收款   3 000 000

    贷：银行存款   3 000 000

（2）20×1 年 12 月 31 日计提收益，冲减财务费用：

借：长期应收款（3 000 000 × 5.67%）   170 100

    贷：财务费用   170 100

（3）20×2 年 12 月 31 日计提收益，冲减财务费用：

借：长期应收款〔(3 000 000 + 170 100) × 5.67%〕   179 744.67

    贷：财务费用   179 744.67

（4）20×3 年 12 月 31 日计提收益冲减财务费用，并售回设备，收到银行存款：

借：长期应收款（540 000 – 170 100 – 179 744.67）　　190 155.33

　　　贷：财务费用　　190 155.33

借：银行存款　　3 540 000

　　　贷：长期应收款　　3 540 000

（5）20×3年12月31日，回购期届满，江苏康腾未行使回购选择权：

借：长期应收款（540 000 – 170 100 – 179 744.67）　　190 155.33

　　　贷：财务费用　　190 155.33

借：固定资产　　3 000 000

　　以前年度损益调整　　540 000

　　　贷：长期应收款　　3 540 000

借：以前年度损益调整　　540 000

　　　贷：应交税费——应交所得税　　135 000

　　　　盈余公积　　364 500

　　　　未分配利润　　40 500

情况三：卖方有权利回售该商品，即买方拥有回售选择权

卖方负有应客户要求回购商品义务的，即买方拥有回售选择权，应当在合同开始日评估买方是否具有行使该权利的重大经济动因。

在判断买方是否具有行权的重大经济动因时，企业应当综合考虑各种相关因素，包括回购价格与预计回购时市场价格之间的比较及权利的到期日等。从实质上来看，买方拥有的回售选择权可看作是一项"看跌期权"。若回购价格明显高于该资产回购时的市场价值时，通常表明买方有行权的重大经济动因，此时该"看跌期权"是一项重大价内期权。

买方拥有回售选择权分为两种情况考虑：

（1）买方具有行使该选择权的重大经济动因，即"看跌期权"是一项重大价内期权，卖方应当将回购价格与原售价进行比较，并参照情况一和情况二进行会计处理。

（2）买方不具有行使该选择的重大经济动因，即"看跌期权"不是一项重大价内期权，卖方应当将该售后回购作为附有销售退回条款的销售交易进行相应的会计处理。

（一）回购价格明显高于市场价格，买方有行权的重大经济动因

深圳风讯股份有限公司（以下简称"深圳风讯"）为一家从事生产办公一体机的上市公司，山东亚兰股份有限公司（以下简称"山东亚兰"）为一家新创立的广告公司。已知，两家公司不存在关联关系。

20×0年12月31日，深圳风讯向山东亚兰销售一批一体机设备，约定合同总价为500万元，双方就此次交易的售后回购事项展开了商议，并最终作出了以下合同条款约定，如表2-26所示（不考虑增值税）。

表 2 - 26   合同有关售后回购事项的条款

合同条款	双方满足以双方满足以下条件时，乙方可要求甲方回购设备： （1）乙方已按规定期限缴足所购设备款项； （2）甲乙双方约定的 3 年期的使用期限届满； （3）乙方使用的设备需无重大损坏并保持原样； （4）设备回购价款的确定：约定回购价格为 320 万元； （5）回购款在回购期日一次性支付

20×1 年 4 月，由于该批一体机的某核心硬件组成部分的更新改造，市场上该批一体机设备的同款商品价值大幅下跌。因此深圳风讯预计 3 年后该批一体机设备的市场价值约为 200 万元。

本例中，不考虑时间价值的影响，该批商品的回购价格 320 万元明显高于该批商品回购时的市场价值 200 万元。作为理性经济人，山东亚兰极有可能行权回售该批设备，此时表明客户有行权的重大经济动因。根据准则，深圳风讯应当将回购价格与原售价进行比较，并参照情况一和情况二进行会计处理。

此情景下，设备的回购价格 320 万元低于原售价 500 万元。分析其经济实质可以看出，该项业务对于深圳风讯公司而言，可以视作出租设备的租赁交易。三年期的租金总额为回购价格和原售价的差额 180 万元。深圳风讯公司和山东亚兰公司的会计处理类似情况一中的情景一，此处不再赘述。

（二）回购行权期较长，买方有行权的重大经济动因

20×0 年 12 月 31 日，深圳风讯向山东亚兰销售一批一体机设备，约定合同总价为 500 万元，双方就此次交易的售后回购事项展开了商议，并最终作出了以下合同条款约定，如表 2 - 27 所示（不考虑增值税）。

表 2 - 27   合同有关售后回购事项的条款

合同条款	双方满足以下条件时，乙方可要求甲方回购设备： （1）乙方已按规定期限缴足所购设备款项； （2）甲乙双方约定的 20 年期的使用期限届满； （3）乙方使用的设备需无重大损坏并保持原样； （4）设备回购价款的确定：约定回购价格为 200 万元； （5）回购款在回购期日一次性支付

由于使用磨损和硬件老化，该批一体机设备的使用寿命为 10 年。

该批设备的回购期为 20 年，远大于其使用寿命，因此 20 年后，该批设备的市场价值将远小于回购价格，作为理性经济人，山东亚兰极有可能行权回售该批设备，此时表明客户有行权的重大经济动因。根据准则，深圳风讯应当将回购价格与原售价进行比较，并参照情况一和情况二进行会计处理。

从经济实质上来看，该项业务对于深圳风讯而言，可以视作出租设备的租赁交易。二十年期的租金总额为回购价格和原售价的差额 300 万元。深圳风讯和山东亚兰的会计处理类似情况一中的情景一，此处不再赘述。

（三）买方不具有行权的重大经济动因

20×0 年 12 月 31 日，深圳风讯向山东亚兰销售一批一体机设备，约定合同总价为 500 万元。该批设备的账面成本为 300 万元。双方就此次交易的售后回购事项展开了商议，并最终作出了以下合同条款约定，如表 2－28 所示（不考虑增值税）。

表 2－28　　　　　　　　合同有关售后回购事项的条款

合同条款	双方满足以下条件时，乙方可要求甲方回购设备： （1）乙方已按规定期限缴足所购设备款项； （2）甲乙双方约定的 3 年期的使用期限届满； （3）乙方使用的设备需无重大损坏并保持原样； （4）设备回购价款的确定：约定回购价格为 200 万元； （5）回购款在回购期日一次性支付

20×1 年 4 月，由于该批一体机的某核心硬件组成部分的更新改造，市场上该批一体机设备的同款设备价值大幅下跌。因此深圳风讯公司预计 3 年后该批一体机设备的市场价值约为 200 万元。

该批设备的回购价格 200 万元等于回购期到期日其市场价值，不考虑时间价值的影响，作为卖方，深圳风讯不确定买方山东亚兰是否会行使回售的选择权，即买方不具有行权的重大经济动因。因此根据准则，卖方应当将该售后回购作为附有销售退回条款的销售交易进行相应的会计处理。

深圳风讯（卖方）的会计处理

20×0 年 12 月 31 日，深圳风讯根据过去的经验，预计该批设备的退货率约为 20%。20×1 年 12 月 31 日，深圳风讯对退货率进行了重新评估，认为 10% 的设备会被退回。

（1）20×0 年 12 月 31 日，发出设备，收到货款：

借：银行存款　　　　　　　　　　　　　　　　　5 000 000

　　贷：主营业务收入　　　　　　　　　　　　　　4 000 000

　　　　预计负债——应付退货款　　　　　　　　　1 000 000

借：主营业务成本　　　　　　　　　　　　　　　2 400 000

　　应收退货成本　　　　　　　　　　　　　　　　600 000

　　贷：库存商品　　　　　　　　　　　　　　　　3 000 000

（2）20×1 年 12 月 31 日，重新评估退货率：

借：预计负债——应付退货款　　　　　　　　　　　500 000

贷：以前年度损益调整		200 000
应收退货成本		300 000

（3）20×3 年 12 月 31 日，发生销售退回，实际退货率为 8%，退货款项已经支付：

借：库存商品		240 000
预计负债——应付退货款		500 000
贷：应收退货成本		240 000
以前年度损益调整		100 000
银行存款		400 000
借：以前年度损益调整		60 000
贷：应收退货成本		60 000

山东亚兰（买方）的会计处理

由于使用磨损和硬件老化，该批一体机设备的使用寿命为 10 年。山东亚兰固定资产按照年限平均法折旧。

（1）20×0 年 12 月 31 日，收到设备，支付货款：

借：固定资产		5 000 000
贷：银行存款		5 000 000

（2）20×1 年 12 月 31 日，计提折旧：

借：管理费用		500 000
贷：累计折旧		500 000

（3）20×2 年 12 月 31 日，计提折旧：

借：管理费用		500 000
贷：累计折旧		500 000

（4）20×3 年 12 月 31 日，发现个别设备质量存在缺陷，并退回，收到货款：

借：银行存款		400 000
贷：固定资产		400 000
借：累计折旧		80 000
贷：以前年度损益调整		80 000

案例九：新收入准则在上市公司的应用

一、上市公司新收入准则列报与披露总体情况

本例结合财政部发布的《关于修订印发合并财务报表格式（2019版）的通知》（财会〔2019〕16号），将《企业会计准则第14号——收入》涉及的下列科目的报表列报规定进行阐释：（1）合同资产；（2）合同负债；（3）合同履约成本；（4）合同取得成本。具体如表2-29所示。

表 2-29　　　　　　　　　　　　　　新增项目说明情况

科目名称	报表列报
合同资产 合同负债	合同一方已经履约的，即企业依据合同履行履约义务或客户依据合同支付合同对价，企业应当根据其履行履约义务与客户付款之间的关系，在资产负债表中列示"合同资产"或"合同负债"
合同履约成本	根据《企业会计准则第14号——收入》规定确认为资产的"合同履约成本"，初始确认时摊销期限不超过一年或一个正常营业周期的，在资产负债表中计入"存货"项目，初始确认时摊销期限在一年或一个正常营业周期以上的，在资产负债表中计入"其他非流动资产"项目
合同取得成本	根据《企业会计准则第14号——收入》规定确认为资产的"合同取得成本"，初始确认时摊销期限不超过一年或一个正常营业周期的，在资产负债表中计入"其他流动资产"项目，初始确认时摊销期限在一年或一个正常营业周期以上的，在资产负债表中计入"其他非流动负债"项目

根据规定，在境内外同时上市的企业及在境外上市并采用国际财务报告准则或企业会计准则编制财务报表的企业，自2018年1月1日起施行；其他境内上市企业，自2020年1月1日起施行；执行企业会计准则的非上市企业，自2021年1月1日起施行。同时，允许企业提前执行。为了详细探究新准则实施对于企业所产生的影响，编者选取同时在上海证券交易所或深圳证券交易所上市，又在香港联合交易所上市的111家上市公司（以下简称"A+H股上市公司"）作为研究对象，详细名单如表2-30所示。

表 2 - 30   涉及 A + H 股上市公司名单

申万宏源	中国平安	福耀玻璃
中煤能源	白云山	鞍钢股份
中信建投	华能国际	上海石化
国泰君安	新华保险	北辰实业
海螺水泥	马钢股份	中国石油
福莱特	山东墨龙	招商银行
深高速	中船防务	中国神华
中国人保	长城汽车	长飞光纤
紫金矿业	药明康德	新华制药
浙江世宝	皖通高速	中国石化
宁沪高速	中国太保	万科
潍柴动力	复星医药	京城股份
油服	中国外运	广发证券
郑煤机	中信银行	中集集团
中兴通讯	丽珠集团	比亚迪
中远海能	华电国际	江西铜业
海通证券	创业环保	中国国航
秦港股份	绿色动力	广深铁路
中国人寿	光大证券	中海油田
新华文轩	美凯龙	大连港
中国银河	建设银行	*ST 东电
海信家电	赣锋锂业	东江环保
山东黄金	青岛啤酒	南京熊猫
东方证券	招商证券	重庆钢铁
四川成渝	青岛港	中原证券
工商银行	中国铝业	上海医药
中国中车	光大银行	大唐发电
金隅集团	洛阳钼业	中联重科
晨鸣纸业	金风科技	青岛银行
民生银行	南方航空	东方航空
兖州煤业	大众公用	东方电气
洛阳玻璃	中国铁建	广汽集团
农业银行	交通银行	中国中铁
中国中冶	华泰证券	上海电气
中国交建	中远海发	中远海控
中国银行	郑州银行	中铝国际
拉夏贝尔	一拖股份	庄园牧场

通过对 A + H 股上市公司 2018 年年度报告的梳理，编者列示了《企业会计准则第 14 号——收入》新增科目/项目的具体金额，如表 2 - 31 所示。

表 2 - 31　　　　　　　　　　　　　　　新增项目

科目名称	涉及数量（家）	均值（亿元）	标准差（亿元）	最小值（亿元）	中位数（亿元）	最大值（亿元）
合同资产	28	164.7804	341.6296	0.1106	10.3617	1 200
合同负债	88	146.5382	574.7960	0.0240	10.2648	5 000
合同履约成本	9	13.5343	36.7167	0.1093	0.9771	111.4071
合同取得成本	4	10.3860	19.2393	0.1491	1.0804	39.2339

资料来源：编者整理。

由表 2 - 31 可知，A + H 股上市公司中，共有 28 家上市公司所披露的年度报告涉及"合同资产"项目，该项目均值为 164.7804 亿元，标准差为 341.6296 亿元，最小值为 0.1106 亿元，中位数为 10.3617 亿元，而最大值为 1 200 亿元，表明 25.23% 的样本公司在年度报告中新增了"合同资产"项目，该项目对于资产负债表影响普遍较大，且该影响程度在不同上市公司间存在较大的差异。88 家上市公司所披露的年报涉及"合同负债"项目，该项目的均值为 146.5382 亿元，标准差为 574.7960 亿元，最小值为 0.0240 亿元，中位数为 10.2648 亿元，最大值为 5 000 亿元，表明绝大多数样本公司（79.28%）在年度报告之中涉及了"合同负债"项目，该项目对于上市公司资产负债表产生了较为重要的影响。值得注意的是，"合同负债"项目金额在不同上市公司存在极大的差异，其中最大值为 5 000 亿元，最小值仅为 0.024 亿元。9 家上市公司所披露的年报涉及"合同履约成本"科目，该科目的均值为 13.5343 亿元，标准差为 36.7167 亿元，最小值为 0.1093 亿元，中位数为 0.9771 亿元，最大值为 111.4071 亿元，表明仅有部分样本公司（8.11%）在年度报告之中新增了"合同履约成本"，该科目对于上市公司财务报表影响较小。4 家上市公司所披露的年报涉及"合同取得成本"科目，该科目的均值为 10.3860 亿元，标准差为 19.2393 亿元，最小值为 0.1491 亿元，中位数为 1.0804 亿元，最大值为 39.2339 亿元，同样说明极少的样本公司（3.60%）在年度报告中新增"合同取得成本"科目，该科目目前对于上市公司产生的影响极为有限。

二、上市公司"合同资产"列报与披露情况

新收入准则的实施将对绝大部分公司收入的确认、报表信息的和会计核算等产生不同程度的影响。由表 2 - 32 可知，中国铁建、中国中铁、中国交建、中国中冶等建造合同较多的企业确认了较多的"合同资产"。这四家公司所确认的

"合同资产"远高于样本公司平均水平，且与其他样本公司相比呈现出极大的差异。该影响主要源自于：原有收入处理规范体系由《企业会计准则第 14 号——收入》和《企业会计准则第 15 号——建造合同》共同组成，而新收入准则将《企业会计准则第 14 号——收入》和《企业会计准则第 15 号——建造合同》两项准则纳入统一的收入确认模型，以合同的收入确认原则为核心，这一原则消除了旧收入准则中相关收入确认标准内在的不一致，有助于解决旧收入准则在某些情形下边界不够清晰的问题。此外，该变化通过减少企业所使用的准则数量来简化财务报表的编制，为企业收入的确认提供一个明确的方向，进而提高在同一行业内收入信息的可比较性。

表 2-32　　　　　　　"合同资产"项目金额前二十上市公司　　　　单位：亿元

股票名称	金额	A + H 股的均值
中国铁建	1 239.3815	
中国中铁	1 092.4561	
中国交建	811.1290	
中国中冶	667.1955	
中国中车	146.5789	
上海电气	122.2978	
中铝国际	110.4495	
东方电气	101.8797	
油服	88.7170	
中兴通讯	84.6223	
比亚迪	63.0029	164.7804
中集集团	15.1435	
万科	13.6413	
中远海能	10.5747	
中煤能源	10.1487	
潍柴动力	9.3589	
美凯龙	8.0711	
药明康德	3.8453	
南京熊猫	3.6075	
青岛港	2.8097	

资料来源：编者整理。

三、上市公司"合同负债"列报与披露情况

表 2-33 列示了"合同负债"项目金额前二十的上市公司。结果表明，万科

"合同负债"项目为 5047.1141 亿元，远高于 A + H 上市公司均值 146.5382 亿元，为第二名中国石化"合同负债"项目金额的 4.04 倍。究其原因，主要由于房地产行业存在预售制度，在建造阶段即可对产品进行销售并提前收取货款，该部分预收房款在执行新收入准则后被确认为"合同负债"。具体而言，万科在其 2018 年年度报告中披露："合同负债主要涉及本集团客户的房地产销售合同中收取的预收款。该预收款在合同签订时收取，金额为合同对价的 20% ~ 100% 不等。该合同的相关收入将在本集团履行履约义务后确认。"该预收款在 2017 年 12 月 31 日的资产负债表中记入"预收款项"科目，本集团自 2018 年 1 月 1 日起开始采用新收入准则，根据新收入准则，本集团客户的房地产销售合同中收取的预收款记入"合同负债"科目。此外，编者列示了万科"合同负债"项目的部分明细分类，如下图 2 - 5 所示。

表 2 - 33　　　　　　"合同负债"项目金额前二十上市公司　　　　单位：亿元

股票名称	金额	A + H 股的均值
万科	5 047.1141	
中国石化	1 247.9300	
中国中铁	919.9925	
中国铁建	892.7659	
中国交建	819.5302	
中国石油	680.7600	
中国中冶	589.1829	
上海电气	365.6607	
东方电气	294.6094	
北辰实业	284.4477	146.5382
金隅集团	237.1517	
中国中车	223.3590	
中兴通讯	144.7936	
东方航空	88.1100	
潍柴动力	87.2244	
中集集团	72.5209	
中国平安	56.9700	
招商银行	56.0700	
青岛啤酒	52.3754	
鞍钢股份	47.9500	

资料来源：编者整理。

单位：元

项目名称	预计下批结算时间	项目预售比例	2018 年 12 月 31 日	2018 年 1 月 1 日
深圳瑧山府	2019 年 6 月	76%	15 512 221 719.29	4 678 434 004.78
武汉汉口传奇	2019 年 3 月	66%	6 187 493 446.43	7 819 666 447.49
南宁万科城	2019 年 3 月	35%	4 976 959 761.33	5 044 823 389.88
广州尚城御府	2019 年 3 月	65%	4 936 702 522.19	3 244 079.454.84
杭州良渚文化村	2019 年 3 月	41%	4 713 632 287.46	837 779 640.38
深圳麓城	2019 年 6 月	81%	4 611 171 540.42	7 761 328 592.38
三亚湖畔度假公园	2019 年 5 月	71%	4 591 426 176.27	2 590 452 707.48
深圳深南道 68 号	2019 年 6 月	63%	4 495 023 488.36	3 193 676 605.86
昆山公园大道	2019 年 4 月	79%	4 463 507 518.30	1 087 560 737.24
武汉金域湖庭	2019 年 3 月	46%	4 400 472 810.98	3 128 479 886.13
东莞东江之星	2019 年 1 月	47%	4 315 822 635.28	649 058 744.50
成都理想城	2019 年 9 月	82%	4 106 305 497.18	2 803 595 158.93
深圳蛇口公馆	2019 年 4 月	61%	4 009 102 378.57	1 012 532 694.27
天津东丽湖	2019 年 9 月	95%	4 002 265 924.94	2 023 120 287.16
贵阳万科理想城	2019 年 12 月	50%	3 942 086 827.53	864 655 731.14
深圳万科星城	2020 年 8 月	19%	3 806 258 868.31	—
合肥森林城	2019 年 7 月	33%	3 796 607 790.03	2 599 677 245.46
南京大都会	2019 年 3 月	86%	3 639 220 813.77	3 774 032 510.68
昆明魅力之城	2019 年 3 月	58%	3 606 855 993.69	1 819 281 958.78
西安万科城润园	2019 年 6 月	81%	3 626 444 770.16	2 107 752 406.51
烟台御龙山	2019 年 6 月	95%	3 535 923 840.93	1 985 988 039.37

资料来源：编者整理。

图 2-5　万科"合同负债"分类部分

四、上市公司"合同履约成本"与"合同取得成本"列报与披露情况

表 2-34 列示了新增"合同履约成本"科目的样本公司具体所涉及的金额。该表信息表明，仅中兴通讯一家 A＋H 股上市公司确认了较多的"合同履约成本"（111.4071 亿元）。据中兴通讯 2018 年年度报告披露："本集团为履行合同发生的成本，不适用存货、固定资产或无形资产等相关准则的规范范围的，且同时满足下列条件的，作为合同履约成本确认为一项资产：（1）该成本与一份当前或预期取得的合同直接相关，包括直接人工、直接材料、制造费用（或类似费

用）、明确由客户承担的成本以及仅因该合同而发生的其他成本；（2）该成本增加了企业未来用于履行履约义务的资源；（3）该成本预期能够收回"。

表 2 - 34　　　　　　　　新增"合同履约成本"科目上市公司　　　　单位：亿元

股票名称	金额	A + H 股的均值
中兴通讯	111.4071	
大众公用	3.1395	
南京熊猫	2.4938	
油服	1.9432	
药明康德	0.9771	13.5343
中国中冶	0.8273	
金隅集团	0.6372	
东方电气	0.2745	
中集集团	0.1093	

资料来源：编者整理。

表 2 - 35 列示了新增"合同取得成本"科目的样本公司具体所涉及的金额。表中信息表明，仅万科一家 A + H 股上市公司新增了较多的"合同取得成本"（39.2339 亿元）。据万科 2018 年年度报告披露："为取得合同发生的增量成本是指本集团不取得合同就不会发生的成本（如销售佣金等）。该成本预期能够收回的，本集团将其作为合同取得成本确认为一项资产。本集团为取得合同发生的、除预期能够收回的增量成本之外的其他支出于发生时计入当期损益""合同取得成本确认的资产和合同履约成本确认的资产采用与该资产相关的商品或服务收入确认相同的基础进行摊销，计入当期损益。摊销期限不超过一年则在发生时计入当期损益"。

表 2 - 35　　　　　　　　新增"合同取得成本"科目上市公司　　　　单位：亿元

股票名称	金额	A + H 股的均值
万科	39.2339	
北辰实业	1.4463	
金隅集团	0.7145	10.3860
四川成渝	0.1491	

资料来源：编者整理。

五、新收入准则列报与披露的影响

(一) 新收入准则列报与披露对收入确认的影响

与旧收入准则相比，新收入准则要求完整、充分地披露相关的信息，强调上市公司应当要披露与收入确认相关联的会计政策、会计估计的变更。例如，中国铁建 2018 年报在"重要会计政策及会计估计"这一节中详细介绍了该集团收入的具体来源，集团对履约义务和履约进度所涉及业务的定义和所采用的测量方法，以及可变对价、重大融资成分、应付客户对价、附有质量保证条款的销售、主要责任人和代理人、取得合同的成本、履行合同的成本等在该集团的会计核算方式。

同时，新收入准则的颁布与实施强调区别划分企业与客户签署合同当中的履约义务，这项规定对收入确认的时间会带来影响，可能会使其提前，也有可能使其推迟，即与原来相比收入或者合同的成立时间确认不一致。例如，为客户提供全套工程和工业产品及相关服务的中国中铁，其收入主要来源于基础设施建设及相关业务和部分制造与安装业务、销售工程设备和零部件和工程物资等商品、房地产开发业务、建设和运营及移交合同，因执行新收入准则，中国中铁将与基础设施建设、钢结构产品制造与安装业务及提供劳务相关、不满足无条件收款权的已完工未结算、长期应收款计入合同资产和其他非流动资产，将与基础设施建设、钢结构产品制造与安装业务相关的已结算未完工，提供劳务及与销售商品相关的预收款项重分类至合同负债，将与基础设施建设、钢结构产品制造与安装业务及提供劳务相关的合同预计损失准备重分类至预计负债。具体如表 2-36 所示。

表 2-36　　　　中国中铁 2018 年年度报告中受新收入准则影响情况　　　　单位：元

受影响的报表名称	影响金额			
	2018 年 1 月 1 日		2018 年 12 月 31 日	
	合并	公司	合并	公司
合同资产——原值	115 094 052	2 674 531	110 175 050	1 809 819
其他非流动资产	25 664 122	1 982 401	67 881 054	5 666 929
长期应收款	(25 651 013)	(1 982 401)	(67 881 054)	(5 666 929)
存货	(114 724 593)	(2 674 531)	(109 781 366)	(1 809 819)
合同负债	84 435 656	5 117 331	91 999 246	8 974 244
预收款项	(84 389 034)	(5 117 331)	(91 999 246)	(91 999 246)
预计负债	335 946	—	375 667	—
一年内到期的非流动负债	—	—	18 017	

资料来源：编者整理。

（二）新收入准则列报与披露对资产负债率的影响

由于"合同资产"与"合同负债"的新增将会对上市公司总资产与总负债产生影响，进而影响上市公司财务绩效。

表2－37列示了"合同资产"对于资产负债表影响幅度位于前二十的上市公司。

表2－37　　　　　"合同资产"对于资产负债表影响幅度前二十公司

股票名称	影响数值	影响幅度
中铝国际	0.1344	0.1838
中国中冶	0.1011	0.1320
中国铁建	0.0921	0.1190
油服	0.0569	0.1062
中国中铁	0.0794	0.1039
东方电气	0.0666	0.1004
中国交建	0.0584	0.0779
中兴通讯	0.0458	0.0614
南京熊猫	0.0222	0.0551
上海电气	0.0351	0.0530
中国中车	0.0229	0.0394
比亚迪	0.0216	0.0314
药明康德	0.0033	0.0167
中远海能	0.0088	0.0164
东江环保	0.0050	0.0097
中集集团	0.0063	0.0094
美凯龙	0.0043	0.0072
青岛港	0.0023	0.0057
潍柴动力	0.0032	0.0045
深高速	0.0021	0.0040

资料来源：编者整理。

表2－37表明，在年终报告中新增"合同资产"项目后，中铝国际、中国中冶、中国铁建、油服、中国中铁、东方电气的资产负债率受到的影响较大，该影响幅度甚至大于10%。

表2－38列示了"合同负债"对于资产负债表影响幅度位于前二十的上市公司。

表 2 - 38   "合同负债"对于资产负债表影响幅度前二十公司

股票名称	影响数值	影响幅度
东方电气	0.3226	0.4859
万科	0.3302	0.3904
北辰实业	0.3095	0.3790
青岛啤酒	0.1537	0.3404
上海电气	0.1673	0.2524
中国中冶	0.1342	0.1752
中国石化	0.0784	0.1699
药明康德	0.0301	0.1515
中兴通讯	0.1119	0.1502
白云山	0.0716	0.1301
中国中铁	0.0976	0.1277
鞍钢股份	0.0533	0.1277
中国铁建	0.0973	0.1257
金隅集团	0.0884	0.1254
重庆钢铁	0.0373	0.1195
中国交建	0.0853	0.1137
油服	0.0588	0.1097
中国中车	0.0625	0.1075
海螺水泥	0.0222	0.1 000
南京熊猫	0.0358	0.0888

资料来源：编者整理。

表 2 - 38 表明，在年终报告中新增"合同负债"项目后，东方电气、万科、北辰实业、青岛啤酒、上海电气、中国中冶、中国石化、药明康德、中兴通讯的资产负债率受到的影响较大，该影响幅度甚至大于 15%。

主要参考文献

［1］IASB：IFRS Standards Issued at 1 January 2019（Red Book），IFRS Foundation，2019.03.

［2］财政部会计司：关于修订印发 2019 年度一般企业财务报表格式的通知，2019.04.

［3］财政部会计司编写组：《企业会计准则第 14 号——收入》应用指南（2018），中国财政经济出版社，2018.05.

［4］财政部会计司编写组：企业会计准则讲解（2010），人民出版社，2010.12.

［5］中华人民共和国财政部：企业会计准则（2019 年版），立信会计出版社，2019.01.

读者可扫描下方二维码关注"准则注"微信公众号。编者将通过"准则注"微信公众号，推送《企业会计准则注释》丛书精彩内容及会计准则最新资讯与研究成果，设立"品味准则""闲话案例""趣读财报""政策速递""准则汇编"等栏目，与读者进行即时分享与交流。